【青山学院大学総合研究所叢書】

わが国監査規制の新潮流

町田祥弘 編著　Yoshihiro Machida

同文舘出版

まえがき

　本書は，青山学院大学総合研究所の下で，2016年4月から2018年3月までの2年間を研究期間として実施された，領域別研究部門 社会科学研究部 研究プロジェクト「わが国の監査規制の変革に関する基礎研究」の研究成果を取り纏め，青山学院大学総合研究所叢書の新たな一冊として刊行したものである。同様に，青山学院大学総合研究書叢書として刊行した会計学領域における書籍としては，IFRSの任意適用が開始された状況を背景として共同研究を行い，4年前に刊行された，『利用者指向の国際財務報告』（同文舘出版，2015年3月）がある。

　本プロジェクトは，青山学院大学総合研究所の呼び掛けに応じて，青山学院大学に所属し，監査論を研究対象とする教員スタッフによる共同研究プロジェクトとして企画された。当初のメンバーは，大学院会計プロフェッション研究科（会計大学院）所属の八田進二教授，多賀谷充教授，松井隆幸教授，及び町田祥弘と，経営学部所属の矢澤憲一教授，並びに，青山学院大学総合研究所の客員研究員であった松本祥尚教授（関西大学大学院教授）の計6名によるプロジェクトであった。その後，松井隆幸教授が公認会計士・監査審査会の常勤委員に就かれるに当たって青山学院大学を退職されたことに伴い，5名でのプロジェクトとなった。さらに，2018年3月には，八田進二教授が定年退職されている。本プロジェクトは，2017年度から2018年度の2年間という限られた期間において，同じメンバーでは2度と企画することのできない学内共同研究プロジェクトとして実施されたものであり，このたび本書を刊行できることは，われわれにとっても非常に感慨深いものである。

　本プロジェクトの企画立案は，研究期間開始直前の2015年12月に始まる。それは，同年7月に発覚したわが国のリーディング・カンパニーにおける巨額の粉飾決算事件を受けて，担当監査人たる大手監査法人，及びその業務執

行社員が行政処分を受けた，まさにそのときであった。また，それに先立つ 2015 年 10 月からは，金融庁において「会計監査の在り方に関する懇談会」が審議を開始しており，本研究プロジェクトの構成メンバーの 1 人である八田進二教授が，参画されていたのである。そうした状況下において，監査論を研究テーマとするわれわれが「監査規制の変革」をテーマとすることは，極自然な流れであった。

　本書の構成は以下の通りとなっている。

　まず，第 1 章「序論」において，本書の目的と検討の対象を明らかにした後，第 2 章「金融庁『会計監査の在り方に関する懇談会』提言から読み取るべき課題」において，同懇談会のメンバーであった八田進二教授が，同提言の内容とその後の対応等について検討を行っている。

　第 3 章「企業監査の新たな地平」では，わが国における会計監査人監査及び監査役監査を歴史的に検討し，会計不正に対して企業監査はどうあるべきかを検討しており，第 4 章「平成時代の監査規範の形成プロセス」では，1991 年（平成 3 年）から 2018 年（平成 30 年）に至るまでの監査基準の改訂の経緯を振り返り，この間の監査規範の形成プロセスの意義を検討している。

　第 5 章から第 7 章は，監査の品質に関する個別テーマに該当する。第 5 章「監査人のバイアスに関する制度上の考察」では，監査の品質を考える際の実務における重要な課題とされている監査判断バイアスについて取り上げている。また，第 6 章「監査規制及び監査の品質に関する先行研究」では，いわゆる先行研究の渉猟と整理の章に該当し，内外の監査規制及び監査の品質に関する研究の中心課題と到達点を識別している。続く第 7 章「監査報酬に関する国際実証研究」では，監査の品質に関する重要な制約要因であるとともに，監査の品質に関する研究において用いられる重要なデータである監査報酬に関して，国際的な実証研究を通じて，わが国の監査報酬は低いのかというテーマを論じている。

　第 8 章から第 10 章においては，「会計監査の在り方に関する懇談会」によ

まえがき

る提言の主要な3つの施策である，監査法人のガバナンス・コード（第8章），監査法人の強制的ローテーション（第9章），監査報告書の透明化（第10章「監査報告書の捉え方と規制のあり方」）を取り上げて検討している。さらに，第11章「会計監査についての情報提供の充実」においては，2018年11月に，先の懇談会の提言の施策を補足する形で金融庁において開催された「会計監査についての情報提供の充実に関する懇談会」（座長 八田進二教授）による報告書について，その意義と課題を検討している。

最後に，むすびにかえて，第12章において，わが国における現時点での監査規制の位置づけと今後の課題について，若干の考察を述べている。

言うまでもなく，「監査規制」というテーマは広範な研究領域を備えており，われわれの共同研究及び本書がその領域を網羅的かつ十分な深度をもって検討し得たとは考えていない。本研究は，あくまでも，今般の監査規制の変革を目の当たりにしたわれわれ監査論研究者が，それぞれに抱いている関心に基づいて，本テーマに取り組んだ成果に過ぎない。ただし，われわれとしては，今般の監査規制の変革に関する研究の一端を担い，今後に続く研究の基礎を提供することができればと願っている。

なお，本書のタイトルは，『わが国監査規制の新潮流』とした。「会計監査の在り方に関する懇談会」に始まる監査規制が，従来の基準や規則を増やす方向での監査規制とは，方向性や手法が大きく異なることを表したものであるが，この「新潮流」という語は，次の書籍を念頭に付けたものである。
■川北博［編著］『新潮流 監査人の独立性』同文舘出版，2005年。

同書は，アメリカにおいて，2001年12月にエンロン事件が発覚し，その後，2002年7月にサーベインズ＝オックスリー法が制定されたことを受けて，わが国においても，2003年に公認会計士法が改正された状況，並びに，2005年にカネボウ事件が発覚し，わが国の監査人の独立性が厳しく問われることとなった状況等を背景として編まれた書籍である。

今般の監査規制の新たな動向は，その当時の監査人の独立性問題に関する

iii

制度の大きな見直しに匹敵するものであると解される。

　そして何より，川北博先生は，2018年12月9日，本書の編集作業中にご逝去された。われわれは，謹んで本書を先生の墓前に捧げたいと考えている。同書において，川北先生は，次のように述べられている。

　「監査人の独立性に関していえば，大きな不祥事等の生起のたびに法令等の基準（ルール）が整備強化されるということは，当然に義務論ルール思考（「ルールに基づく義務を果たせば監査人の社会的責任は完結される」という考え方──引用者註）の先行を意味している。しかし，目的論思考（「監査人の public interest に対する奉仕」を目指す考え方──引用者註）がこれに追随しなければ，どんなにルールを整備しても企業の不正や監査の失敗，特に監査人の独立性の欠落を予防することはできない。義務論的思考と目的論的思考は，その双方のバランスが必要で，いずれかにぶれることは本来避けなければならないのである。」（前掲書，19頁）

　このことばは，独立性を監査規制に代えるだけで，今日のわが国の監査人の置かれた状況に当てはまるのではなかろうか。

　われわれ執筆者一同も，本書の上梓を機に改めて，監査論研究に精励することを先生にお約束したい。

　最後に，本書の出版に当たっては，同文舘出版株式会社　代表取締役・中島治久氏に多大なるご支援を賜りました。また，本書の編集作業に関しましては，同社編集局　専門書編集部・青柳裕之氏，並びに有村知記氏に，様々なご尽力をいただきました。ここに記して感謝の気持ちを表したいと存じます。

2019年2月

　　　　　　　　「斃れて後巳む（たおれてのちやむ）」を実践された
　　　　　　　　川北博先生の後に続くことを誓って

　　　　　　　　　　　　　　　　　　　　　編著者・プロジェクト代表
　　　　　　　　　　　　　　　　　　　　　　　　町田　祥弘

目　次

まえがき ……ⅰ

第1章　監査規制の新たな動向

1　グローバルな監査における課題 ——————————— 2
2　わが国における監査規制の動向 ——————————— 3
3　本書の目的と構成 ———————————————— 10

第2章　金融庁『会計監査の在り方に関する懇談会』提言から読み取るべき課題

1　「会計監査の在り方に関する懇談会」の設置の趣旨 ——— 16
2　『提言書』の概要とポイント ————————————— 19
3　日本公認会計士協会の取組みと対応 ————————— 26
4　『提言書』の公表を受けての各種の取組み ——————— 28
5　終わりに ———————————————————— 31

第3章　企業監査の新たな地平

1　企業監査に対する基本的視点 ———————————— 38
2　会計監査人による監査の原点 ———————————— 39
3　株式会社における監査役制度の変遷 ————————— 43
4　企業不正問題と内部統制の課題 ——————————— 46
5　企業監査の課題—伝統的財務諸表監査の限界と変容— — 50

ⅴ

第4章 平成時代の監査規範の形成プロセス

1 はじめに ───────────────────────── 58
2 平成3年の監査基準改訂の意義 ───────────── 59
　（1）平成3年（1991年）改訂の背景 …… 59
　（2）審議経過と改訂の趣旨 …… 60
　（3）新たな諸概念の導入 …… 61
　（4）監査基準等の純化と柔構造化 …… 63
3 監査基準等の規範性の明確化 ──────────────── 65
　（1）実務指針の位置づけと策定経過 …… 65
　（2）実務指針の規範性意識の問題 …… 66
　（3）監査基準の規範性の法令上の明確化 …… 68
　（4）基準設定機関の位置づけ …… 69
4 平成14年の監査基準改訂 ──────────────────── 71
　（1）会計・監査をめぐる内外情勢の大きな変化 …… 71
　（2）平成14年の監査基準改訂の意図 …… 73
　（3）リスク・アプローチと内部統制の説明 …… 75
　（4）ゴーイング・コンサーン注記と監査の導入経緯とその後 …… 76
5 保証業務のフレームワークと監査業務の多様化 ──────── 78
6 内部統制報告監査制度の創設 ───────────────── 80
　（1）天の時, 地の利, 人の和 …… 80
　（2）超特急の法制度の整備 …… 81
　（3）内部統制基準の対象範囲 …… 82
7 おわりに ───────────────────────── 83

第5章 監査人のバイアスに関する制度上の考察

1 はじめに ─────────────────────────── 88
2 バイアスに関する問題提起 ───────────────── 89
 (1) 監査の強化に向けたこれまでの流れ …… 89
 (2) ベイザーマンの問題提起 …… 90
3 わが国の監査人のバイアス事例 ─────────────── 92
 (1) カネボウの粉飾事件の研究事例 …… 92
 (2) 会計監査に内在する要因の検討 …… 93
 (3) 監査人の心理的バイアス要因の検討 …… 95
4 会計監査に関わる諸機関の研究の動向 ─────────── 96
 (1) COSO, PCAOB の動向 …… 96
 (2) 監査監督機関国際フォーラム (International Forum of Independent Audit Regulators : IFIAR)
  —基準ワーキンググループ
  (Standards Working Group : SWG) の研究ペーパー— …… 97
 (3) 監査実務におけるバイアスへの対処 …… 99
5 監査人のバイアスへの制度上の対応 ──────────── 100
 (1) 現行制度における監査人のバイアスに関する対処 …… 100
 (2) バイアスの存在を前提とした監査の枠組み …… 102
 (3) バイアスに関する教育研修と監査手法 …… 104
 (4) 監査人へのペナルティー …… 106
 (5) 監査環境におけるバイアスへの対応(ローテーション問題) …… 106
6 新時代に向けて ─────────────────────── 108

第6章 監査規制及び監査の品質に関する先行研究
日本データを用いたアーカイバル監査研究の可能性

1 はじめに ——— 114
2 研究計画 ——— 116
 （1）先行研究 …… 116
 （2）本章の分析視角 …… 118
 （3）調査対象 …… 119
3 結果 ——— 121
 （1）データ …… 121
 （2）ジャーナル別論文推移 …… 122
 （3）研究テーマ別論文推移 …… 124
 （4）日本における監査の品質 …… 127
4 今後の研究機会 ——— 132
 （1）規制，実務，データ …… 132
 （2）日本人研究者のメリットとデメリット …… 134
5 まとめと課題 ——— 135

第7章 監査報酬に関する国際実証研究

1 問題意識と目的 ——— 148
2 先行研究 ——— 150
 （1）監査報酬の決定因子に関する研究 …… 150
 （2）複数の国を対象とした研究 …… 151
3 研究計画 ——— 153
 （1）リサーチクエスチョン …… 153
 （2）概念モデル …… 154

(3) 検証モデル …… 158
4 分析結果 ──── 162
　　　(1) データ …… 162
　　　(2) 基本統計量 …… 165
　　　(3) 分析1の結果 …… 167
　　　(4) 分析2の結果 …… 174
　　　(5) 追加分析 …… 177
5 まとめと考察 ──── 180

第8章 監査法人のガバナンス・コード

1 監査法人のガバナンス・コードの公表 ──── 188
2 「コード」の概要 ──── 189
　　　(1) 「コード」の概要と背景となる考え方 …… 189
　　　(2) 適用対象と方法 …… 191
3 「コード」の原則と指針の検討 ──── 193
　　　(1) 監査法人が果たすべき役割 …… 193
　　　(2) 組織体制 …… 194
　　　(3) 業務運営 …… 197
　　　(4) 透明性の確保 …… 199
4 「コード」の公表を受けての公表物 ──── 201
5 「コード」の課題 ──── 205
　　　(1) 「主体的な関与」…… 205
　　　(2) CEO・CFOとの意見交換 …… 206
　　　(3) 透明性報告書の利用者 …… 207
　　　(4) 不正問題への対応 …… 208
6 むすびにかえて ──── 210

第9章 監査法人の強制的ローテーション

1 はじめに ——————————————————————— 214
2 強制的ローテーションをめぐる争点 ———————————— 215
　（1）監査の質との関係 …… 215
　（2）ローテーションの根拠 …… 217
3 監査人のローテーションに関する議論の推移 ——————— 218
4 制度の信頼性と監査の質 ——————————————————— 222
5 おわりに ————————————————————————— 225

第10章 監査報告書の捉え方と規制のあり方

1 はじめに ——————————————————————— 230
2 監査報告書の意義と構造 ——————————————————— 231
　（1）オピニオン・レポート …… 231
　（2）インフォメーション・レポート …… 234
3 短文式監査報告書の完成 ——————————————————— 235
　（1）短文式監査報告書の端緒 …… 236
　（2）短文式監査報告書の根拠 …… 237
　（3）短文式監査報告書の記載事項 …… 238
4 監査報告書の情報化 ———————————————————— 240
　（1）オピニオン・レポートとしての情報化 …… 240
　（2）インフォメーション・レポートとしての情報化 …… 241
5 監査上の情報の制度化 ——————————————————— 243
　（1）拡張された監査報告書の様式 …… 244
　（2）期待される意思決定の高度化 …… 248

6 おわりに ——————————————————— 249

第11章 会計監査についての情報提供の充実

1 会計監査についての情報提供の充実に関する懇談会の報告書 —— 256
2 通常とは異なる監査意見等についての説明・情報提供 ————— 259
  （1）監査報告書の記載 …… 259
  （2）追加的な説明 …… 264
  （3）守秘義務 …… 269
  （4）その他 …… 272
3 監査人の交代に関する説明・情報提供 ————————————— 273
4 報告書を受けての対応と今後の課題 ————————————— 278

第12章 残された課題

索　引　291

わが国監査規制の新潮流

第1章

監査規制の新たな動向

1 グローバルな監査における課題

　グローバルにみれば，現在，監査に関する最重要課題は，監査報告書の記載内容の拡充と，監査の品質の向上の問題といえよう。

　前者は，まず，かなり以前から繰り返し提起されてきた標準監査報告書に対する批判が背景にあった。いわゆる短文式監査報告を中心とした定型の記載型からなる監査報告書は，ほとんどの場合に無限定適正意見が記載されていることもあって，財務諸表利用者にとっては，監査報告書が添付されていることにしか意義がなく，監査報告書にはコミュニケーション価値がほとんどない，という批判である。

　そうしたなかで，2001年12月にアメリカで発覚したエンロン事件とその後の会計不正事例，ならびに，2008年のリーマンブラザーズの破綻に代表される世界金融危機において，監査人たちは，「監査人は何をしていたのか」との社会からの厳しい批判を受けることとなった。結果として，国際監査基準をはじめ，各国の監査基準では，単に監査人の判断結果のみを示す標準監査報告書に代えて，監査人が当期の監査において最も注を払った事項とそれらに対する監査手続等を説明すること，すなわち，「監査上の主要な検討事項」（Key Audit Matters：KAM）を監査報告書に記載することが求められるようになったのである。

　他方，後者の監査の品質に関しては，財務諸表の作成にかかる会計基準において，経営者の見積り等の要素が含まれるようになり，その程度が年々，非常に大きくなってきたことが背景にある。かつての取得原価主義による会計処理の監査では，過去情報の取引記録を参照して，記録の正確性等を検証することで事足りたのに対して，見積り等は将来に対する予測が含まれることから，リスクに対していかにして監査手続によって対応すべきか，あるいは，監査人の職業専門家としての判断をいかにして行使すべきかが問われることとなる。

そうしたなかで，上記の世界金融危機が生じ，監査の品質が改めて問われ直し，高い品質を確保するための方策が検討されるようになったのである。かかる方策の例としては，EUにおいて2014年に導入された監査事務所の強制ローテーションや，英国やオランダ等で実施され，わが国でも策定・公表された監査法人のガバナンス・コードがあげられる。これらは，新たな監査手続を追加的に求める監査基準の厳格化ではなく，監査現場において監査基準に準拠して監査手続を実施するとともに，職業的専門家としての判断を適切に行使するよう，監査人に促すことが主眼であるかのように見受けられる。

　すなわち，監査法人の強制的ローテーションは，監査契約を強制的に変更させ，新たな監査人による「新鮮な視点」(fresh look) による監査を期待しているのであり，監査法人のガバナンス・コードは，上場企業のガバナンス・コード同様に，監査法人の組織運営について望ましい原則を示し，各監査法人にコードへの準拠を求め，準拠の状況を開示させることで，監査法人の組織運営の規律づけを行い，監査現場の監督の実効性を高めようとするものに他ならない。

　以上のように，グローバルにみれば，現在の監査規制は，監査報告書の拡充と，監査の品質の向上という2つの大きな課題に取り組んでいる最中にあるといえよう。

2　わが国における監査規制の動向

　翻って，わが国においては，いささか状況が異なる。

　わが国においては，景気変動を別とすれば金融危機の直接的な影響は限定的で，英国のように金融機関の取り付け騒ぎが起きることも，アメリカのように巨大金融機関が破綻することもなかった。他方で，欧米が金融危機の対応に追われている頃，わが国の監査は，2011年に発覚したオリンパス事件を受けて，2013年に「監査における不正リスク対応基準」を策定して，国際監

査基準に追加する形で，監査規範の厳格化を図っていたのである。

ところが，その不正リスク対応基準の適用時期を迎えてすぐに，わが国の監査は，再び大きな粉飾決算事件として，東芝の粉飾決算事件に直面する。同事件では，担当していた大規模監査法人の監査手続にも問題があったとして，一部の業務停止と業務改善命令，さらには，2007年公認会計士法改正で導入されて以来，初めての適用となる課徴金も課せられることとなったのである。

東芝事件への対応として，金融庁では，2015年10月に，「会計監査の在り方に関する懇談会」を設置し，対応を検討することとなった。同懇談会の設置趣旨（金融庁, 2015）には，次のように述べられていることから，同懇談会は，明確に，「提言」を行うこと，およびその提言に基づく「金融庁として必要な対応を行う」ことが目途とされた，いわば政策検討会議に相当するものであった。

「a）会計監査のあり方に関する検討

今後の会計監査のあり方について，経済界，学者，公認会計士，アナリスト等関係各界の有識者から提言を得ることを目的として，『会計監査の在り方に関する懇談会』を開催し，その提言等を踏まえ，会計監査の信頼性の確保に向け，金融庁として必要な対応を行う。」

最終的に，同懇談会は，4回にわたる非公開の審議を経て，2016年3月に「提言—会計監査の信頼性確保のために—」を公表した。同提言では，わが国の監査が再び東芝事件のような巨額の粉飾決算を看過したことを念頭に，冒頭で，次のように述べられている（金融庁, 2016）。

「会計監査の充実に向けた累次の取組みを通じ，会計監査を実施するための規制・基準は相当程度整備されてきた。しかしながら，最近の不正会計事案などを契機として，改めて会計監査の信頼性が問われる状況に至っている。

こうした背景には，

第 1 章
監査規制の新たな動向

- これらの規制・基準が監査の現場に十分に定着していない,
- こうした規制・基準を定着させるための態勢が監査法人や企業等において十分に整備されていない,
- そのような態勢整備がなされているかを外部から適切にチェックできる枠組みが十分に確立されていない,

といった要因があるのではないかと考えられる。

また,不正会計問題への対応に際しては,いたずらに規制・基準を強化するのではなく,その費用と便益を検証しつつ,問題の本質に焦点を当てた対応を取るべきである。」

上記のように,同提言は,「会計監査の充実に向けた累次の取組みを通じ,会計監査を実施するための規制・基準は相当程度整備されてきた」としながらも,今なお,不正を看過する「監査の失敗」により「改めて会計監査の信頼性が問われる状況」にあるとの問題意識の下,「不正会計問題への対応に際しては,いたずらに規制・基準を強化するのではなく,……問題の本質に焦点を当てた対応を取るべき」として,規制・基準の監査現場への定着を図ること,規制・基準を定着させるための態勢を監査法人や企業等で整備すること,およびかかる体制整備を外部からチェックできる枠組みを確立することを求めている。

ここに,2013 年の不正リスク対応基準にいたるまでの監査規範の厳格化を求める規制の在り方を,監査現場での基準に基づく監査の実効性を確保する方向へと大きく方向性が転換したと解される。

同提言では,こうした考え方の下,会計監査の信頼性確保に向けて講ずるべき取組みとして,**図表 1-1** に示すように,5 つの柱（目的），個別に見れば 17 の施策からなる提言を行っている。

この施策のうち,主要な 3 つの施策とされているのが,監査法人のガバナンス・コード,監査法人の強制的ローテーション制の調査,及び監査報告書の透明化（拡充）の 3 点である（池田・八田, 2016）。

図表1-1 「会計監査の在り方に関する懇談会」提言の概要

目的	施策	施策の説明
監査法人のマネジメントの強化	監査法人のガバナンス・コード	監査法人の組織的な運営のためのプリンシプルの確立（職業的懐疑心の発揮を確保するためのリーダーシップの発揮，運営・監督態勢，人材啓発，人事配置・評価等）
		ガバナンス・コードの遵守状況についての開示
	大手上場会社等の監査を担える監査法人を増やす環境整備	ガバナンス・コードの適用による，大手・準大手監査法人の監査品質の向上
		当局と大手・準大手監査法人との定期的な対話（協議会の設置）
会計監査に関する情報の株主等への提供の充実	企業による会計監査に関する開示の充実	有価証券報告書等における，会計監査に関する開示内容の充実
	会計監査の内容等に関する情報提供の充実	監査法人による情報提供の充実（監査法人のガバナンス体制や運営状況に係る情報提供等）
		監査報告書の透明化（監査に際し着眼した重要な虚偽記載リスクの説明）
		監査品質を測定する指標（AQI）の策定
		監査人の交替理由等に関する開示の充実
		審査会のモニタリング活動に係る情報提供の充実（「モニタリングレポート」の作成・公表等）
企業不正を見抜く力の向上	会計士個人の力量の向上と組織としての職業的懐疑心の発揮	不正対応に係る教育研修の充実，関連する資格取得や企業への出向等の慫慂，監査チーム内のやり取りを通じたOJTの充実
	不正リスクに着眼した監査の実施	監査基準，不正リスク対応基準，品質管理基準等の実施の徹底

目的	施策	施策の説明
「第三者の眼」による会計監査の品質のチェック	監査法人の独立性の確保	監査法人のローテーション制度についての調査の実施
	当局の検査・監督態勢の強化	審査会の検査の適時性・実効性の向上
		審査会の検査と協会の品質管理レビューとの適切な役割分担の検討
		監査法人に対する監督の枠組みの検証
	協会の自主規制機能の強化	品質管理レビュー等の見直し
		自主規制機能の強化
		教育研修の在り方の見直し
高品質な会計監査を実施するための環境の整備	企業の会計監査に関するガバナンスの強化	（コーポレートガバナンス・コードに基づく）各企業における監査人の選定・評価のための基準の策定
		各企業における適正な監査の確保への取組み（監査役会・監査委員会等の独立性・実効性確保と会計監査人との連携の強化，適切な監査時間の確保，監査報酬の決定の在り方等）
	実効的な内部統制の確保	内部統制報告制度の運用と実効性の検証
	監査におけるITの活用	協会において検討を継続
	その他	試験制度・実務補習等の在り方の検討

出所：金融庁資料（「会計監査の在り方に関する懇談会」提言とともに公表された「施策の全体像」）。

まず，**図表 1-1** を見ると，監査法人のガバナンス・コードは，第 1 の目的「監査法人のマネジメントの強化」の目的の下，最初の施策となっている。同コードは，金融庁に新たに設置された「監査法人のガバナンス・コードに関する有識者検討会」において策定され，提言公表の 1 年後，2017 年 3 月に確定・公表されている。

　次に，監査法人のローテーション制度についての調査については，第 4 の目的「『第三者の眼』による会計監査の品質のチェック」のうち，「監査法人の独立性の確保」の具体的施策に位置づけられている。これに基づく調査結果は，2017 年 7 月に，第一次報告として，諸外国の調査結果を中心とした報告が公表されており，今後，近い将来に，第二次報告によって，監査法人の強制的ローテーション制をとるのかどうかの金融庁としての判断が示されるのではないか，と考えられる。

　さらに，監査報告書の透明化については，第 3 の目的「会計監査に関する情報の株主等への提供の充実」のうち，「会計監査の内容等に関する情報提供の充実」の施策となっており，これについては，企業会計審議会において，2017 年 10 月から審議が進められ，2018 年 7 月に監査基準が改訂され，「監査上の主要な検討事項」を監査報告書に記載することとなった。さらに，意見不表明や限定付適正意見の場合における意見形成の理由の詳細な説明や，「監査人の交替理由等に関する開示の充実」の観点から，2018 年 11 月に，別途，「会計監査についての情報提供の充実に関する懇談会」が設置され，2019 年 1 月に報告書が取りまとめられたのである（**図表 1-2**）。

　ここで留意すべきは，前節で述べたようなグローバルな監査規制の動向とは異なり，わが国では，監査報告書の記載内容の拡充についても，東芝事件以降の監査の品質の文脈で取組みが行われたという点である。

　本来，監査報告書の拡充は，会計監査の在り方に関する懇談会の提言にもあるように，株主等への情報提供の充実を主眼として行われるものであり，そのこと自体で監査の品質が高まるわけではないことから，グローバルには，監査の品質の文脈とは分けて検討されてきている。

第1章 監査規制の新たな動向

図表1-2　近年の新たな監査規制

発行年月日	発行主体	公表物
2016年3月8日	会計監査の在り方に関する懇談会	会計監査の信頼性確保に向けて「会計監査の在り方に関する懇談会」提言
2017年3月31日	監査法人のガバナンス・コードに関する有識者検討会	「監査法人の組織的な運営に関する原則」（監査法人のガバナンス・コード）
2017年7月20日	金融庁	「監査法人のローテーション制度に関する調査報告（第一次報告）」
2018年7月5日	企業会計審議会	「監査基準の改訂に関する意見書」 ※監査報告書の拡充に関する改訂
2019年1月22日	会計監査についての情報提供の充実に関する懇談会	「会計監査についての情報提供の充実に関する懇談会」報告書（会計監査に関する情報提供の充実について―通常とは異なる監査意見等に係る対応を中心として―）

出所：筆者作成。

　もし監査報告書に「監査上の主要な検討事項」を記載することが監査の品質に寄与することがあるとすれば，1つには，事後的に，公認会計士協会等によるレビューや公認会計士・監査審査会による検査等において，その監査の実施状況を検証する手掛かりとして用いられ，結果として，不適切な監査の摘発に寄与するというものであろう。また別の観点では，従来，十分かつ適切な監査が実施されていなかったとすれば，そうした監査人においては，何に注目し，何を行ったかを明示的に報告書に記載するということで，一定の緊張感を確保することができるかもしれない。しかしながら，これらの貢献は，監査報告書の拡充の主たる目的としてあげるには，控えめにいって，消極的なものといわざるを得ない。

　ところが，わが国では，監査報告書の拡充も監査の品質の確保の一環として位置づけられ，先の提言以降の施策として実施されてきたのである。これは，KAMに関する国際監査基準が確定したのが2015年1月であり，まさに

わが国がそれに対応しようとするタイミングで東芝事件が発覚したということと無関係ではないであろう。監査基準の改訂が，他の提言以降の監査規制の動向に乗って，迅速に進められてきたという側面も否定できない。

しかしながら，他方では，監査報告書改革の主たる目的である「利用者に対するコミュニケーション価値の拡充」という点がどこまで関係者に浸透したか，という懸念も生じるのである。

いずれにしても，わが国の監査規制は，提言によって新たな方向性を提示され，その後，3年間にわたって，そこに示された施策を順次，実行に移してきたといえる。

3 本書の目的と構成

本書では，前述のようなわが国における監査規制の動向を背景として，次の3点を目的としている。

第1に，わが国の監査規制の新たな潮流として，会計監査の在り方に関する懇談会の提言の内容を検討し，それに基づいて実施された3つの主要施策である，監査法人のガバナンス・コード，監査法人の強制的ローテーション制の調査，及び監査報告書の透明化（拡充），さらには，監査報告書の拡充の議論の展開として審議が進められた「会計監査についての情報提供の充実に関する有識者懇談会」による報告書の内容を取り上げ，その内容や課題を識別することである。

これらの点については，主に，第2章，ならびに，第8章から第11章で論じられている。

まず，第2章「金融庁『会計監査の在り方に関する懇談会』提言から読み取るべき課題」において，同懇談会のメンバーであった八田進二教授が，同提言の内容とその後の対応等について検討を行っている。

第8章から第11章においては，「会計監査の在り方に関する懇談会」によ

る提言の主要な3つの施策である，監査法人のガバナンス・コード（第8章），監査法人の強制的ローテーション（第9章），及び監査報告書の透明化（第10章「監査報告書の捉え方と規制のあり方」），ならびに，監査報告書の透明化を補って「会計監査の内容等に関する情報提供の充実」の施策を補完するものとして実施された，「会計監査についての情報提供の充実に関する懇談会」（座長 八田進二教授）による報告書の意義と課題（第11章「会計監査についての情報提供の充実」）を検討している。

　本書の第2の目的は，第1の目的と相前後するものの，今般の監査規制にいたるまでのわが国における監査の歴史的経緯を検討することにある。

　先にも述べたように，わが国の監査規範は，2013年の不正リスク対応基準にいたるまで，アメリカまたは国際監査基準へのキャッチアップを続けてきたところである。こうした経緯は，今般の監査規制の動向，すなわち，新たな監査手続を課すことで監査規範の厳格化を図るのではなく，既存の監査基準を現場に定着させるために，監査法人の態勢を整備したり，それらを外部からチェックする枠組みを構築することを標榜する監査規制の考え方に照らして，どのように捉えられるのかが課題となる。

　こうした歴史的経緯については，第3章「企業監査の新たな地平」において，わが国における会計監査人監査および監査役監査を歴史的に検討し，会計不正に対して企業監査はどうあるべきかを検討しており，続く第4章「平成時代の監査規範の形成プロセス」においては，1991年（平成3年）から2018年（平成30年）にいたるまでの監査基準の改訂の経緯を振り返り，この間の監査規範の形成プロセスの意義を検討している。

　最後に，本書の第3の目的としては，わが国の一連の監査規制の動向に比して，監査の品質の向上にかかる規制として，主に学術研究の成果を踏まえたときに，いかなる点が残されているのか，を識別するということがあげられる。

　これらについては，第5章から第7章において，監査の品質に関する個別テーマとして，検討を行っている。

第 5 章「監査人のバイアスに関する制度上の考察」では，監査の品質を考える際の実務における重要な課題とされている監査判断バイアスについて取り上げている。監査判断バイアスは，監査手続の問題に帰着する職業的懐疑心の議論と対比され，監査人個人の内面にかかる課題である。

　また，第 6 章「監査規制及び監査の品質に関する先行研究」では，いわゆる先行研究の渉猟と整理の章に該当し，内外の監査規制および監査の品質に関する研究の中心課題と到達点を識別している。続く第 7 章「監査報酬に関する国際実証研究」では，第 6 章の整理を受けて，監査の品質に関する重要な制約要因であるとともに，監査の品質に関する研究において用いられる重要なデータである監査報酬に関して，国際的な実証研究をつうじて，わが国の監査報酬は低いのかというテーマを論じている。

　こうした監査の品質に関する個別テーマについては，監査の品質に関する研究のごく一部を成すにすぎないが，少なくとも，今般の監査規制の動向が，「会計監査についての情報提供の充実に関する懇談会」の報告書の公表をもって，あるいは，今後，予想される監査法人のローテーション制度に関する調査報告の第二次報告の公表をもって，一定の制度対応が完了することを踏まえれば，次なる課題の提起として位置づけられるであろう。

　以上のような一連の検討を踏まえて，最後に，むすびにかえて，第 12 章において，わが国における現時点での監査規制の位置づけと今後の課題について，若干の考察を述べることとしたい。

▶ 注
1) 金融庁（2015），Ⅱ. 金融行政の目指す姿・重点施策・1. 活力ある資本市場と安定的な資産形成の実現，市場の公正性・透明性の確保・(2) 市場の公正性・透明性の確保に向けた取組みの強化・②会計監査の質の向上・(ア) 会計監査の信頼性の確保に向けた取組み。
2) 金融庁（2016），Ⅱ. 会計監査の信頼性確保のための取組み。
3) これらが主要施策であること及び提言の背景等については，池田・八田（2016）

を参照されたい。

【参考文献】

金融庁（2015）「平成 27 事務年度 金融行政方針について」9 月 18 日，http://www.fsa.go.jp/news/27/20150918-1/01.pdf。

――（2016）会計監査の在り方に関する懇談会「『会計監査の在り方に関する懇談会』提言―会計監査の信頼性確保のために―」3 月 8 日。

池田唯一・八田進二（2016）「対談 これからの会計監査のあり方を考える」『青山アカウンティング・レビュー』6 巻，10 月，7-33 頁。

第2章

金融庁『会計監査の在り方に関する懇談会』提言から読み取るべき課題

1 「会計監査の在り方に関する懇談会」の設置の趣旨

　資本市場の信頼性を確保し，より向上させるためのインフラとして，会計および監査制度が信頼し得るものでなければならないことは周知のとおりである。しかし，わが国の場合，21世紀に入ってからも，公開会社における会計不正は止むことがなく，それどころか，歴史ある著名な企業においても，会計不正が露呈することから，市場の信頼が大きく失墜してきているものと思われる。そのため，規制当局としても等閑視することはできない深刻な状況にあるとの認識から，下記の趣旨のもと，金融庁では，平成27（2015）年9月に「会計監査の在り方に関する懇談会」（以下，「懇談会」）を設置したのである（金融庁, 2015）。

> 　会計監査については，これまで，その充実に向けて累次の取組みが行われてきたところである。しかしながら，近年のIPO（株式新規公開）を巡る会計上の問題や会計不正事案などを契機として，改めて会計監査の信頼性が問われている状況にある。
> 　このため，今後の会計監査の在り方について，経済界，学者，会計士，アナリストなど関係各界の有識者から提言を得ることを目的として，「会計監査の在り方に関する懇談会」を設置したのである。

　ところで，ここに指摘のある「近年のIPO（株式新規公開）を巡る会計上の問題」に関しては，日本取引所グループが，「最近の新規公開を巡る問題と対応について」を公表して，新規公開の品質確保に向けての要請を行っている[1]。なお，この「懇談会」設置の直接的な契機となったのが，2015年に発覚した東芝の不正会計事案（以下，「東芝事案」）にあったことは疑う余地もないところである（田原・挽地, 2016）。

　確かに，わが国では，これまでにも社会の注目を浴びた21世紀に入ってからの会計不正事件として，カネボウ事件（2005年），ライブドア事件（2006

第2章
金融庁『会計監査の在り方に関する懇談会』提言から読み取るべき課題

年),日興コーディアル事件(2006年),三洋電機事件(2007年)およびオリンパス事件(2011年)があげられる。このなかでも,オリンパス事件を受けて,金融庁企業会計審議会では,2012年5月30日,監査部会を開催して,下記の問題意識のもと,会計不正等に対応した監査基準についての検討を行うこととなったのである。

> 我が国における近時の会計不正事案においては,結果として公認会計士監査が有効に機能しておらず,より実効的な監査手続を求める指摘がある。本監査部会においては,国際的な議論の動向等も踏まえつつ,我が国の監査をより実効性のあるものとするとの観点から,会計不正等に対応した監査手続等の検討を行い,公認会計士の行う監査の規範である監査基準等について所要の見直しを行うこととする。

その結果,平成25(2013)年3月26日,新たに「監査における不正リスク対応基準」を制定して,不正による重要な虚偽の表示を見失うことなく,監査制度の実効性をより高めることが期待されたのである。そこでは,監査人に対しては,監査上のリスクを最小化するためにも,職業的懐疑心の保持,発揮さらには高揚といった視点での監査対応が規定されることとなった。加えて,不正リスクに対応した監査の実施ということで,常に企業における不正リスクを適切に評価するとともに,不正による重要な虚偽の表示の疑義があると判断した場合における審査手続等を規定しているのである。さらに,不正リスクに対応した監査事務所の品質管理についても,より具体的かつ詳細な取組みが規定されることとなったのである。

しかしながら,こうした制度対応を反故にするかのように露呈した「東芝事案」(2015年)を前にして,当局のみならず,多くの監査関係者は失望にも似た無力感を覚えたといっても過言ではないであろう。というのも,東芝の場合,実効性あるコーポレートガバナンスを導入すべく,いち早く,監査役設置会社に代えて委員会設置会社(現在の指名委員会等設置会社)に組織変更し,複数の社外取締役による監視・監督の機能強化を図っていたと思わ

れたからである。加えて同社は，歴代の社長経験者が，これまで日本経団連の会長，副会長，そして評議員会議長等の要職を担ってきており，日本経団連との関係は他社とは比べものにならないほど深い関係にある。その日本の財界を代表する会社において，長年にわたる会計不正が行われてきたということから，東芝事案は単に個社の不祥事として片づけられるべきものではなく，日本の資本市場全体の信頼を大きく失墜させた重大問題と認識すべきものと捉えられたのである。さらに，この東芝の外部監査を長年にわたって担当してきた会計監査人が，わが国の監査法人のなかで最古の歴史を有する新日本有限責任監査法人（前身は，昭和42（1967）年創立の監査法人太田哲三事務所）であったことも，当局にとっては，重大視すべき事案となったものと解される。

　こうした状況のもと，金融庁では，平成27（2015）年10月6日，第1回目の「懇談会」を開催して，下記に示された議論のポイント（第1回の「懇談会」資料）を踏まえながら，会計監査の信頼性向上に向けた議論がなされたのである。

○関与会計士の力量
○監査法人のマネジメント
○会計監査の手法
○第三者の眼
○監査先企業のガバナンス
○各種基準・実務指針 等
　　会計基準
　　監査基準（品質管理基準・不正リスク対応基準を含む）
　　内部統制基準
○その他

　その後3回にわたる会合を経て，平成28（2016）年3月8日，「懇談会」では，「『会計監査の信頼性確保のために－会計監査の在り方に関する懇談会』

提言」(以下,『提言書』) と題する報告書を公表したのである。

2 『提言書』の概要とポイント[2]

　『提言書』では,大前提として,会計監査を「企業による財務状況の的確な把握と適正な開示を確保し,その適正・円滑な経済活動を支え,これを日本経済の持続的な成長につなげていく前提となる極めて重要なインフラである。」と捉えている。とりわけ,会計監査の充実に向けた累次の取組みを通じて,会計監査実施のための規制・基準は相当程度整備されてきたものの,最近の不正会計事案などを契機として,改めて会計監査の信頼性が問われる状況にいたっていると捉えている。そして,こうした背景をもたらしている要因として,以下の3点を指摘している。
(1) これらの規制・基準が監査の現場に十分に定着していないこと。
(2) こうした規制・基準を定着させるための態勢が監査法人や企業等において十分に整備されていないこと。
(3) そのような態勢整備がなされているかを外部から適切にチェックできる枠組みが十分に確立されていないこと。

　ただし,不正会計問題への対応に際しては,単に会計監査の実施に関する規制や基準を強化するのではなく,その費用と便益を検証しつつ,問題の本質に焦点を当てた対応を取るべきであるとして,会計監査の信頼性確保に向けて講ずるべき取組みとして,以下の5つの柱からなる施策の必要性を提言している。
(1) **監査法人のマネジメントの強化**
(2) **会計監査に関する情報の株主等への提供の充実**
(3) **企業不正を見抜く力の向上**
(4) **「第三者の眼」による会計監査の品質のチェック**

⑸ 高品質な会計監査を実施するための環境の整備

　以下，これらの施策の具体的な内容のポイントについてみておくこととする。
　まず，⑴ **監査法人のマネジメントの強化**に関しては，最近の不正会計事案を教訓に，監査法人の品質管理体制に課題があるとして，①監査の現場やそれを支える監査法人組織において職業的懐疑心が十分発揮されていなかったこと，②当局の指摘事項を踏まえた改善策が組織全体に徹底されていなかったこと，そして，③監査品質の確保に重点を置いた人事配置・評価が行われていなかったこと，を問題点として指摘している。加えて，当局の検査では，経営陣によるマネジメントの不備が監査の品質確保に問題を生じさせている原因であるとの指摘もなされている。そこで，とりわけ大手上場企業等の監査を担当する監査法人を念頭に，実効性の高いガバナンスの確立と有効に機能するマネジメントを確保するために，①監査法人のガバナンス・コードの導入と，②大手上場企業等の監査を担える監査法人を増やす環境整備を進めることが必要との考えが示されている。
　このうち，前者の監査法人のガバナンス・コードについては，すでに，イギリスおよびオランダにおいて導入されており，また，わが国の場合，昨年より，上場企業向けに導入されたコーポレートガバナンス・コードの取組みも奏功しているとの観点から，金融庁の主導により，早急に検討を進めるべきとの方向性も示されている。こうしたコードの導入とその遵守が図られるならば，準大手監査法人等，大手監査法人以外の監査法人においても，実効的なガバナンスと有効なマネジメントが期待されることから，監査法人の監査品質の向上につながり，より多くの監査法人が大手上場企業等の監査を担えるようになることが期待されるというのである。さらに，当局と大手・準大手監査法人等との間で協議会等の継続的な対話の場を設け，大手上場企業等の会計監査をめぐる課題等について問題意識の共有を図り，監査業務の水準を向上させていくことも，後者の環境整備に資するものと捉えている。

次に，(2) **会計監査に関する情報の株主等への提供の充実**に関しては，会計監査の最終的な受益者であり，かつ，監査人の選解任を最終的に決定する役割を担っている株主が，株主総会において，適切な判断を行うために必要な情報が提供されるための施策を講じることが提言されている。

　具体的には，①企業が適正な監査の確保に向けて監査人とどのような取組みを行っているか，監査役会等が監査人をどのように評価しているか等について，有価証券報告書等における会計監査に関する開示の内容を充実させること。そして，会計監査の透明性向上のために，②企業側からの情報提供に加え，監査法人等が積極的にその運営状況や個別の会計監査等について情報提供を行ったり，また，当局等においても情報提供の充実に努めるべきであるとする。その具体的な施策として以下の事項が提言されている。

　ア　監査法人のガバナンス情報等についての開示を行うこと。
　イ　監査報告書の透明性を高めるとの観点から，財務諸表の適正性についての表明に加え，監査人が着目した虚偽表示リスクなどを監査報告書に記載すること。
　ウ　監査人の交代の理由・経緯等についての適切な開示を行うこと。また，日本公認会計士協会（以下，協会）において，監査法人等が交代の理由等に関して適時意見を述べる開示制度を設けるなど，開示の主体やその内容などについて検討すること。
　エ　公認会計士・監査審査会（以下，審査会）によるモニタリング活動の成果を整理して公表する（モニタリングレポート）ことで，株主等が会計監査に対する理解を深めることに資するようにすること。

　なお，上記施策のうち，イの「監査報告書の透明化」については，監査業務の透明性を確保するとの視点から，すでに諸外国において議論されてきている監査報告書の長文化の動向等に加え，会計監査自体の透明性を向上させるために，すでに，監査人と監査関係者とのコミュニケーションの充実を図る観点から，米国の監査品質センター（Center of Audit Quality：CAQ）や，

公開会社会計監視委員会（Public Company accounting Oversight Board：PCAOB）が検討を進めている「監査品質の指標（Audit Quality Indicators：AQI）」の活用等については，今後の課題とされている。

　さらに，(3) **企業不正を見抜く力の向上**に関しては，最近の不正会計事案からも明らかなように，会計士個人として，また組織として，企業不正を見抜く力が欠如していたことが指摘されている。そのため，こうした事態の再発を防止するための具体的施策として，①会計士個人の力量の向上と組織としての職業的懐疑心の発揮と，②不正リスクに着眼した監査の実施の２点について提言している。前者については，監査現場での訓練（OJT），教育研修を通じた過去の不正事例からの学習，さらには不正調査に関連する資格の取得や企業への出向等の慫慂等による会計士の力量向上のための幅広い取組みが必要であるとしている。こうした会計士個人の力量の向上に加え，会計士による職業的懐疑心の発揮を確保するための，組織としての態勢整備の必要性が指摘されている点は，留意すべきであろう。

　また，後者については，すでに制定されている監査基準や品質管理基準，さらには不正リスク対応基準等，会計監査を実施するための規制・基準は相当程度整備されてきていることから，これらの基準等の適切な実施を徹底させるためにも，監査法人等には，実効的なガバナンスを確立し，マネジメントを有効に機能させることが不可欠であるとの指摘がなされている。

　(4)「**第三者の眼**」**による会計監査の品質のチェック**に関しては，監査業務自体，個別性・専門性が高く，企業の機密情報の取扱いを伴うことから，「ブラックボックス」ともいわれるように，その過程や結果の適正性を外部からチェックすることが困難であるため，監査の品質や信頼性に疑念が持たれる場合がある。したがって，適正な職業的懐疑心の発揮を促し，会計監査の品質・信頼性を確保するためには，監査人の独立性の確保を徹底することや，当局や協会といった独立した「第三者」による監査の品質チェックの実効性を向上させることが不可欠である，というのである。そのための具体的な施策として，大きく次の３点について提言している。①監査法人の独立性の確

第2章
金融庁『会計監査の在り方に関する懇談会』提言から読み取るべき課題

保を徹底させること，②当局の検査・監督態勢を強化すること，そして，③協会の自主規制機能を強化させることである。

上記①の監査人の独立性の強化については，最近の不正会計事案においても，長期間にわたって同じ企業やその子会社の監査を担当した者が監査チームの中心となっていたことにより，企業側の説明や提出資料に対して職業的懐疑心に基づく検証が十分に実施できなかったことが，不正会計を見逃した一因として指摘されているとのことから，監査法人を一定期間ごとに強制的に交代させるローテーション制度の導入の当否が俎上にのせられていた。というのも，すでに，EUでは，上場企業等に対して，この一定期間ごとの監査法人等の強制的交代を義務づける規則（レギュレーション）が平成26（2014）年6月に発効し，平成30（2018）年6月から適用される予定となっていることから，わが国においても有効な選択肢の1つであると考えられるからである。

ちなみに，同趣旨の議論は，平成18（2006）年12月22日に公表された，金融庁・金融審議会公認会計士制度部会報告『公認会計士・監査法人制度の充実・強化について』の「監査人の独立性と地位の強化のあり方」の項においてなされていたのであるが，次のような評価のもと，棚上げにされた問題なのである。

> 監査法人の交代制の義務付けについては，監査人の独立性確保を徹底するとの観点から意義があるとの指摘がある一方で，ⅰ）監査人の知識・経験の蓄積の中断，ⅱ）監査人，被監査会社に生じる交代に伴うコスト，ⅲ）被監査会社の活動の国際化や監査業務における国際的な業務提携の進展等の中での国際的な整合性の確保，ⅳ）大規模監査法人の数が限定されている中での交代の実務上の困難さ，等の観点からその問題点が指摘されるところであり，少なくとも現状においてこれを導入することについては，慎重な対応が求められる。

上記のような背景を基礎に，『提言書』では，「まずは諸外国の最近の動向も踏まえつつ，わが国における監査法人のローテーション制度の導入に伴う

メリット・デメリットや，制度を導入した際に実効性を確保するための方策等について，金融庁において，深度ある調査・分析がなされるべきである。」として，今後とも検討すべき継続案件としている。

②の当局の検査・監督態勢の強化については，従来，2年に1度の頻度で行ってきた大手監査法人に対する審査会の検査をより機動的に行うとともに，必要なフォローアップを実施して検査の適時性・実効性を向上させるべきとしている。またその際，協会との適切な役割分担を図りつつ，全体として監査の品質のチェックの実効性を向上させる必要があるとしている。さらに，金融庁による監督については，大手監査法人等に対しては，従来の個別の監査証明の適正性を確保するための監督にとどまらず，適正な会計監査の実施を確保するためのガバナンスの確立およびマネジメントの有効性に着目した監督を行うことで，その実効性向上を図っていく必要があるとしている。

さらに，③協会の自主規制機能の強化については，品質管理レビューによる監査の品質チェックの実効性を高めるとともに，当該レビューを各法人等のリスクに応じたより深度あるものとするなどの見直しを行うべきであること，加えて，上場会社監査事務所登録制度についても，監査法人等が上場企業を監査するのに十分な能力・態勢を有していることが担保されるよう，厳格な運用に努めるべきであると提言している。

最後の(5) **高品質な会計監査を実施するための環境の整備**に関しては，監査対象企業における課題を克服するための具体的施策が提言されている。というのも，最近の不正会計事案においても，上場企業のガバナンスや内部統制は形式的には整備されていたものの，経営トップが当期利益至上主義のもとで予算の達成や実績見込みの上積みを強く求めたのに対し，内部統制が機能せず，監査委員会等もその監査機能を発揮できなかったことが指摘されており，企業サイドの取組みが不可欠と考えられるからである。そのため，かかる課題を克服するための施策として，以下の3点が提言されている。すなわち，①企業の会計監査に関するガバナンスを強化すること，②実効的な内部統制を確保すること，そして，③ITの有効活用により，高品質な会計監

第 2 章
金融庁『会計監査の在り方に関する懇談会』提言から読み取るべき課題

査を実施するための取組みを進めていくこと，である。

　①については，不正会計の端緒を早期に発見し，これを防止するためには，各上場企業が，財務・経理に関して適切な知見を有する社外監査役等を選任するなど，監査役会等の独立性・客観性・実効性を高める必要があるとしている。また，監査役会等および取締役会において，十分な監査時間や監査人から経営陣幹部へのアクセス，監査人と企業との十分な連携等を確保するための適切な態勢整備に取り組むとともに，内部通報制度の実効性を高めるための措置を講じることが求められるとしている。②の内部統制の実効性確保については，内部統制報告制度の運用状況について必要な検証を行い，制度運用の実効性確保を図っていくべきであるとしている。③の IT の有効活用については，リスクに応じたより深度ある会計監査の実施を可能とすべく，国際監査・保証基準審議会（IAASB）においても，昨年，監査における IT の活用に関するワーキンググループが立ち上げられ，具体的な活用事例や，監査手続に与える影響について調査を実施していることに鑑みて，その動向について注視していくとしている。

　最後に，「適切な資質・力量を備えた会計士を育成・確保する観点からは，引き続き公認会計士資格の魅力の向上に取り組むとともに，公認会計士試験制度や実務補習等の在り方についても，継続的に検討を行っていくことが重要である。」との指摘は，今後とも，会計監査の信頼性のさらなる向上に向けた取組みを継続させることが不可欠であることを示している。

　なお，『提言書』では，会計監査にかかわる関係者が，「懇談会」における以上の提言の実現に取り組むことにより，以下のような好循環が生まれるとともに，市場全体における監査の品質の持続的な向上につながっていくことが望まれるとしている。

- 監査法人等が実効的なガバナンスのもとで有効にマネジメントを機能させ，企業とともに高品質で透明性の高い会計監査を実施する。
- 企業やその株主が監査の品質を適切に評価し，その評価を踏まえて監査法人等に監査を依頼するようになる。

- このような動きが，より高品質な監査を提供するインセンティブの強化や，高品質な会計監査に株主や企業が価値を見出すことによる監査法人等の監査報酬の向上等につながる。

さらに，「このような監査の品質と透明性の向上に伴い，大手上場企業等の監査の担い手となる監査法人の厚みが増し，大手上場企業等やその株主が，適切な評価のもとに，より幅広い選択肢のなかから，監査法人を選ぶことができるようになっていくことも期待される。」と捉えている。

いずれにしても，『提言書』で示された具体的な施策は，会計監査の品質向上に向けて考えられるあらゆる施策が列挙されているが，そのなかでも，ただちに実施可能なものについては，速やかな実施と，その進捗状況についてのフォローを「懇談会」が行うとしている。また，提言のうち，さらなる調査・分析を必要とするものについては，関係者において速やかに調査等が行われることを求めるとともに，「懇談会」としても，調査等の結果を踏まえ，必要に応じてさらなる検討を行っていくとしている。

3 日本公認会計士協会の取組みと対応

一方，協会は，平成28（2016）年1月27日，「監査人は，資本市場の健全な発展に寄与すべく，監査の実施に当たっては厳正な態度で臨まなければならない。昨今の度重なる会計不祥事は監査の信頼を揺るがすものであり，公認会計士監査の信頼回復のため，会員各位には下記の点について特に留意し，真摯に監査業務に取り組むことを強く要請する。」として，会長通牒平成28年第1号「公認会計士監査の信頼回復に向けた監査業務への取組」を発出した[3]。そこでは，以下の7項目について特に留意し，真摯に監査業務に取り組むことが記されている。

(1) **リスク・アプローチに基づく監査**の実施にあたっては，企業および企

業環境を十分に理解したうえで，リスクを適切に評価することが決定的に重要となることを再認識すること。
(2) 監査人は，監査の全過程を通じて**職業的専門家としての懐疑心**を保持し発揮する必要があること。
(3) **経営者による内部統制を無効化するリスク**は，すべての企業に存在することから，監査人は，経営者は誠実であるとの思い込みにより，内部統制無効化リスクは低いと判断することなく，職業的懐疑心を持って批判的に評価する必要があること。
(4) **会計上の見積りの監査**にあたっては，経営者が会計上の見積りを行った方法とその基礎データの検討において，被監査会社の説明を鵜呑みにすることなく，収集した情報や監査チーム内に蓄積された知識に照らして批判的に検討する姿勢を保持する必要があること。
(5) **監査チーム内**での**情報共有**および知識を適時に共有するため，随時，十分な討議を行う必要があること。
(6) **審査**担当者は，監査チームが行った重要な判断や監査意見を客観的に評価することが求められること。
(7) 高品質な監査を可能とするにも，**十分な監査時間・期間の確保**が必要であること。

以上からも理解されるように，この会長通牒で示された具体的な取組みは，新たな監査手続や監査対応を求めているのではなく，そのすべてが現行の監査の基準において規定されている内容のものである。したがって，それは，現下の不正会計事案に対する教訓から，再び社会からの批判を受けることのないよう，協会の全会員に対して，監査人としての役割を誠実に果すことを再認識すべきとのメッセージと捉えられる。

しかし，その後に公表された今般の『提言書』の内容からみてもわかるように，わが国の会計監査の在り方に対する理解に対して，若干の齟齬があることが危惧される。というのも，『提言書』での最大のテーマは，個別の監査

行為や監査手続，あるいは個々の監査対応に懸念を抱いているということではなく，監査法人の組織としての有り様，すなわち，組織のガバナンスと有効なマネジメントの機能強化に主眼が置かれているからである。

　確かに，本通牒では，最後に，「監査人は強い態度で監査業務に臨むことが必要である。監査は公共の利益のために行われている点，すなわち，被監査会社の株主・投資家等，監査報告書の利用者のために行われている点を踏まえ，会計不祥事が繰り返されることのないよう，職業的懐疑心をもって監査を実施しているかを厳しく自問していただきたい。」として，会長の強い思いが吐露されているが，現行の会計監査が組織的に行われている点からして，やはり，監査法人全体を統括する視点からの是正ないしは改善に向けた取組みが提言されるべきであるといえる。

　なお，この会長通牒の発出に即して，同日に，協会の監査業務審査会から監査提言集（特別版）『財務諸表監査における不正への対応〜不正による重要な虚偽表示を見逃さないために〜』が公表されている。そこでは，「監査人は，経営者不正への対応の困難さを言い訳にすることなく，職業的専門家としての自覚を持って真摯な姿勢で取り組まなければならない。それが監査人に対する社会からの期待である。」として，経営者不正に対しての監査人の対応について，社会の期待に応える形で，監査人の責任を宣言している姿勢に対しては，プロフェッションとしての気概として高く評することができるであろう。願わくは，実際に個々の監査人が，こうした自覚を持って監査業務に邁進することで，会計監査に対する信頼性を高めることにつながることを期待するものである。

4 『提言書』の公表を受けての各種の取組み

　すでにみたように，『提言書』では，5つの柱からなる目的を達成するために，多くの施策を提言しているが，そのうちの具体的施策として，以下内容

第 2 章
金融庁『会計監査の在り方に関する懇談会』提言から読み取るべき課題

等については，その後，速やかに対応が講じられることとなった。
　①監査法人のガバナンス・コードの制定
　②監査報告書の透明化
　③監査法人のローテーション制度についての調査の実施
　④審査会の検査の適時性・実効性の向上

　まず，①監査法人のガバナンス・コードの制定について，金融庁は，平成28（2016）年7月「監査法人のガバナンス・コードに関する有識者懇談会」を設置して議論を行い，翌29（2017）年3月31日，「監査法人の組織的な運営に関する原則」（監査法人のガバナンス・コード）を公表したのである。なお，本原則では，以下の内容を受けて，具体的な5つの原則と，その原則についての基本的な考え方，および，当該原則を実効あるものとするための指針が示されている[4]。

> 　本原則は，組織としての監査の品質の確保に向けた5つの原則と，それを適切に履行するための指針から成っており，
> - 監査法人がその公益的な役割を果たすため，トップがリーダーシップを発揮すること，
> - 監査法人が，会計監査に対する社会の期待に応え，実効的な組織運営を行うため，経営陣の役割を明確化すること，
> - 監査法人が，監督・評価機能を強化し，そこにおいて外部の第三者の知見を十分に活用すること，
> - 監査法人の業務運営において，法人内外との積極的な意見交換や議論を行うとともに，構成員の職業的専門家としての能力が適切に発揮されるような人材育成や人事管理・評価を行うこと，
> - さらに，これらの取組みについて，分かりやすい外部への説明と積極的な意見交換を行うこと，
>
> などを規定している。

　なお，協会は，同日，「「監査法人の組織的な運営に関する原則（監査法人

のガバナンス・コード)」の公表を受けて」と題する会長声明を公表し，「本原則の公表は，監査法人のガバナンスの更なる向上の契機であり，本原則を適用する監査法人の真摯な取組と実践は，監査に対する資本市場からの信頼性の維持向上に資するものとな」るとの視点を示している。これを受け，協会では，自身のウェブサイトにおいて，「監査法人における実効的な組織運営に関する取組の一覧」と題して，監査法人が自主的に取り組んでいる実効的な組織運営に対する取組状況を開示している。当該原則が，大手上場企業等の監査を担い，多くの構成員からなる大手監査法人における組織的な運営の姿を念頭において策定されたものであり，かつ，法令や規則とは異なるコードではあるが，監査品質の向上を確保する視点から，本ガバナンス・コードへの遵守が広く浸透することが期待されるのである。

次に，②監査報告書の透明化については，株主等に対する会計監査の内容等に関する情報提供を充実させる観点から，平成28 (2016) 年10月より，金融庁企業会計審議会の監査部会において議論が進められ，平成30 (2018) 年7月，監査基準が改訂され「監査上の主要な検討事項」の記載が求められることとなった。この監査報告書における「監査上の主要な検討事項」は，すでにEU諸国において導入されているKey Audit Matter（通称，KAM）に相当するものであり，こうしたKAMの記載により，監査人が実施した監査の透明性を向上させ，監査報告書の情報価値を高めることにつながることが期待されている。

さらに，③監査法人のローテーション制度についての調査の実施については，監査人の独立性の強化と監査品質の向上を目指して議論され，『提言書』公表後，具体的に行われた調査結果について，平成29 (2017) 年7月20日に，金融庁は『監査法人のローテーション制度に関する調査報告（第一次報告)』と題する報告書を公表している。同報告書は，「監査法人の強制ローテーション制度に関する諸外国の制度対応やその背景を調査・分析するとともに，諸外国において同制度を導入する際に制度の実効性を確保するためにどのような方策がとられているか等について取りまとめたもの」とされてお

り，今後，「国内関係者からのヒアリング等を含めさらに調査を進めていく必要がある」と述べている。いずれにしても，この，監査法人の強制的ローテーションの是非，あるいは，当否等については，さらなる調査と議論が不可欠であるとの認識が示されている。

最後の④審査会の検査の適時性・実効性の向上については，公認会計士・監査審査会が公表した，「平成28事務年度監査事務所等モニタリング基本計画」において，次のような認識を示している（平成28年7月14日公認会計士・監査審査会，3-4頁。）

> 昨年度までの検査においては，「品質管理については一定程度有効に機能している」との認識を前提に，大規模な監査法人（上場会社を概ね100社以上被監査会社として有し，かつ常勤の監査実施者が1,000名以上いる監査法人）共通のテーマを選定し当該テーマ等に検証範囲を絞り込む検査を実施するとしていたところであるが，近時の検査結果を勘案した問題認識を踏まえ，本事務年度においては，ガバナンス等経営管理態勢や業務管理態勢の検証及び近時の検査結果等を踏まえた重点事項を設定し，それらに重点を置いて実施する。また，検査のフォローアップを強化するとともに，必要が認められる場合には，定期的な検査にとらわれない機動的な検査を実施する。

このように，『提言書』の内容に準拠して，従来2年に1度の頻度で行ってきた大手監査法人に対する審査会の検査をより機動的に行うとともに，必要なフォローアップを実強化することで，定期的な検査にとらわれない機動的な検査の実施を宣言している。

5 終わりに

監査業務の品質を確保すべき自主規制団体の日本公認会計士協会は，平成28（2016）年3月8日，『提言書』の公表を受けて「金融庁『会計監査の在り

方に関する懇談会』提言を受けて」と題する会長声明を公表した。そのなかで，協会会員に対しては，「職業的懐疑心を十分に発揮し，真摯に監査業務に取り組むことはもちろんのこと，提言の趣旨を十分に理解の上，今後の議論を注視するとともに，適時に適切な対応が可能なように，あらかじめ準備を進めることを期待する。」との要請を行っている。加えて，『提言書』で述べられている「自主規制機能の強化，監査におけるITの活用，公認会計士資格の魅力の向上」など，直ちに実施可能なものについては速やかに実施に向けた作業を進めることで，「我が国の資本市場における情報の信頼性確保のため，監査制度及び監査環境の整備・充実に必要な施策に，更に一層，取り組む所存である。」との考えを発している。

　一方，規制当局である金融庁は，『提言書』に盛られた各種の施策の内容に関して，順次，具体的な措置等を講じてきており，それらの遵守を推進することが協会に求められているものと思われる。なかでも，監査法人ガバナンス・コードの制定とそれに対する遵守状況の開示については，今後，各監査法人の実態評価を通じて，かかるコードへの遵守の如何により，会計監査人としての適格性が判定されることにもなり，また結果として，監査の品質の向上が図られることになるものと考えられる。つまり，ガバナンス・コードの適用により，各監査法人の監査業務の品質が評価され，実質的に会計監査人として適格か否かの選別がなされることになるのである。

　さらに，監査報告書の透明化問題は，具体的にKAMの記載が加わることで，より長文化がなされることが想定されているが，その記載内容により，本当に投資家をはじめ，すべてのステークホルダーにとって有益な情報価値を有することができるのか，今後の課題であるといえる。同時に，こうしたKAMの記載が画一的なものとならないためにも，監査人に課せられた役割と責任は大きくなってきている。

　なお，この会計監査の内容等に関する情報提供を充実させる観点に関しては，さらに，平成30（2018）年11月より，金融庁において「会計監査についての情報提供の充実に関する懇談会」が立ち上がり，「通常とは異なる監査

第 2 章
金融庁『会計監査の在り方に関する懇談会』提言から読み取るべき課題

意見が表明された場合の会計監査に関する説明・情報提供」を主要な論点とする議論が開始されたのである。

なお，現時点で残された問題の1つとして，監査法人のローテーションの導入（いわゆる，「監査事務所の強制的交代」）の可否がある。ただ，この問題については，米国において，2002年7月に，エンロン事件やワールドコム事件発覚後に制定された企業改革法（SOX法）での規定（第207条「登録会計事務所の強制的交代に関する調査」）もあり，米国では，この監査事務所の強制的交代に関する調査を要請したことを踏まえ，わが国においても，今後，具体的かつ広範な調査を行い，その結果の分析が行われることになっている。なお，先行して調査研究がなされた米国の場合，PCAOBは，この登録会計事務所の強制的交代の導入については，最終的に断念したと報じられている（Vincent, 2014）。

したがって，わが国の場合，これまでのように，米国の制度に追随するという姿勢ではなく，わが国独自の調査・分析の結果如何が，この監査事務所の強制的交代の導入の可否を決定することになるものと思われることから，今後の動向に注視すべきものと思われる。

▶ 注
1) 株式会社日本取引所グループ「最近の新規公開を巡る問題と対応について」2015年3月31日。なお，日本経済新聞の記事によれば，最近のIPOをめぐる問題例として，下記の事案を取り上げている（「IPO審査の厳格化要請　日本取引所，証券会社など」『日本経済新聞』電子版2015年3月31日）。
　①エナリス　2013年10月上場。ディーゼル発電機の取引で不正会計の疑惑。2014年12月に創業社長らが引責辞任。
　②ジャパンディスプレイ　2014年3月上場。上場1ヵ月の4月を皮切りに業績予想を3度下方修正。株価は一時公募価格の約3分の1に下落。
　③gumi　2014年12月上場。上場2ヵ月半で収益見通しを営業赤字に下方修正。株価は一時上場来高値から約6割安い水準に下落。
2) 本節での議論については，基本的に，平成28年3月8日に金融庁から公表さ

れた「『会計監査の信頼性確保のために－会計監査の在り方に関する懇談会』提言」の内容に依拠している。
3) 本通牒の内容に関しての解説については，泉本（2016）を参照のこと。
4) 平成29（2017）年3月31日,「監査法人の組織的な運営に関する原則」（監査法人のガバナンス・コード）では示された5つの原則とは，以下のとおりである。

【監査法人が果たすべき役割】
　原則1　監査法人は，会計監査を通じて企業の財務情報の信頼性を確保し，資本市場の参加者等の保護を図り，もって国民経済の健全な発展に寄与する公益的な役割を有している。これを果たすため，監査法人は，法人の構成員による自由闊達な議論と相互啓発を促し，その能力を十分に発揮させ，会計監査の品質を組織として持続的に向上させるべきである。

【組織体制】
　原則2　監査法人は，会計監査の品質の持続的な向上に向けた法人全体の組織的な運営を実現するため，実効的に経営（マネジメント）機能を発揮すべきである。
　原則3　監査法人は，監査法人の経営から独立した立場で経営機能の実効性を監督・評価し，それを通じて，経営の実効性の発揮を支援する機能を確保すべきである。

【業務運営】
　原則4　監査法人は，組織的な運営を実効的に行うための業務体制を整備すべきである。また，人材の育成・確保を強化し，法人内及び被監査会社等との間において会計監査の品質の向上に向けた意見交換や議論を積極的に行うべきである。

【透明性の確保】
　原則5　監査法人は，本原則の適用状況などについて，資本市場の参加者等が適切に評価できるよう，十分な透明性を確保すべきである。また，組織的な運営の改善に向け，法人の取組みに対する内外の評価を活用すべきである。

【参考文献】
　Vincent, R. (2014) "PCAOB Abondons Auditor Rotation", *CFO.com*, February

6. 2014, http://ww2.cfo.com/auditing/2014/02/pcaob-abandons-auditor-rotation/

金融庁(2015)「『会計監査の在り方に関する懇談会』の設置について」9月18日。

田原泰雄・挽地愛(2016)「当局解説『会計監査の在り方に関する懇談会』提言について」『経理情報』1445号, 25頁。

泉本小夜子(2016)「会長通牒『公認会計士監査の信頼回復に向けた監査業務への取組』の解説」『週刊 経営財務』3253号, 14-20頁。

第3章

企業監査の新たな地平

1 企業監査に対する基本的視点

　一般に，社会的な存在として活動を行う企業においては，事業活動が健全に行われることを監視し，かつ，信頼し得る企業情報の開示を保証するために，監査機能が有効に働くことが不可欠である。とりわけ，不特定多数の利害関係者にかかわりを有する公開会社の場合には，法制度的にも，監査役（会）ないしは監査委員会による監査に加えて，会計監査人による外部監査が強制されていることは周知のとおりである。また，内部統制の構成要素の一環として，内部監査の重要性も認識されており，これらの監査機能が，本来の役割と責任を適切に履行することが，企業を取り巻く監査の前提にあるといえる。こうした監査機能が実効性を有することではじめて，健全な企業活動を規律づけるコーポレートガバナンスの強化も図られるのである。

　しかし，21世紀幕開けの2001年12月に，連邦破産法第11章の適用を申請して経営破綻したエンロン社に係る会計不祥事を契機に蔓延しはじめた，米国発「会計不信」の嵐は，その後，全世界を席巻するほどに多くの影響を及ぼすこととなった。この結果，米国が下した1つの結論は，資本・証券市場に対する信頼性の喪失を一掃するために，厳格な法による規制をもって対処するという方向であった。そのため，翌2002年7月30日，異例の早さで『2002年サーベインズ＝オックスリー法』[1)]を成立させたのであり，市場経済の秩序を堅持することがいかに重要であるかを物語るものであったといえる。同法では，CEO・CFOといったトップマネジメントに対して，年次報告書および四半期報告書に対する宣誓を要請すること（302条，906条）で，経営責任を有する者の責任意識の高揚を図るとともに，内部統制報告書の提出と監査人の関与（404条）を要請している。これは，エンロン事件後の会計不正防止に向けた強化策として導入されたものであり，市場の主人公である企業およびその責任者に対しての基本的な規律づけを求めたものといえる。

　一方，わが国においても，こうした会計不祥事は対岸の火事ではなく，社

第 3 章
企業監査の新たな地平

会の注目を浴びた21世紀に入ってからの会計不正事件として，カネボウ事件（2005年），ライブドア事件（2006年），日興コーディアル事件（2006年）およびオリンパス事件（2011年），さらには，東芝事件（2015年）等があげられる。そのため，こうした会計不正を抑止ないしは防止するための施策も含め，この間，商法は会社法に，また，証券取引法は金融商品取引法に衣替えして，企業監査を取り巻く状況についても，幾つかの見直しと改革が講じられてきている。

これら，いずれの会計不正についても，第一義的に財務報告に係る経営者の責任が問われていることは当然であるが，それに加えて，かかる不正を事前に防止，ないしは早期に発見できなかった監査の実効性についても厳しく問われてきているのである。

そこで，本章では，そもそもわが国における企業監査の両輪をなす会計監査人監査[2]および監査役監査の原点を振り返ることで，現在の企業監査の実態を制度面から検討するとともに，こうした会計不正を払拭するために，内部監査を含めた企業監査はどうあるべきなのかといった問題意識のもと，将来の企業監査に関する新たな視点を模索することとする。

2 会計監査人による監査の原点

わが国における上場会社等に対する監査の起源は，昭和25（1950）年改正の証券取引法第193条の2の規定（すなわち，上場会社等における財務書類については「公認会計士又は監査法人の監査証明を受けなければならない」との規定）による公認会計士による財務書類の監査に求められる。かかる監査の導入に際して，同年制定の「監査基準」では，その前文の「財務諸表の監査について」の「2　監査の必要性」の項において，公認会計士監査の性格について，以下のような理解を示していた。

> 　監査は過去においては，不正事実の有無を確かめ，帳簿記録の成否を検査することをもつて主たる目的としたものであったが，企業の内部統制組織即ち内部牽制組織及び内部監査組織が整備改善されるにつれて，この種の目的は次第に重要性を失いつつある。企業はあえて外部の監査人をまつまでもなく，自らこれを発見するとともに，未然にその発生を防止しうるようになったからである。……中略……
> 　かくて企業の内部統制組織が，如何に周到に整備され，有効に運用されようとも，これを以て監査に置き換えることはできない。内部統制は不正過失を発見防止するとともに，企業の定める会計手続が守られているか否かを検査するにとどまるに反し，監査は会計記録の成否を確かめるばかりでなく，さらに「企業会計原則」に照し，公正不偏の立場から経営者の判断の当否を批判するものであつて，両者はその本来の任務を異にするからである。（下線は筆者挿入。以下同様）

　さらに，「3　監査実施の基礎条件」の(2)においては，以下のように，監査受け入れの条件として内部統制が整備されていることを規定していた。

> 　監査を実施するには，監査を依頼する企業の側において，あらかじめその受入体制が整備されていなくてはならない。即ち整然たる会計組織を備えて正確な会計記録を作成するとともに，内部牽制組織を設けて不正過失の発見防止につとめ，又規模の大きな企業においては，内部監査組織により自ら経常的に監査を行つて会計記録の信頼性を確保すること等がこれである。企業に内部統制組織の用意がなく，たとえあつても不完全な場合には，勢い監査人は個々の取引について精査を行わざるを得ないのである。その結果，監査の実施に多大の時日と多額の費用とを要し，企業は到底その負担に堪えられないこととなろう。それ故内部統制組織が監査の前提として必要であつて，監査人はこれを信頼して試査を成すにとどめ，精査を行わないのが通例である。本来監査が強制されると否とに拘らず，適切にして有効な内部統制組織を整備運用して，取引を正確に記録するとともに財産の保全を図ることは，外部の利害関係人に対する経営者の責務である。

　つまり，わが国の場合，公認会計士監査導入の当初から，不正の発見ないし防止は内部統制の範疇で対応されるべきものであり，公認会計士による外

第 3 章
企業監査の新たな地平

部監査の主要な目的と捉えていないのである。また，そうした内部統制を有効に整備，運用する責任は，あくまでも経営者にあることを明示していたのである。

　こうした理解のもと，さらに「実施基準」においては，長年の間，企業の内部統制の信頼性の程度を勘案して，監査人は試査の範囲を合理的に決定すべしとする規定が置かれてきたのである。とりわけ，昭和41 (1966) 年改訂の「監査実施準則」では，監査手続を「通常の監査手続」と「その他の監査手続」に分けるとともに，前者については，これを商工業を営む株式会社で，適当な内部統制組織を有するものに対し，監査人が財務諸表監査を行う場合における「通常の監査手続」ということで，①予備調査の手続，②取引記録の監査手続，および③財務諸表項目の監査手続に分けて，具体的な手続を示していた。このうち，内部統制組織の評価については，まず，予備調査の手続において，「内部統制組織の信頼性の程度を確かめるため，内部統制の質問書に回答を求める等，適当な方法によってその整備の状況を調査する（初度監査の場合）。」および「内部統制組織等の重要な事項についての変更の有無を確かめ，変更が行なわれたときは，当該変更の内容および理由を調査する（連続監査の場合）。」と規定していた。

　さらに，取引記録の監査手続に際しては，「取引記録の監査手続の目的は，会社の内部統制組織が実際に有効に運用されているかどうか……略……を調査することにより，取引記録の信頼性の程度を確かめることにある。」と規定していた。このように，わが国の場合，企業の内部統制の整備状況および運用状況を確かめることこそ，試査を前提とする公認会計士監査の根幹をなすものであるとの考え方が定着してきているのである。

　なお，かかる規定は，その後，平成 3 (1991) 年の監査基準等の改訂により消滅することとなったものの，そこでは，従来の考え方を踏襲するだけでなく，さらに，監査人が重要な虚偽記載を看過することのないよう，監査の失敗を防止するため，以下のような規定に改訂されることとなった（「監査実施準則」5）。

> 　監査人は，監査計画の設定に当たり，財務諸表の重要な虚偽記載を看過することなく，かつ，監査を効率的に実施する観点から，内部統制の状況を把握するとともにその有効性を評価し，監査上の危険性を十分に考慮しなければならない。
> 　内部統制の有効性を評価するに当たつては，内部統制組織の整備と運用の状況のみならず，それに影響を与える経営環境の把握と評価を行わなければならない。

　このように，上記の規定では，経営者の責任の範疇に置かれている内部統制の整備および運用責任の履行状況を，監査人が確認するに際しては，それに影響を与える経営環境の把握と評価を行うことを求めるようになったのである。それは，激変する企業環境により，既存の内部統制が機能不全ないしは制度疲労をもたらす可能性があり，結果として，財務諸表の虚偽記載をもたらす恐れがあるとの理解が示されたものと解される。つまり，内部統制は固定的なものではなく，絶えず変化する概念であり，有効かつ効率的な事業運営を支える仕組みとして有効であるために，その評価に際しては，経営者の意向を加味したうえで，常に，整備と運用の両面にわたっての継続的な検証が不可欠なのである。

　さらに，平成14（2002）年の監査基準の改訂により，内部統制については，実施基準の「1　基本原則」「2　監査計画の策定」および「3　監査の実施」の項目において，それぞれ，内部統制を適切に理解し，その整備状況および運用状況を評価し，かつ，その結果等に応じて，監査計画の策定，実施すべき監査手続の時期および範囲の決定，必要とされる実証手続の実施等を行う旨が規定されることとなった。まさに，財務諸表監査は内部統制の有効性の監査と密接不可分の関係にあることを明確に示唆しているものと解される。

　このように，わが国の場合，公認会計士監査と内部統制の評価は唇歯輔車の関係にあるというべきものであり，公認会計士監査の主たる目的が財務諸表の信頼性を保証するものであるとするならば，その財務諸表の信頼性を支えるものが有効な内部統制であると捉えられるのである。しかし，内部統制

に対するこれまでの理解は，監査基準における規定からも明らかなように，あくまでも，監査人の視点に依拠したものであり，本来の主人公である企業の経営者の視点が明示的に示されていなかったのである。そのため，わが国の場合，不正な財務報告といわれる財務諸表の虚偽記載問題が露呈すると，監査の失敗ではないかということで，ただちに監査人の責任を追及する傾向が強くみられるのである。しかし，そもそも不正を実行するのは企業サイドの関係者であり，それを防止ないしは抑止する仕組みとして内部統制が機能していなかったということから，かかる不正リスクが顕在化するのである。それどころか，こうした不正を主導する関係者として経営者が介在する場合には，従来の内部統制の範疇の埒外にあるものとして，これを「内部統制の限界」と捉えてきている。そのため，監査人は，こうした内部統制の限界を可能な限り極小化して，重要な虚偽記載を看過しないことが強く求められているのであり，そのための施策を講じることがますます重要になってきているのである。

3 株式会社における監査役制度の変遷

ところで，戦後のわが国の企業監査に関する制度は，前述の証券取引法のもとでの公認会計士による財務書類の監査と，昭和25（1950）年制定の商法第274条の規定（すなわち，「監査役ハ何時ニテモ会計ノ帳簿及書類ノ閲覧若ハ取締役の謄写ヲ為シ又ハ取締役ニ対シ会計ニ関スル報告ヲ求ムルコトヲ得」との規定）のもとでの監査役による会計の監査の2本立てでの制度化が図られたのが始まりである。このうち，商法が求めていた監査役の監査としては，あくまでも会計監査に限定されており，いわゆる取締役の経営の監視・監督については，これを取締役会の任務としていたのである。その後，証券取引法のもとでの上場会社等における会計および監査制度が相応の成果をあげてきたということもあり，そしてまた，企業不祥事の事前防止等の要請も

あって，昭和49（1974）年の商法改正および商法特例法の制定をつうじて，上場等の有無にかかわらず，一定規模以上の株式会社（当初は，昭和49年改正法附則2条の経過措置により資本金10億円以上の株式会社のみが対象であったが，その後，昭和56（1981）年の商法改正により，資本金が5億円以上または負債の合計金額が200億円以上の株式会社が対象とされた（以下，大会社））ことに対して，証券取引法のもとでの外部監査と同様の会計監査人による監査が導入されることとなったのである。

　それに即して，商法第274条の規定も「監査役ハ取締役ノ職務ノ執行ヲ監査ス」と改正され，監査役に対して，昭和25（1950）年前に付与されていた業務監査権限を復活させたのである。その結果，それまでは監査役の基本的任務とされていた会計監査について，大会社の場合には，これを会計監査人による会計監査に全面的に依拠することが可能となり，監査役には会計監査人の監査の方法および結果の相当性についての意見表明が求められることとされたのである。そのため，大会社における監査役の場合には，会計監査人が対象としない会計以外の業務の監査を遂行することが主たる任務とされることとなったのであり，明らかに，監査役の役割に対する制度面での期待の変化がみて取れるのである。いわば，大会社の監査役については，会計監査人との役割ないしは業務分担を図ることで，監査役自身に求められる最大の使命が，業務監査の名のもとに，経営執行に対する監視・監督にあることが明確にされたのである。

　商法は，その後も，監査役の地位および権限の強化等をつうじて，監査役制度の実効性を高めるための改正，すなわち監査役の任期の伸長および員数の増加等の改正を順次行ってきた。しかしながら，監査役監査に対する社会からの信頼性は決して高まってこなかったというのが実情である。それどころか，監査機能の遂行に際して，監査担当者が本来有すべき適格性要件ともいえる独立性と専門性という観点からは，それらを監査役に要請する規定はない。加えて，わが国の監査役制度については，諸外国に例のない制度であるということだけでなく，海外の目からみても，法の建付けと異なり，会計

第 3 章
企業監査の新たな地平

監査人による外部監査よりも上位に位する独立的な監査であるとは捉えられてはいないのである。そのため，平成 14（2002）年の商法改正では，米国型の実効性の高いガバナンスシステムの導入ということで，大会社に関しては，監査役設置会社に代えて，別途，委員会等設置会社（その後，委員会設置会社に名称変更がなされたのち，現在では，指名委員会等設置会社と称されている。）[3)]の選択制を導入したのである。

なお，この委員会設置会社の場合には，執行役に業務執行権限が委譲されているため，取締役は，原則的には会社の業務を執行しない。そのため，監査役設置会社とは異なって，経営の執行と監視・監督が明確に分離されており極めて透明性が高いことから，会社を取り巻くステークホルダーのみならず国際的にも説明責任を十分に履行することが可能であるとされている。

しかしながら，こうした制度改革とは裏腹に，わが国の場合，この委員会設置会社を導入する会社は極めて限定的であり，立法の趣旨が十分に活かされてこなかったのである[4)]。そこで，平成 26（2014）年の会社法改正では，「社外取締役等による株式会社の経営に対する監査等の強化並びに株式会社及びその属する企業集団の運営の一層の適正化等を図る」との趣旨から，新たに監査等委員会設置会社制度を創設するとともに，社外取締役の要件を改めること等の改正がなされた。つまり，従来の委員会設置会社を指名委員会等設置会社に名称変更するとともに，別途，社外取締役が過半数を占める監査等委員会が，取締役の職務の執行の監査を行うというものであり，現行の社外監査役を含む監査役会の構成員を取締役会のなかに移管するという，まさに，日本型の取締役会が想定されているものと解される[5)]。

ところで，商法および会社法では，このように監査役制度等の改革を通じてガバナンス体制の強化を目指してきているが，その際の前提として，会社サイドにおける内部統制システムの整備および運用ならびに監査機能の改善，強化を求められてきているのである。つまり，当初は，平成 14（2002）年の商法改正において導入された委員会等設置会社に対してのみ要請していた内部統制システムに関する規定を，平成 18（2006）年の商法改正では，監査役

設置会社の大会社すべてに対して，この内部統制システムに係る規定（すなわち，「監査役の職務の執行が法令及び定款に適合することを確保するための体制その他株式会社の業務の適正を確保するために必要なものとして法務省令で定める体制の整備」第362条第4項6号）を明文化したのである。この規定に基づき，取締役会が内部統制システムについて決定または決議をした場合には，その概要を事業報告に開示しなければならず，監査役としても，それが監査対象とされていることから，当該事項の内容が相当でないと認めるときは，監査報告にその旨およびその理由を記載しなければならないのである。このように，内部統制システムに係る監査の導入をつうじて，より一層，取締役の職務執行の妥当性ないしは適切性等に関する監査責任を担う局面が監査役に示されたことは，わが国の監査役制度の大転換点であるといえる。

　さらに，会社法の施行とほぼ時を同じくして施行されることとなった金融商品取引法においては，平成20（2008）年4月1日以降開始事業年度から，財務報告に係る内部統制報告制度が導入され，財務書類に対する監査以外に内部統制報告書に対する監査制度が創設されたのである。つまり，ガバナンスの効いた企業の健全な活動の根底を支える有効な内部統制システムを整備，運用するためには，内部統制の継続的かつ広範なモニタリングが不可欠なのである。そして，そのモニタリングのなかでも，内部統制の有効性の判断に向けて独立的かつ専門的な評価を行うことが期待されているのが，まさに，監査役および会計監査人による監査にあるといえる。

4　企業不正問題と内部統制の課題

　すでにみたように，試査を前提として実施されている今日の財務諸表監査の場合，それが有効かつ適切に履行されるための条件として，企業の内部統制が有効に機能していることが極めて重要である。しかし，企業の経営管理

第3章
企業監査の新たな地平

体制そのものともいえる内部統制については，これまでのわが国の場合，外部監査人の立場での議論が大半であって，本来の主人公である企業の経営者の視点が大きく欠落していたといわざるを得ないのである。

とりわけ，近時，相次いで露呈した上場会社における経営者不正事件は，わが国企業のコーポレートガバナンスおよび内部統制の実効性に対して，深刻な問題を投げかけたことからも明らかである。なお，ここにいう経営者不正事件とは，平成23（2011）年9月発覚の大王製紙㈱の会長による個人的使途に伴う連結子会社からの巨額の不正資金借入事件，同10月に表面化したオリンパス㈱の過去20年間にわたって隠蔽され続けた「損失飛ばし」が限られた経営のトップによって仕組まれていた事件，および，平成27（2015）年4月に明らかになった㈱東芝の複数年にわたる不適切会計処理により，歴代のトップ3名が辞任することとなった会計不正事件である。そのいずれもが，不正を主導したのが，経営のトップであったこと，また，独立的な監視が期待される社外役員（社外取締役および社外監査役）が複数名いたにもかかわらずまったく機能しなかったこと，さらには，オリンパスや東芝の場合には，かかる不正会計（すなわち，虚偽表示）が長年にわたって放置されてきたことから，外部監査を担う会計監査人に対する不信感を伴って，わが国の会計，監査そしてコーポレートガバナンスの脆弱さに対する問題が国際的にも指摘されているのである。加えて，こうしたわが国を代表する歴史ある著名企業において，経営者の責任が問われるような重大事件を引き起こしたことの意味は極めて重いものといえる。

しかし，上述した経営者不正の事案の場合，会社法および金融商品取引法で求められている内部統制の整備および運用ならびに報告の制度がまったく機能しなかったのではないか，との厳しい批判もみられるところである。確かに，内部統制の限界として，複数の担当者による共謀により，あるいは，経営者が不当な目的のために内部統制を無視ないし無効ならしめることのあることは，知られているところである。しかし，本来は，健全な経営を託された経営者が有効かつ効率的に経営を遂行するために，組織内に張りめぐら

せた一連の仕組みないしはプロセスが内部統制である,ということから鑑みて,こうした経営者不正に対しては,どのような対策を講じることが可能なのか検討する必要もある。

そもそも,米国のトレッドウェイ委員会支援組織委員会（Committee of Sponsoring Organizations of the Treadway Commission：COSO）が1992年に公表した報告書『内部統制の統合的フレームワーク』を受けて,わが国の企業会計審議会が平成19（2007）年に公表した内部統制に関する基準では,内部統制について,以下のように定義している。

> 内部統制とは,基本的に,業務の有効性及び効率性,財務報告の信頼性,事業活動に関わる法令等の遵守並びに資産の保全の4つの目的が達成されているとの合理的な保証を得るために,業務に組み込まれ,組織内のすべての者によって遂行されるプロセスをいい,統制環境,リスクの評価と対応,統制活動,情報と伝達,モニタリング（監視活動）およびIT（情報技術）への対応の6つの基本的要素から構成される。

健全な企業活動を支える内部統制が有効であるためには,ここに示された6つの基本的要素が,それぞれ組織内で整備,運用されることが不可欠なのであり,そのすべてが機能しているときに内部統制は有効である,と評価されるのである。しかし,かかる要素のなかで,最も重要であり,かつ,内部統制の有効性を保つのに最も困難を伴うと解されているのが「統制環境」である。というのも,統制環境とは「組織の気風を決定し,組織内のすべての者に対する統制に対する意識に影響を与えるとともに,他の基本的要素の基礎をなし,リスクの評価と対応,統制活動,情報と伝達,モニタリング及びITへの対応に影響を及ぼす基礎」を指すものと規定されているように,経営トップの経営哲学ないしは経営理念そのものであって,極めて定性的な要素だからである。COSOでは,これをTone at the topと称しており,まさに,トップの気風というものが統制環境の中核をなしているとの理解を示している。このことからも明らかなように,かつては内部統制の範疇に含まれない

第 3 章
企業監査の新たな地平

と解されていた経営者について，COSO では，企業のすべての関係者を内部統制の範疇に含めて捉えていることから，経営者もその例外ではないのである。ただ，経営者の場合，自ら有する権限により，内部統制を無視することで無効化することがあり得るということである。したがって，それをもって，内部統制の限界と捉える向きもあるが，およそ，組織内の関係者であれば，いずれの者であっても，不当ないしは違法に内部統制を逸脱する場合も想定されるのであり，経営者以外の者に対しても内部統制は万能ではないのである。つまり，内部統制とは，複数の者によって職務が分掌され，かつ，互いに牽制，監視して，適正な行動を確保しようとするものであるところから，仮に経営者が不正行為を働く場合でも，必ずや複数の者が何らかの形で関与することで，そうした行為の実行は相当程度困難なものになると思われる。さらには，組織内部でのホットラインとか内部通報制度のチャネルを通じて，善良な者による通報等も期待されることから，今までのように事後的に傷が大きくなってから不正が発覚するというのではなく，事前に防止・抑止ないしは早期に摘発される可能性が高まることも期待できる。したがって，内部統制によって経営者不正は防げないと断ずるのではなく，かなりの部分が防げることを念頭に，より有効な内部統制の整備，運用が求められるものと思われる。

　そのため，内部統制を有効に機能させるためには，整備状況および運用状況の両面にわたって，常に，継続的なモニタリング（監視または監督）を実施するとともに，企業を取り巻く環境等の変化に留意して，必要な是正措置を講じ続けることが不可欠なのである。したがって，こうしたモニタリングが有効に実施されるためには，その一翼を担う内部監査機能が信頼し得るものとして組織に組み込まれているとともに，統制環境の有効性を評価するための監査役ないしは監査委員等の監査が機能することが求められる。

　ところで，平成 20（2008）年から導入された金融商品取引法のもとでの内部統制報告制度の場合，内部統制の構成要素のすべてに重要な欠陥がない場合に「内部統制は有効である」旨の意見が表明され，それに対する監査も実

施されている。しかし，後日，企業不正ないしは虚偽の記載等の不祥事が発覚した場合，そして，その原因が内部統制の重大な不備に起因することが明らかになった場合には，過年度にさかのぼって内部統制に「開示すべき重要な不備がある」ということで，「内部統制は有効でない」と訂正した内部統制報告書を提出する実務が定着してきている。そのため，本来，内部統制を有効に機能させることで信頼し得る財務報告を支えることが目的の制度でありながら，その有効性の評価自体が適切に行われていない恐れもある。つまり，後日，何らかの企業不正ないしは虚偽の記載等が露呈した段階で訂正報告書を提出すれば事足りる，ということでのモラルハザードが起きているのではないかということである[6]。したがって，かかる制度の浸透を図るためには，不正な財務報告の公表等に伴い科される課徴金等の制裁措置と同様の対応策を講じることも喫緊の課題といえる。ただ，そうした制裁措置とは別に，有効かつ適切な企業監査の実施に向け，内部監査，監査役（会）ないしは監査委員会監査，そして，会計監査人監査のすべてが，この内部統制の評価を適切かつ厳格に行うことがますます重要性を増してきていることに留意すべきものと思われる。

5 企業監査の課題
―伝統的財務諸表監査の限界と変容―

　国内外における会計不正の歴史を振り返るとき，そこには幾つかの共通の課題がみえてくる。つまり，ディスクロージャー制度の最後の番人ともされる会計監査人による監査において，必ずしも，適時に発見ないしは摘発されることなく，結果として，監査の失敗となって露呈してしまったということである。そのため，社会からも監査に対する信頼性が揺らぎ，その都度，監査に係る制度の見直し等が図られてきている。それは，まさに，厳格な監査を求めての監査人に対する規制強化となってあらわれているのである。しかし，そもそも，かかる不正な財務報告の実行者は企業関係者であるが，その

ほとんどに CEO ないしは CFO の経営者が関与していることからも明らかなように[7]，いわゆる経営者不正の防止ないしは発見に焦点を置いた監査がことさら強調されるべきものと思われる。そのためには，経営者の意向ないしは経営理念からなる内部統制の構成要素である統制環境についての評価が極めて重要な意味を有するのである。つまり，会計監査人の監査においても，従来の伝統的な財務諸表監査のもとで行われている，試査範囲の決定のための内部統制評価という視点ではなく，誠実かつ健全な企業経営がなされていることを確保するためのコーポレートガバナンスの視点から，内部統制評価を通じて，まさに経営者自身に対する信頼性の評価を行うことが不可欠とされるのである。したがって，その際の評価対象として最も重要な構成要素は統制環境であり，それを念頭に置いた監査こそが，金融商品取引法のもとで導入された内部統制監査であったが，そこには当初から幾つかの限界があったのである。つまり，かかる制度は，あくまでも，「財務報告に係る内部統制」を評価対象としており，直接的に財務報告にかかわりのないとされる内部統制は埒外に置かれているのである。また，そこでの監査は，内部統制報告書において経営者の表明した有効性に関する意見に関する当否が基本となっているのである。しかし，過去に露呈した不正な財務報告の場合，そのほとんどは，経営者による誤った経営哲学，経営戦略ないしは経営方針を，明示的ないしは黙示的に組織内の関係者に伝達することから仕組まれた不正であることから，その大本をなす経営者の姿勢（Tone at the top）を，直接的に評価対象としなければかかる不正の防止は困難といわざるを得ない。

　このように考えるとき，現行の会計監査人による監査において強調されるべきことは，客観的ないしは公正な目を持って，経営者の誠実性を見抜く力を磨くとともに，適切な経営監視を行うべき監査役ないしは監査委員との密接な連携を踏まえて，常に正確な情報を入手できる体制を強化すべきであるということである。

　日進月歩といわれる IT 環境の劇的な変革や，企業を取り巻く環境の変化に対応しつつ，複雑化，高度化ないしは国際化のなかでの事業活動を余儀な

くされている企業の監査の場合，伝統的とも思われる監査手続ないしは監査手法をもってしては，多大な時間を投入しなくては監査意見形成のための確たる基礎が得られない。しかし，実際には過年度と同額程度の監査報酬のもとで，また，決められた監査マニュアルに従った手続を着実に実施することで，監査意見に到達する場合が通例である。つまり，会計監査人による監査の方法は基本的に大きな見直しのないまま今日にいたっているのである。しかし，今問われているのは，企業内における枝葉末節とも思われる膨大な取引や記録等の検証に忙殺されるのではなく，財務報告の責任者である経営者という本丸にメスを入れた監査をどのように実施できるのかということである。ただ，そのための前提として，会計監査人には会計および監査以外の資質を備えていることが求められるのである。すなわち，企業経営の根底をなすビジネス感覚に長けた，そして，経営者と対等以上に意見交換のできる会計および監査以外の素養をどこまで身につけているか，そしてまた，劇的に変革する企業環境の動向に対して最新の情報を得て，常に敏感な感性を磨いているかということである。

　冒頭に取り上げたエンロン社に係る会計不祥事を契機に，米国では，当時の5大会計事務所の一角にあったアーサー・アンダーセン会計事務所が，監査の品質に対する懸念から解散の憂き目をみることとなった。その際，監査人としての適格性が問題視され，結果として，信頼し得る高品質の監査が遂行されるために，経験豊かな熟練の会計士が強く求められるようになったのである。これこそ，プロフェッショナリズムを体現できる本物の会計プロフェッションに公認会計士の原点を求めようとしたものと解される。

　このことから，わが国においても，広く企業監査の有効性および信頼性をさらに高めるためには，今一度原点に立ち返って，会計プロフェッションの育成と，企業経営者の倫理観の醸成を真正面の課題として受け入れることから始めなければならないであろう。

　つまり，企業監査は，成熟したプロフェッションが担うべき社会的業務だということを肝に銘じることで，はじめて次世代につながる監査を展望する

ことが可能となるのである。

► 注
1) 同法の正式名称は,「証券諸法に準拠し,かつ,その他の目的のために行われる企業のディスクロージャーの正確性と信頼性の向上により投資家を保護するための法」(Act to protect investors by improving the accuracy and reliability of corporate disclosures made pursuant to the securities laws, and for other purposes) であるが,同法1条において「2002年サーベインズ=オックスリー法」と略称する旨が規定されている。なお,わが国では,当初より「企業改革法」なる呼称が用いられている。
2) ここに会計監査人監査とは,会社法上の公認会計士または監査法人による監査だけでなく,広く,金融商品取引法のもとでの公認会計士または監査法人による外部監査全般を示す概念として使用している。
3) なお,わが国で導入した委員会等設置会社では,取締役会のなかに,社外取締役が過半数をなす指名委員会,報酬委員会そして監査委員会の3委員会を必置とすることで,取締役会が経営を監視する一方,業務執行についてはこれを執行役に委ねるという形態のものであり,必ずしも米国と同様の形態をなしているものではない。
4) 委員会設置会社(現行の指名委員会等設置会社)については,制度導入後,すでに,15年を超えているが,下記に示す通り,それを採用する企業は極めて少なく,また,一旦は採用した企業にあっても,再び監査役設置会社ないしは監査等委員会設置会社に移行する場合もあり,制度自体が迷走している(日本取締役協会公表の資料「指名委員会等設置会社リスト(上場企業)」2018年8月1日現在)。

```
移行企業数の推移
  2003年    44社
  2004年  +16社 (△ 1社)  計59社
  2005年  +11社 (△ 3社)  計67社
  2006年  + 6社 (△ 3社)  計70社
  2007年  + 3社 (△ 3社)  計70社
  2008年  + 4社 (△ 3社)  計71社
```

```
    2009 年   ＋ 5 社（△  5 社）    計 71 社
    2010 年   ＋ 2 社（△ 11 社）    計 62 社
    2011 年   ＋ 1 社（△  4 社）    計 59 社
    2012 年   ＋ 1 社（△  2 社）    計 58 社
    2013 年   ＋ 3 社（△  3 社）    計 58 社
    2014 年   ＋ 2 社（△  1 社）    計 59 社
    2015 年   ＋ 10 社               計 69 社
    2016 年   ＋ 4 社（△  3 社）    計 70 社
    2017 年   ＋ 5 社（△  2 社）    計 73 社
    2018 年   ＋ 1 社（△  2 社）    計 72 社
                    ※各年の社数は，毎年 12 月末現在
```

5) 平成 26（2014）年の会社法改正により新設された監査等委員会設置会社については，制度導入後，4 年しか経過していないが，すでに上場会社の 4 社に 1 社に相当する約 900 社に増加している。(『日本経済新聞（電子版）』2018 年 6 月 23 日）。

6) 2008 年 4 月から始まった内部統制報告制度で，決算終了後に公表された内部統制の評価結果については，それぞれの年度ごとに，以下のような状況になっている（金融庁の資料より作成）。

年　度	内部統制は有効である	内部統制は有効でない	評価結果を表明できない	合　計
2009 年 6 月から 2010 年 5 月までに提出分	3,678 社 (97.2 %)	92 社 (2.4%)※1	15 社 (0.4%)	3,785 社 (100%)
2010 年 6 月から 2011 年 5 月までに提出分	3,678 社 (98.9 %)	34 社 (0.9%)※2	6 社 (0.2%)	3,718 社 (100%)
2011 年 6 月から 2012 年 5 月までに提出分	3,623 社 (99.4 %)	15 社 (0.4%)※3	6 社 (0.2%)	3,644 社 (100%)
2012 年 6 月から 2013 年 5 月までに提出分	3,566 社 (99.36%)	22 社 (0.6%)※4	1 社 (0.04%)	3,589 社 (100%)
2013 年 6 月から 2014 年 5 月までに提出分	3,556 社 (99.3 %)	23 社 (0.6%)※5	2 社 (0.1%)	3,581 社 (100%)
2014 年 6 月から 2015 年 5 月までに提出分	3,575 社 (99.5 %)	18 社 (0.5%)※6	0 社 (0%)	3,593 社 (100%)

2015年6月から 2016年5月までに提出分	3,608社 (99.0%)	36社 (1.0%)※7	1社 (0%)	3,645社 (100%)
2016年6月から 2017年5月までに提出分	3,627社 (98.9%)	39社 (1.1%)※8	1社 (0%)	3,667社 (100%)
2017年6月から 2018年5月までに提出分	3,670社 (99.2%)	29社 (0.8%)※9	1社 (0%)	3,700社 (100%)

※1 このほかに，訂正報告書により「有効」から「有効でない」に訂正した会社が8社ある。
※2 このほかに，訂正報告書により「有効」から「有効でない」に訂正した会社が16社(内9社は2008年度分の訂正)ある。
※3 このほかに，訂正報告書により「有効」から「有効でない」に訂正した会社が27社(うち6社は2008年度分，10社は2009年度分の訂正)ある。
※4 このほかに，訂正報告書により「有効」から「有効でない」に訂正した会社が51社(うち10社は2008年度分，12社は2009年度分，14社は2010年度分，15社は2011年度分の訂正)ある。
※5 このほかに，訂正報告書により「有効」から「有効でない」に訂正した会社が47社(うち3社は2008年度分，5社は2009年度分，7社は2010年度分，9社は2011年度分，6社は2012年度分，17社は2013年度分の訂正)ある。
※6 このほかに，訂正報告書により「有効」から「有効でない」に訂正した会社が49社(うち2社は2009年度分，8社は2010年度分，9社は2011年度分，13社は2012年度分，13社は2013年度分，2社は2013年度分の訂正)ある。
※7 このほかに，訂正報告書により「有効」から「有効でない」に訂正した会社が57社(うち6社は2010年度分，10社は2011年度分，11社は2012年度分，16社は2013年度分，12社は2014年度分，2社は2015年度分の訂正)ある。
※8 このほかに，訂正報告書により「有効」から「有効でない」に訂正した会社が71社(うち4社は2010年度分，10社は2011年度分，11社は2012年度分，16社は2013年度分，18社は2014年度分，12社は2015年度分の訂正)ある。
※9 このほかに，訂正報告書により「有効」から「有効でない」に訂正した会社が79社(うち2社は2011年度分，10社は2012年度分，12社は2013年度分，16社は2014年度分，19社は2015年度分，19社は2016年度分，1社は2017年度分の訂正)ある。

7) COSOが公表している米国の公開会社における不正な財務報告に関する検証結果によれば，かかる不正にCEOおよび／ないしはCFOが関与した割合は，1999年度の報告では83％であり，2010年の報告では89％となっている。
(*Fraudulent Financial Reporting : 1987-1997 An Analysis of U.S.Public Companies*, 1999. *Fraudulent Financial Reporting : 1999-2007 An Analysis of U.S.Public Companies*, 2010.)

第4章
平成時代の監査規範の形成プロセス

1 はじめに

　わが国では，企業会計原則や監査基準が作られてから約半世紀を経て，会計基準や監査基準の大幅な改革が行われた。また，21世紀初頭に内部統制報告およびその監査という新たな制度が導入された。諸制度はそれが作り上げられることがいかに大変であったとしても，一度なってしまえば，当然そうなるものとして形成経緯は軽視されていくことが多い。基準や制度の改革は，たとえそれが正しいものであるとしても必然的になし得るものではなく，天の時，地の利，人の和という3要素が整ってこそなるものと感じている。内部統制報告と監査の制度の創設にまでにいたるとは到底思えなかった平成時代のわが国の監査規範の形成においても然りである。

　現在実施されている諸規範は時代の変化とともにいずれ見直されることもあり得ようが，このような思いから，種々の制度や規範は，その規定文のみならず，それが設定された時代背景や問題の認識そして議論の推移などの経緯を理解しておかなければ，真の理解はできないであろう。近年の会計制度の改正経緯については，筆者も『戦後企業会計史』の中で十分に叙せなかったところもあるので，本章は，平成元年の監査実施準則の改訂から内部統制監査制度の創設にいたる平成時代の監査規範や監査制度の発展に関して，基準等の規定に関する理論研究面ではなく，その形成の背景やプロセスについて，平成時代における監査制度の発展を考察してみたい。20世紀から21世紀へとわたる平成時代は会計・監査においてもまさに激動の時代であった。特に，会計ビッグバンを経験した会計関係者にとっては，維新というべき歴史的な節目を生きたと実感するのではないかと思われる。筆者も，そのような1人として平成時代の会計基準および監査基準の改訂作業等にいささかかかわったことから，主観的な分析や意見となっているところもあろうが，平成時代を振り返って監査規範の形成の意義を検証した。多少なりとも後世の研究に資することがあれば幸いである。

第4章 平成時代の監査規範の形成プロセス

なお，本章は，2016年から開始した青山学院大学総合研究所研究プロジェクト「我が国の監査規制の変革に関する基礎研究」の研究成果として，青山学院大学会計プロフェッション研究科紀要に「近時の監査規範の形成プロセス」(多賀谷, 2018)として掲載した論考に，その後の研究も踏まえ加筆修正したものである。

2 平成3年の監査基準改訂の意義

(1) 平成3年(1991年)改訂の背景

　企業会計審議会は，平成元年3月の総会において監査基準及び準則（監査実施準則，監査報告準則）の見直しを審議事項として取り上げることを決定し，監査基準を担当する第3部会（当時）において二段階に分けて審議されることとなった。まず，第一段階として，平成元年5月11日に監査実施準則の一部改訂を行い，その後，第二段階として，監査基準・準則の全体的な改訂の審議を進め（新井, 1992a），平成3年5月31日に監査基準及び監査報告準則の改訂を公表，同年12月26日に監査実施準則の改訂を公表して一連の改訂が終了した（以下，「平成3年改訂」）。
　この平成3年改訂は昭和40年・41年以来約25年ぶりの監査基準・準則の全面改訂となるが，その背景としては，①企業の役職者等による不正支出問題に対する日本公認会計士協会（以下，会計士協会）における対応，および，②新しい監査環境（監査業務の国際化，監査機能に対する社会的要請の高まり，企業活動の多様化と監査実務の変化，監査領域の拡大）への対応があげられている（中川, 1991）。上記①は，会計士協会が一定の確認手続きを原則強制することとしたため（日本公認会計士協会, 1988），監査実施準則で代替的手続きを認めていることとの齟齬を解消することが必要となったのである。
　村山徳五郎氏は，昭和40年・41年の監査基準・準則が監査実務の発展に

合わなくなってきており，特に，監査人は準則にいう「通常の監査手続」を意識することはほとんどなくなった一方，監査人の責任との関係ではこれを強く意識することから，代替規定を認めている準則では監査人の責任を問うことができないことになるという趣旨を述べ，委員会報告50号は「少なくとも私の意識においては自衛策であった」との認識を示している（村山，1992）。同氏は昭和40年・41年の監査基準等の改訂にもかかわり，また会計士協会の会長として社会からの批判にも応える立場にあって，わが国の監査規範の国際化や近代化を進めるべきとの意思から，単に準則の部分的調整ではなく監査基準・準則の全面的な見直しが必須となると考えていたと思われる。この点，当時企業会計審議会の会長であった新井清光氏も，上記①を直接的な背景，②を間接的な背景とし，「ヨリ実質的な意味をもつものは昭和40年・41年の全面改訂以来の監査環境の変化である」と同様の認識を述べている（新井，1992b）。また，第3部会長の村山徳五郎氏とは，村山氏が会計士協会会長であったころから監査基準・準則の全面見直しを一緒に話題にしていたという経緯があったと述べている（新井ほか，1992）。

　わが国も，国際的資金調達の増加，為替取引の自由化，証券監督者国際機構（International Organization of Securities Commissions：IOSCO）への加入といった国際化が進展し，セグメント情報や関連当事者取引などの情報拡充，デリバティブ取引や時価情報の開示など新たな課題への対応が進められていた時期である。監査法人も国際的な監査ファームとの提携も含め拡大していたという時代背景もあった。

(2) 審議経過と改訂の趣旨

　この平成3年改訂の審議においては，第一段階として，平成元年改訂により，上記の①の背景への対応として，監査実施準則「第二　通常の監査手続」に確認手続きを強化する規定を加えた。このときは監査実施準則に規定を加えたもので，監査基準・準則の構造には手をつけなかった。

　その後，上記②の背景への対応となる第二段階の審議が始まったが，結

第4章 平成時代の監査規範の形成プロセス

局，個別の規定の一部修正ではなく，監査基準・準則の全面的な見直しが必要ということとなった。このため，第二段階の改訂作業は3つのステップを経て行われることとなった。まず，第1のステップでは会計士協会に改訂すべき論点の整理を依頼し，その結果として提出された「監査基準・準則の見直しに関する検討結果」（平成2年8月16日）を参考資料として基本的な問題点の整理と見直しの方向づけを行った。次に，第2のステップで監査基準と監査報告準則の改訂を行い，第3のステップで監査実施準則の改訂が行われた（新井, 1992a）。監査実施準則の改訂では，まず，「総論」の規定で「通常の監査手続」と「その他の監査手続」という2区分をやめ，監査手続を「通常実施すべき監査手続」という概念に統一した。その上で，「第二　通常の監査手続」の部分が全部削除された。削除された具体的な監査手続については，後述するように，改訂された監査基準・準則の規定に沿って，会計士協会が指針を策定することとされた。これを監査基準・監査実施準則の純化というが，結果的に，平成元年に改訂した部分を含め，「手を入れたばかりの実施準則から「通常の監査手続」の全体を削除するという，皮肉な結果をもたらしました」と村山部会長が自ら回顧しているように（村山・西谷, 1992, 14頁），監査基準・準則の構造の見直しを含む改訂が行われることとなった。

この平成3年に改訂された監査基準の姿は現在残っていないが，以下で検討するように，監査における基本的な諸概念がこの改訂で導入されたことに大きな意義があったが，それとともに，会計士協会の自主規制によって監査基準・準則を補完していくという監査規範形成プロセスが形作られることになった。

(3) 新たな諸概念の導入

平成3年改訂では，その前文に「改訂前の監査実施準則の「第一　総論」における通常の監査手続とその他の監査手続の二分類を廃して，「通常実施すべき監査手続」とし，その基本的な諸要件を定めた」とあるように，監査実施準則の純化が行われる前提として，監査基準及び各準則において，例え

ば，虚偽記載（不正）への対応，意見差控，特記事項，経営者による確認書，監査要点など，国際的にも共通する監査規範上の重要な諸要件が新たに盛り込まれた。

　そのなかで，特に，「監査上の危険」という用語を用いて，監査の枠組みとしていわゆるリスク・アプローチが導入された。監査基準では「第二　実施基準」に「三　監査人は，内部統制の状況を把握し，監査対象の重要性，監査上の危険性その他の諸要素を十分に考慮して，適用すべき監査手続，その実施時期及び試査の範囲を決定しなければならない。」とし，監査実施準則では，「五　監査人は，監査計画の設定に当たり，財務諸表の重要な虚偽記載を看過することなく，かつ，監査を効率的に実施する観点から，内部統制の状況を把握するとともにその有効性を評価し，監査上の危険性を十分に考慮しなければならない。内部統制の有効性を評価するに当たつては，内部統制組織の整備と運用の状況のみならず，それに影響を与える経営環境の把握と評価を行わなければならない。……」と規定されている。このときは「監査上の危険性」という用語を使っているが，枠組みとしてリスク・アプローチを導入したことは，監査の構造を明らかにする観点からも非常に重要な改訂であったと考えられる。

　また，同時に，従来の「内部統制組織」という捉え方から「内部統制の有効性」というより根本的な表現が用いられた。リスク・アプローチにおいて，内部統制はその枠組みを構成する必須の概念であり，このときは基準レベルで具体的な内容の規定にまではいたらなかったものの，内部統制概念が明確に導入されたことに意味があった。平成6年3月には「監査基準委員会報告書第4号（中間報告）」が公表された。本報告書は，実施基準及び監査実施準則で規定している内部統制について，監査人が実施する内部統制の状況の把握とその有効性の評価に関する実務上の指針を提供するものである。」とし，平成6年4月1日以後開始する事業年度に係る監査から適用された。ただし，「……内部統制の有効性の評価結果は，監査人の監査計画設定に影響を与える一要素である。監査計画の設定に影響を与える諸要素及びそれらの間の関

係は，今後公表する監査基準委員会報告書で別途明らかにする予定である。」とされ，監査規範のほとんどが実務指針に任されたものの，実務指針は逐次段階的に作られていた。いずれにせよ，監査基準では内部統制の内容について言及することはできなかったが公式な頭出しとはなり，これも平成14年改訂および内部統制報告制度創設の基盤の1つとなった。

ただし，こういった監査基準の骨格をなす新たな諸概念が公認会計士等の実務家の間で広く理解されていたかという問題があった。この点，村山部会長へのインタビュアーも「新しいリスク・アプローチ，こういうものは必ずしも慣行として成熟しているとは言えない，我々は入口に立っているようなそんな感じがいたします……」という認識を語っている（村山・西谷，1992，17頁）。このように，リスク・アプローチの枠組みは，監査法人のマニュアル等により実務上の手続として組み入れられていた部分もあろうが，後述の要因もあり，監査の基本理論として監査人に浸透していくには相当の時間を要することになり，実質的に，その定着は平成14年の監査基準の全面改訂の後になったといえる。

（4）監査基準等の純化と柔構造化

監査基準・監査実施準則の純化は単に規定を削除するということではなく，監査基準及び準則からなる構造の改変を意図するものであったが，どのような議論があったのであろうか。

企業会計審議会の新井会長は，この審議にあたってわが国特有の最大の問題が監査基準・準則の純化の問題であるとし，監査実施準則をできる限り純化することによって，21世紀に向けての監査体制・監査規範を一層強固にするとともに，かつ，弾力的にすることをあげている（新井，1992a，20頁）。新井会長の述べるところからは，わが国では，証券取引法によって上から作られた監査制度において監査規範も段階的に発展させてきた経緯を踏まえ，従来の監査基準・準則は啓蒙的な性格であったが，経済社会の変化に応じた実践規範が必要となった段階で，今後は，実践規範は実務を担っている公認会

計士が中心となって発展させていくのが国際的な流れであると考えられていたのではないかと思われる。

村山第3部会長は，監査実施準則はできた当時の完成度は高かったが，それがかえって自己発展を妨げることになっており，いつまでも審議会に決めてもらわないと動けないのでは困る，監査人はプロとして自分の責任で規範を形成すべきであるという趣旨から純化を捉えている（村山・西谷, 1992, 19頁）。監査現場の実態としては，大手監査法人においては米国監査法人と提携して米国監査基準等を踏まえた国際的マニュアルも導入するなど，実務が監査基準や準則を追い越している状態であり，企業会計審議会として柔軟に規定を加除改訂していくことは限界があるので，米国のように自主規制として会計士協会が実践的規範作りを担っていくべきという方向を示していると思われる。公認会計士として初めて第3部会長となった村山德五郎氏は，直前まで会計士協会会長として委員会報告の策定にもあたっていた。村山氏は学術面でも深い造詣を有しており，米国や国際会計士連盟でも公認会計士が監査基準の設定を担っているという国際的動向を視野に入れてのことだったとも考えられる[1]。

ただ，新井氏によれば（新井, 1992b），会計士協会の自主規制の法制度上の効力には従来から若干の疑義があるとしている。すなわち，監査規範の作成を会計士協会に全面委譲することに関しては，法制局の見解では法律上は監査規範の設定権限は与えられていないこと，さらに，監査規範の形成過程における利害調整はそう簡単な事柄ではないことを指摘している。この点，村山氏も，監査人の権能は社会的合意を得て成り立ち得ることから，基準や準則は企業会計審議会が担い，具体的・実践的規範は会計士協会が担うという趣旨の認識を述べている（新井, 1992b, 22頁）。新井氏は，このような役割分担による監査規範を柔構造と表現していると考えられる。

このような意味での監査規範の柔構造化を行うため，監査実施準則では改訂前の「総論」部分に重要な基本事項を改めて規定した上で「通常の監査手続」部分を廃止し，具体的な監査手続については会計士協会の自主規制に委

ねるという方針がとられることとなった。

　この方針は，監査基準改訂の意見書前文において「今回の改訂では監査実施準則についての純化が大幅に行われたことにかんがみ，今後，会計士協会が，自主規制機関として公正な監査慣行を踏まえ，会員に対し遵守すべき具体的な指針を示す役割を担うことが一層期待されるので，その組織の整備，拡充等適切な諸施策を講じていく必要がある」と記された。

3 監査基準等の規範性の明確化

（1）実務指針の位置づけと策定経過

　平成3年改訂を受けて，監査証明省令及び同取扱通達の改正が行われた。改正通達では，監査証明省令第3条第2項の「一般に公正妥当と認められる慣行に従って実施される監査……」の解釈について，「おおむね「監査基準，監査実施準則及び監査報告準則の改訂について（企業会計審議会平成3年12月26日報告）に定めるところに従って実施されたものをいうものとする」との文言に改められた。

　この一般に公正妥当と認められる慣行については，平成3年改訂では会計士協会が実務指針の策定を担うべきことが示されたことを踏まえ，「監査実施準則で規定されているもののほか，前文四で記述されているように，会計士協会が，今後会員に対して示していくこととなる具体的な指針も含まれることになる」との解釈が示されている（高橋，1992，102頁）。

　この点，従来から会計士協会は会則上の会員への指導権に基づき種々の監査上の取扱い等を定めており，会員にも会則遵守義務があるので，監査証明業務に関する自主規制としての一般的な規範性は有していたと考えられるが，証券取引法監査における規範性として監査基準や準則との関係は明確ではなかった。なお，このときは，証券取引法における監査基準の規範性は取扱通

達レベルで示されていた時代であり，先に述べた新井氏の指摘する監査規範形成プロセスにおける法的規範性については，必ずしも明確に確立していたとまではいえない。

　会計士協会では，平成4年（1992年）の総会において会則を改正し，企業会計審議会の受け皿として監査基準委員会を設置し体制整備を図った。この監査基準委員会が，国際的な動向も踏まえつつ監査基準に係る実務指針等の報告書を逐次公表していくこととなった。このようなプロセスを経て，監査基準改訂に伴う会計士協会の実務指針の策定が始まった。改訂された監査基準・準則は平成4年4月1日開始事業年度の監査から適用されることとされたが，実務指針は個別のテーマごとに策定し実施していく形としたため，監査基準委員会報告第1号「分析的手続」が平成4年10月1日に公表されたものの，第5号「監査上の危険性と重要性」が公表されるのは平成7年となるなど，その完成までに相当時間を要した。そこで，監査実施準則を純化して個別的手続規定を削除してしまってから，新たな指針が実施されるまで監査規範に空白が生じていたのである。法令であれば，改正規定が適用されるまでに関連する事項の整備が行われるか，経過措置が置かれるが，このときはそのような対応は特になかった。

（2）実務指針の規範性意識の問題

　新たな監査基準・準則に対応する指針が空白となっていることは，はからずも，監査基準改訂直後の平成4年にアイペックという会社の粉飾決算が明るみに出たことで気づかれることとなった。本事件自体は，平成4年3月期までに取引価格の不透明な絵画の取引慣行を利用した偽装取引等による粉飾決算が行われていたことが明らかとなり，1997年に証券取引等監視委員会が有価証券報告書の虚偽記載で刑事告発を行った事件である（その後，経営者は有罪確定）。会計監査の面では，大手監査法人が監査を行っていたことから大きく報道され社会的にも関心を呼んだ（吉見,1996）。そこで，規範となる監査基準等が純化されて具体的な監査手続や固有の監査手法の記載が監査

第 4 章
平成時代の監査規範の形成プロセス

基準・準則から削られたにもかかわらず,その後整備されることとされていた実務指針がそろっていない状態で,「通常実施すべき監査手続」という純化された監査基準や監査実施準則の規定だけでは,今後監査人の過失を認定できるのかという擬問が生じた。

　実務指針の整備に時間を要したのは,上述のとおり,会計士協会が監査規範形成の役割を果たすこととなったところで,体制整備には会則改正等の準備に時間が必要であったこと,従来も会計士協会において独自に種々の報告書を策定してきたものの,国際会計士連盟（International Federation of Accountants：IFAC）など国際的な監査規範の開発の状況も考慮しながら進められたことなどやむを得ない事情があったといえる。これに加えて,わが国のバブル崩壊を受けていわゆる金融ビッグバン政策により,会計基準の急速な整備改善が進められ多くの議論が行われており,財務会計基準機構・企業会計基準委員会（Accounting Standards Board of Japan：ASBJ）が創設されるまでは会計基準にかかわる監査上の実務指針も会計士協会が策定していたこと,そしてこれら多くの新会計基準・実務指針を適切に実施することが監査法人も公認会計士にも最優先の課題となっていという時代背景の要因も大きいのではないかと思われる。

　他方,監査現場での実務手続は監査法人のマニュアルに基づいて改訂前の手法が続けられていたという。ただし,大手法人では米国の監査基準や実務等も踏まえたマニュアルを使っていた場合は,リスク・アプローチ等の理論を十分理解していたとはいえないながら,監査マニュアルに監査基準・準則のほうが追いついてきたという感覚からすれば,形式的なルールの整備が遅れても実務に支障はないということであったかもしれない。もとより,監査基準が変わっても,財務諸表自体が適正なものであれば監査上の問題は生じないので,粉飾決算の発覚などで監査責任が追及されない限り,監査人にとって監査規範の空白が生じているという感覚はなかったのではないかと推測される。

　すなわち,村山氏も前述のとおり指摘していたように,実務指針も公正な

監査慣行と位置づけられることで，監査人の責任を判断する法的規範として機能するという意味が生じるという効果まではあまり意識されていなかったといえる。

(3) 監査基準の規範性の法令上の明確化

　平成3年改訂の監査基準の前文で会計士協会の監査規範設定における役割が位置づけられたが，そもそも証券取引法（当時）でいう一般に公正妥当と認められる企業会計の基準や監査の基準とは何かという点については，取扱通達において解釈として企業会計原則など企業会計審議会の公表した諸基準がこれに当たるとされていた。外貨建取引等会計処理基準など一部の基準については，その設定の際，一般に公正妥当と認められている企業会計の基準とする証券局長通達を発出したものもあったが，法令レベルでは明確にはされていなかった。

　当時，わが国はバブル崩壊の過程で金融機関の不良債権問題に関して行政に対する種々の批判があり，そのなかで，いわゆる通達行政を是正すべきとされたことから，金融・証券行政においては原則として通達は廃止して必要な事項は法令に規定することとなった（松戸ほか，2010, 10-12頁）。ちょうどその頃，企業会計審議会で審議されていた税効果会計や金融商品会計の検討においては商法（当時）の規定との関係が問題となることから，法務省と大蔵省により検討を行っていた結果が「商法と企業会計との調整に関する研究会報告書」として公表され，そのなかで，企業会計原則は商法上も公正なる会計慣行と解されることなどの解釈が示された。こういった背景も相俟って，ある意味「瓢箪から駒」のごとく，証券取引法における財務諸表の作成にあたって一般に公正妥当と認められる企業会計の基準は何を指すかについて，従来の通達として示していた事項が省令レベルに格上げされて規定されることとなった。

　すなわち，平成10年に財務諸表等規則が改正され，企業会計審議会の公表する企業会計の基準は一般に公正妥当と認められる企業会計の基準に該当

第4章
平成時代の監査規範の形成プロセス

する旨の規定が置かれた（平成10年11月24日大蔵省令第135号）。また，平成11年には，キャッシュフロー計算書や中間連結財務諸表の導入に係る監査証明府令の改正の際に，会計基準と同様，企業会計審議会の公表する監査の基準は一般に公正妥当と認められる監査の基準に該当する旨の規定も置かれた（平成11年3月30日大蔵省令第25号）。

　実質的には，従前，通達で示していたことと変わりはないのであるが，法的規範性からみると大きな相違がある。会計基準や監査基準は，それまでの法律規定の解釈としてではなく，法令規定として「一般に公正妥当と認められる」ものとなったのである。なお，この省令の規定で，会計監査や監査基準は「一般に公正妥当と認められる企業会計の基準に該当する」との表現をとっているのは，他にも一般に公正妥当と認められるものが存在する余地を残しているのである。しかし，監査基準は一般に公正妥当と認められる法的規範性が明らかになったことで，当然に，実務指針の位置づけも強化されることも意識しなければならないが，この時期はそのような意識はまだ十分ではなかったように感じる。ただ，21世紀に入ると，会計基準のみならず監査基準も国際化の流れのなかで各国の行政機関の関与が急速に深まっていくこととなり，わが国も金融庁・企業会計審議会と会計士協会との協同・協調関係が強化されていくこととなるのである。

(4) 基準設定機関の位置づけ

　ここで，会計規範と監査規範の設定機関の位置づけについて考えてみたい。企業会計審議会が公表する基準は，財務諸表等規則でも監査証明府令でも一般に公正妥当と認められる基準に該当する。会計基準については，ASBJは，実質的に財務諸表等規則第1条第3項の適格な団体として位置づけられ，その公表した基準で金融庁長官が定めるものは一般に公正妥当と認められる基準に該当するとされている[2]。このようにエンドース手続きを要することについて批判する向きもあったが，企業会計審議会は法令に基づく行政組織の機関である一方，ASBJはあくまで民間団体である。国際財務報告基準

(International Financial Reporting Standards：IFRS）をわが国で採用する際にエンドースが必要となることと同様であって，批判には当たらないのである（多賀谷，2013）。このような前提で，ASBJ は自身で会計基準を作ることができる。

　他方，後述の平成14年の監査基準の改正でさらに明確化されるが，監査基準と会計士協会の実務指針は一体となってわが国の一般に公正妥当と認められる監査規範を形成するものとされている。このため，会計士協会は独自に監査基準を作ることはできないが，その実務指針は自動的に監査規範の一部を構成することとなる。もちろん，会計・監査の専門家としての公認会計士が重要な役割を担うことは当然であるが，監査人という立場は責任を追及される立場にもなるので，監査規範の検討において利益相反にならないよう，第三者機関としての企業会計審議会で策定した基準のもとで実務指針を策定することがより信頼性を高めることになる。

　基準設定主体はどちらの形がよいかという議論は別として，国際会計基準委員会（International Accounting Standards Committee：IASC）や国際監査・保証基準審議会（International Auditing and Assurance Standards Board：IAASB）の活動に各国の公的な規制機関や監督機関が関わるようになり，米国においても，サーベインズ・オックスリー法によって監査基準の設定機関が公認会計士協会から公開会社会計監視委員会（Public Company Accounting Oversight Board：PCAOB）に代えられている。パブリックセクターかプライベートセクターかという形式論よりも，法的規範性，実効性，柔軟性という多様な観点からみて，平成3年の監査基準の改訂からの流れのなかで，企業会計審議会と会計士協会が協調して監査規範の整備を進めるという仕組みを作り上げてきたことは，わが国の監査規範の発展と会計士協会の社会的認知度に大きく資することとなったと意義づけられると考える。

　その意味では，平成時代に入って会計士協会から大蔵省企業財務課（当時）への公認会計士の派遣が始まったことや，平成2年に，公認会計士界，経済界，学術界の協力のもと㈶企業財務制度研究会（Corporation Finance

Research Institute：COFRI）が設立され，わが国トップ企業や大手監査法人の優秀な人材が結集して会計の調査研究を行ったことが，わが国の会計人材の育成に大きく資することとなった。COFRIがあったればこそ現在の財務会計基準機構が創設でき，わが国が国際的に重要な地位を占めることができたといえる（遠藤ほか，2015, 237-239頁）。のみならず，公認会計士界にとっても，監査人対被監査企業という立場に限らず，社会的要請から経済界，学術界，行政との協同をつうじて，その後の会計・監査の国際化に対処していくための貴重なステップとなっていったといえる。現在では金融庁のみならず，多くの行政機関で公認会計士が活用されるようになったことも大きな成果と考えられる。

4 平成14年の監査基準改訂

（1）会計・監査をめぐる内外情勢の大きな変化

　平成3年の監査基準の改訂後は，いわゆる会計ビッグバンによるキャッシュフロー計算書や中間連結財務諸表の導入への対応として，平成10年6月に監査基準等の改訂が行われたことに続き，平成11年10月から監査基準の見直しの審議が始まり，平成14年1月に監査基準の全面的改訂が行われた。

　この間の約10年は，国内的にはバブルの崩壊から未曾有の金融破綻処理のもとでの会計ビッグバン，国際的には会計基準や監査基準が国際的収斂に向けて動き始めた時期であった。わが国としては，まず国内問題への対処が最大の課題であって，金融分野においては債権の自己査定，適切な貸倒引当金の見積り，繰延税金資産の計上の可否などの問題への対処は政治的議論になっていた。もとより，会計士協会は，IFACの活動としても監査基準の国際化に取り組み，わが国の実務指針の整備を進めていたが，会計不信を背景として，バブル崩壊に伴う現下の監査上の課題へ対処が必要となり，続いて

新たな会計基準の議論への参加，さらに実務指針の策定といった喫緊の課題に優先的に取り組むことが求められた。個々の企業も監査人も種々の新たな会計基準の導入の対応が優先された。一方，監査に関する課題は，大蔵省の公認会計士審査会が平成9年（1997年）4月に「会計士監査の一層の充実に向けての提言」をまとめ幅広い提言を行っており，会計士協会としては，品質管理レビューの導入や継続的専門研修の導入などの対応を行ったが，会計士試験制度や監査制度の改革はすぐにできる状況ではなかった。

　このようなときに，突如として，国際的に通用する会計基準を用いていないことを注記するレジェンド・クローズ問題が起こった。本来1997年のアジア経済危機国への対応であったものが，会計基準の大幅な改革を推進していたわが国に対しても，1999年3月期の日本企業の監査報告書にもレジェンドが付されることとなった。これは日本企業の資金調達にも影響を及ぼす問題として，経済界においても大きな関心事となり非常な反発を惹起したが，「相次ぐ粉飾決算の表面化で国際的な信頼が大きく揺らいでいたことや，減損会計，企業結合会計，ゴーイング・コンサーン監査，ストック・オプションの会計などが未整備であったことが，レジェンド要請の背景にあったものと考えられる」（遠藤ほか，2015, 284頁）との観点から，残された課題に早急に取り組むことでの誤解を早期に解消する必要が生じるとともに，経済界においても諸制度の改革の必要性が認識されたと考えられる。こういった背景から，平成11年（1999年）7月に公認会計士審査会の会計士監査に関するワーキンググループから「会計士監査の在り方についての主要な論点」が公表され，ゴーイング・コンサーンの問題などが監査基準の見直しの重要なポイントとされた。

　なお，会計基準の国際的な収斂に関しては，1999年のIASC理事会で，国際会計基準審議会（The International Accounting Standards Board：IASB）の創設が承認され，これと相俟って国内的にはASBJも創設されることとなった。従来の国際会計基準（International Accounting Standard：IAS）とは異なり，わが国として制度的な規範性の付与を行い得る仕組みを整えるこ

第 4 章
平成時代の監査規範の形成プロセス

とで，新たな会計基準の開発を ASBJ に委ねて行く方向となった。他方，IFAC においても国際監査基準の審議体制の見直しが進められていたこともあり，監査基準についても国際的な対応が重要となっていった時期と思われる。

(2) 平成 14 年の監査基準改訂の意図

　平成 14 年改訂は，平成 3 年改訂を基礎としつつ，上述の国内外の動向を踏まえ，この際，全面的な改訂を意図することとした。企業会計審議会は部会編成の変更により第 2 部会が監査基準の審議を担当し，脇田良一氏が部会長となった。平成 3 年改訂の起草全般にかかわり，当時の議論の詳細や改訂後にリスク・アプローチが定着していない実態などの課題を十分に把握されていた脇田部会長を得て，内容的には平成 3 年改訂を基礎として深化させつつも大胆に監査基準の構成を見直すこととなった。平成 3 年改訂の折に当時の村山部会長が「もし，次の全面見直しの機会が来れば実施準則は，姿を消すかもしれません」（村山・西谷, 1992, 19 頁）と示唆していたように，準則（監査実施準則及び監査報告準則）を完全に廃止し，監査規範の体系を監査基準と実務指針に整理することとした。この体系については，改訂基準の前文において「監査基準とこれを具体化した日本公認会計士協会の指針により，我が国における一般に公正妥当と認められる監査の基準の体系とする」と明記した。その上で，それぞれの役割分担を考えつつ，国際監査基準の動向や平成 3 年監査基準改訂で純化しすぎた部分を再考し，監査基準のレベルで何をどこまで記述するかという議論から検討したため，平成 13 年 6 月の公開草案を経て，2 年を超える審議を要することとなった。

　この改訂では，監査の目的の定義，職業的懐疑心という概念の導入，リスク・アプローチの具体化，ゴーイング・コンサーンに関する対応，監査報告書の国際的整合化，組織としての品質管理など多くの重要事項が盛り込まれ，後にさらなる規範に具体化されていくこととなった事項（監査に関する品質管理基準，監査における不正リスク対応基準）もある。これらの改訂の

趣旨については前文に記されており詳述しないが，若干の項目について感想を述べる．

まず，監査の目的は監査基準全体の基礎をなすべきものであるにもかかわらず明確に規定されていなかった．脇田部会長のもとで山浦久司委員らを中心として，国際監査基準等を踏まえて文案を起草したが，英文の表現と違うといった日本語の構造を無視した意見や，虚偽記載に係る合理的保証についての誤解など種々の批判もされた．また，職業的懐疑心についても，そもそも哲学用語であったことからのわかりにくさや，職業的専門家としての正当な注意義務に屋上屋を架すものだといった批判もなされた．確かに職業的懐疑心の意義については学術研究の進展も必要であったが，今や，これも国際的に基本的概念となった．また，今となっては細かいことであるが，監査意見の形成と判断が形式的準拠性中心となっていたことを改めたこと，正当な理由による会計方針の変更を除外事項とはしないことと併せて，会計方針が実態を適切に反映しているかの判断を求めることとした．これはある意味で継続性の原則の解釈変更にもなった．さらに，会計基準の適用に関しては基準から逸脱（Override）という考え方はとらないことが入れ込まれている．

なお，平成3年の改訂後の反省もあり，また，会計士協会も体制整備がはかられ委員会活動も習熟してきたことから，改訂後のスムーズな実施に向けて，改訂案の起草段階から会計士協会の友永常務理事が委員として参画し，十分に協議を行いながら，会計士協会においても並行的に今後の対処を進めていくという協調が進んだ[3]．監査基準の作り方としては，会計基準や国際監査基準などのようにテーマごとに基準としていく形もあるが，この改訂にあたって，監査基準は1つのまとまった形を維持することとされた．一方，実務指針は国際的な動向も踏まえ，会計士協会がテーマごとに報告書を公表する方法を維持した．この改訂後は，金融庁・企業会計審議会と会計士協会が協力して国際対応を行うことで，監査基準の国際的収斂の動向に応じて，速やかに適切な改訂が行われるような体制が整っていった．

第 4 章
平成時代の監査規範の形成プロセス

(3) リスク・アプローチと内部統制の説明

　この改訂作業では広範な事項を対象としたが，平成 3 年改訂において導入されたリスク・アプローチが実質的に監査実務に浸透していないことが重要問題と認識されていた。平成 3 年改訂の審議に参加し，平成 14 年の大改訂では部会長として指揮をとられた脇田良一氏は（脇田, 2015, 684-685 頁），「我が国の監査論関係文献でも，リスク・アプローチは，一部先駆的論者が取り上げ論じているのみで，また，AR（audit risk），IR（inherent risk），CR（control risk），DR（detection risk）の邦訳も多様で，概念的にも共通理解に欠けていた。このように，一般にはもちろん，公認会計士業界さえ，リスク・アプローチへの理解が十分に普及してはいなかった」との状況を示され，新基準実施後の平成 6 年の公認会計士第 2 次試験に出題することは次期尚早という声があったという。大手監査法人においても，もちろん国際的ベースでリスク・アプローチの考え方を踏まえた監査マニュアルは導入されていたが，実際の監査手続はマニュアル頼りで，学術理論を踏まえた新たな監査基準の理解は進んでいなかった（脇田, 2015, 684-685 頁）。監査基準は公認会計士試験で学んで終わりといった風潮であった。このため，感覚的にはリスク・アプローチの本当の導入はこれからという感じであったが，一応，監査基準上は導入されていたので，改訂の重要ポイントを「リスク・アプローチの徹底」と表現した。

　まず，リスク・アプローチの基本的理解のため，固有リスク，統制リスク，発見リスクという用語を統一して各概念を明らかにし，各リスク評価から発見リスクの水準を決定するというリスク・アプローチの基本構造を前文に詳述した。この前文で「統制リスクの評価は監査の成否の鍵となる」としており，このため，内部統制概念を具体的に説明することが必要となり，この改訂では当時のトレッドウェイ委員会支援組織委員会（Committee of Sponsoring Organizations of the Treadway Commission：COSO）の内部統制概念を基本とした内部統制の目的と要素を示している。もちろんこの改訂時には，後

75

年，内部統制報告・監査制度が議論されることになろうとは予想だにもしていなかったが，振り返ってみると，ここで内部統制の内容が公式に監査基準に記述されたことは意味を持つこととなった。

　リスク・アプローチは，実務指針の補完を受けやっと監査実務に定着していくようになったが，平成16年にいわゆる循環取引といわれる粉飾事件が発覚したことや，公認会計士・監査審査会からリスク・アプローチが不十分である状況の指摘などを受け（公認会計士・監査審査会，2005），国際的な動向も踏まえて，事業上のリスクを重視したリスク・アプローチへと進化していくこととなり，平成17年に監査基準の改訂において，固有リスクと統制リスクを結合した重要な虚偽表示リスクという概念などが導入された。

　リスク・アプローチでは，リスク評価に基づき，必要かつ十分な監査証拠を得るために監査要点に適合した適切な実証手続を決定し，それを実際の監査手続のなかで検証しながら監査計画を適宜修正していくこととなる。しかし，固有の事例を特定することは避けるが，筆者がかかわった事例では，こういった監査の構造自体の認識が浅いまま，職業的懐疑心が希薄で，リスク評価能力が低く，単純に実証手続ばかりに時間をかけ，監査調書でも判断根拠を記載していないような監査人がまだまだ存在している。これは，自分が行っている監査手続を監査規範に基づいて説明できないということであり，結局，被監査会社に適切な態度をとれない一因であると考える。

(4) ゴーイング・コンサーン注記と監査の導入経緯とその後

　この改訂では，ゴーイング・コンサーンへの対応も重要な改訂事項として取り上げられたが，この審議においては議論の進め方が1つの問題となった。ゴーイング・コンサーンの検討は会計士協会が行った主要国のゴーイング・コンサーンの取扱いに関する調査報告をベースとした（日本公認会計士協会，1997）。そこで，最も実務が進んでいると思われていた米国では開示規定はなく監査基準（SAS 59号）で対応している一方，国際会計基準（ISA 1号）や英国等では開示規定があって監査上の対応がなされていた。わが国も，やは

第4章
平成時代の監査規範の形成プロセス

り二重責任の前提を重視する観点から一定の開示を前提として監査上の対応を求める方針となった。そこで開示に関してまず議論すべきという意見があり，開示関係を第2部会で審議できるのかという指摘があった。この点，開示方法や内容によって監査の対応に影響することから，実質的には開示と監査の議論を同時に深めることが適切であり，また，審議手続上は，部会で改訂案を取りまとめた後，総会に付議されて企業会計審議会としての意見書となる。このため，監査基準の改訂意見書において財務諸表注記に関する事柄が記述されていても，それが企業会計審議会としての意見書であればまったく問題はなく，その審議過程で改訂案が第2部会で検討されていても手続き上の瑕疵はないことは誤解なきよう記しておきたい。

　また，ゴーイング・コンサーンについて，前文の中で，監査上の判断の枠組みとしては，「継続企業の前提に重要な疑義を抱かせる事象や状況が存在し，当該事象の解消や大幅な改善に重要な不確実生が残るため，継続企業の前提に重要な疑義が認められる場合には……」という表現になっているが，開示に関しては不確実性には言及せずに，一定の事象や状況が存在する場合には財務諸表に注記を義務づけることとしていることに齟齬があるのではないかとの議論があった。その後の財務諸表等規則の改正もその趣旨で注記をすることとされた。この点は，監査理論上からいえば，諸外国の規定からしても「重要な不確実性」という要件も加わることが一般的であった。しかし，ゴーイング・コンサーン注記は初めて導入されるわけで，企業も監査人も実務上習熟していないのみならず，倒産情報であるかのような誤解が喧伝され，当然ながら開示を回避しようと頑強に抵抗する企業も想定された。そもそも，企業の経営悪化は通常はある程度段階的に進むことから，有価証券報告書においてリスク情報の記述からの情報開示を行って財務諸表注記に至る枠組みとし，企業には前広のディスクロージャーを求めることとした。さらに，「重要な不確実性」の有無の判断で企業と監査人に大きな相違が生じ，仮に企業が注記を拒否した場合に監査人が重要な不確実性があるとして不適正意見を表明することは容易ではないと思われた。そこで，本来は，注記の要否の判

断を行った上で，注記がある場合に記載内容の妥当性を判断するところであるが，まず確認し得る具体的な事象や状況があればとりあえず形式的に注記による開示を優先することで，注記の要否については規則準拠性の観点からの監査で足りるようにし，その上で注記事項の内容には妥当か否かの監査判断を求めることとした。

　その後，ゴーイング・コンサーンの注記は監査実務も習熟し，投資情報としての見方も定着したことから，平成21年の監査基準の改訂で本来の考え方に基づく判断による規定に改められた。ただし，この改正も，有価証券報告書のリスク情報や対処すべき課題などの開示情報の充実も併せて行っており，財務諸表注記や監査基準の範疇のみで制度を捉えては誤った理解となることもある。なお，重要な不確実性の有無について監査人の判断が求められることとなり，監査人の責任は格段に重くなったことを正しく理解しているかどうかという問題を感じる。

5　保証業務のフレームワークと監査業務の多様化

　平成14年1月の監査基準の改訂に続き，この改訂により必要となった中間監査基準の改訂が平成14年12月に行われた。その後，公認会計士法の大幅改正が進められ，平成15年5月に公認会計士法の改正が行われた。平成16年3月に，保証業務のフレームワークを審議事項に取り上げ，山浦久司氏が第2部会長となり検討をすすめ，同年11月に「財務諸表等に係る保証業務の概念的枠組みに関する意見書」が公表された。フレームワーク論は国際会計基準の議論でも要不要論があるが，監査においても，直接に監査業務を規律する基準ではないものを何のために取り上げるのかといった感じもあった。これを審議事項とした理由としては，公認会計士業務の拡大を想定した対応，公認会計士法で制限される非監査業務の峻別，IAASBの国際保証業務フレームワークを踏まえたコンバージェンスがあった（山浦, 2006, 7頁）。この

第4章
平成時代の監査規範の形成プロセス

審議が始められる前にすでに会計士協会においてフレームワークの研究が行われており，ある程度の将来を展望するレビュー業務は想定された。その後の四半期財務諸表レビュー，内部統制報告監査，さらに特定監査の導入という流れを振り返ると，フレームワークを作っておいて本当によかったと思うが，当時，このような展開までを予想していたわけではなかった。

むしろ学術的な面以外でこの検討に意味があったのは，上述の公認会計士法改正で非監査証明業務の同時提供の禁止規定が導入されたこととの関係である。そもそも公認会計士法では「財務書類の監査又は証明」業務（法第2条第1項）は公認会計士または監査法人の独占業務である（法第47条の2）とされているが，具体的な業務名称まで規定していない。時代の変化のなかで公認会計士の行う業務が拡大しているものの，監査証明業務とそれ以外の線引きは明確ではない。仮にレビュー等「監査」という用語を用いない新たな名称の業務を行う場合，これが公認会計士法上の「監査又は証明」業務なのか非監査証明業務なのか，金融商品取引法との連動はどう考えるかは解釈が必要となる[4]。この点，保証業務と非保証業務という概念を用いて，法令上の監査証明業務と非監査証明業務の解釈指針とする枠組みができた。これにより，公認会計士の業務の拡大に応じて，その都度，個々に検討する必要もなく，予見可能性も高まることとなった。実際，このときは予想し得なかったが，内部統制報告書の監査を創設するときに公認会計士法上の監査証明業務か否かといった問題は生じなかった。さらに，平成26年の監査基準の改訂において，特別目的の財務諸表に対して準拠性に関する意見表明を加えることも，保証業務の大枠が整理されていたことから，公認会計士の業務としても問題なく導入することができたといえよう。

6 内部統制報告監査制度の創設

(1) 天の時, 地の利, 人の和

　今更ながら，財務報告に係る内部統制報告及び監査制度は本当によくぞ実現したものだと思う。「天の時，地の利も人の和に如かず」(孟子)というが，内部統制の議論では，この謂いを超えて，天の時と地の利もあった上に，これに如く人の和が加わっていたように思える。

　天の時とは，大きな背景としては，商法の分野では大和銀行事件以降，取締役の責任として内部統制が議論されていたこと(平成18年施行の会社法で法制化)(森・濱田松本法律事務所編, 2009)，米国のサーベインズ・オックスリー法を踏まえ平成15年に公認会計士法が改正されたばかりのタイミングであったこと[5]。そして，決定的な契機は，平成16年10月に発覚した西武鉄道の有価証券報告書虚偽記載事件である。西武鉄道事件は大変な社会問題となったが，いわゆる粉飾決算ではなく大株主の虚偽であった。さらに，内部統制の審議が始まった平成17年以降，他の上場企業でも株主情報の訂正が多発し，これに加えて，カネボウの粉飾決算が発覚したことから，監査法人の責任問題も含め改革の機運が維持されていくこととなった。

　地の利としては，これまでの監査基準の改訂で「内部統制」を何回も議論し，その概念や内容がある程度は監査のなかで定着してきた状況にあったこと，保証業務のフレームワークができていたこと，そして，内部統制監査はサーベインズ・オックスリー法に含まれていたものの開示制度の問題であるので公認会計士法の改正では対処しておらず，残された課題であるとの意識があり，こういった事態への対処の1つとしてただちに提案できたことがあろう。

　これら以上に何よりの要は人の和であったと考える。広くいえば，内部統制の議論にかかわったすべての方々の情熱と献身であろう。当時，金融庁の

第4章
平成時代の監査規範の形成プロセス

担当部署でかかわることになった立場からのバイアスがあるかもしれないが，緊急の課題とはいえ，会計基準や監査基準のような形もなく，法改正も必要になるかもしれない内部統制報告の制度化を進める決断はすごいことであり，それも次項に記すように電光石火の対応である。そして，内部統制部会の部会長に八田進二氏を得ることができたこと，このときここに八田進二氏が存在していたことこそ不思議としかいいようがない。まさにコーポレートガバナンスに踏み込む議論となるわけであり，経済界，公認会計士界，法曹界ほか関係者の注目のなかでこの審議が結実したことは，大きな観点から議論を進めて，まず内部統制の本当の必要性についての共通の理解を得ていった部会長のリードの賜物であると著者個人としては認識している。

（2）超特急の法制度の整備

金融庁での対応は素早かった。ただちにこの課題を金融審議会第一部会の検討事項に加え，平成16年12月に第一部会報告のなかで，財務報告に係る内部統制の有効性に関する経営者による評価の基準及び公認会計士等による検証の基準の明確化を早急に図るべきであることが提言された。間髪を入れず，翌平成17年1月に企業会計審議会総会を開催して，内部統制報告及び監査の基準作りを審議テーマとして内部統制部会を設置し，2月から部会での審議が始められた（池田，2007）。

他方，内部統制報告とその監査を制度化するためには法改正という高いハードルを越えなければならない。企業会計審議会の意見書は平成19年2月となるが，これを待たずに，平成18年に行われた証券取引法を金融商品取引法に衣替えする大改正というタイミングを得て，経営者による適正確認書の義務づけ，四半期開示制度の導入とともに一機にこのハードルを越えたことは驚くべきことである。

なお，この新金融商品取引法では，開示規制として，経営者による適正確認書と四半期報告書の開示制度が新設された。これらの新たな開示が内部統制報告・監査制度とともに平成20年4月1日以後開始する事業年度から実施

されたことから，一度に実施するのは大変なのでどうして時期を変えないのかといった指摘もされた。経営者の適正確認書はもともと米国上場の日本企業が米国で開示しているものを日本でも開示すべきといったことから証券取引所のルールとして導入されたが，実効性に乏しいものであった。そもそも経営者が何をもって有価証券報告書の適正を証明し得るのかもわからなかったものが，内部統制報告制度の創設によりその実効性が担保されることから，同時に法制度として実施できたのである。また，四半期報告書の開示は4半期事業年度終了後45日以内に提出するため四半期財務諸表の保証はレビューとすることが提案されていたが，当時，カネボウなど会計監査不信が問題となるなかで，簡易な監査で足りるのかといった指摘が寄せられていた。これに対して，財務報告に係る内部統制の適正性の監査を導入することと併せて実施することにより，四半期財務諸表の保証は簡易形態のレビューであっても投資者保護に欠けることはないとの理解を得たのである。このようなことから，これら3つの開示制度は同時に実施されることが必要であった。

(3) 内部統制基準の対象範囲

　内部統制に関する議論を行うにあたっては，開示制度の議論のなかで企業の内部統制の枠組自体をどのように位置づけていくかという問題がある一方，西武鉄道事件は財務諸表の粉飾ではなく株主情報に関する虚偽記載であるから財務諸表に限った議論では対処できないのではないかという問題も生じた。

　そこで，金融審議会第一部会報告の段階から，「財務報告に係る内部統制」という限定をつけて内部統制報告とその検証という表現をした。なお，この段階で「検証」という言葉を使っているのは，どのような検証（監査，レビュー等）とするかも含め審議される段階であったからである。この金融審報告を受けて，企業会計審議会でも，審議事項となる内部統制の対象を「財務報告」との用語で範囲を示すこととした。この「財務報告」という用語は，内部統制基準において，財務諸表のみならず財務諸表の信頼性に重要な影響を及ぼす開示事項等に係る外部報告も加えた意味として定義した。この定義

により，内部統制報告と監査の対象は，連結財務諸表の作成に関わる株主情報なども含め，財務諸表よりも拡張した範囲となった。この点，監査基準においても財務諸表の表示とその他の開示内容との重要な相違がある場合には追記することとされており，財務諸表監査でも財務諸表に表示された事項以外はまったく対象とならないわけではないことと同様に捉えられる。

他方，内部統制の内容についても，平成14年監査基準改訂で示したCOSOの概念だけでは，内部統制報告や監査を制度として実行するには不足するし，また，わが国の実態も加味することが必要となる。そこで，内部統制報告と監査の基準と対象範囲はあくまで「財務報告に係る内部統制」とした上で，それを実行するための前提として，内部統制の概念的枠組を具体的に定める形とした。したがって，内部統制基準に規定した内部統制の概念的枠組みは，それ自体を企業が受け入れなければならない唯一のものではない。しかし，事実上，わが国の内部統制の概念的枠組として一般に理解されていると思われる。

7 おわりに

監査基準は，国際監査基準との調整を図るため累次の改訂が行われてきたが，平成時代の監査規範の展開を振り返ると，リスク・アプローチ，内部統制報告監査の導入といった方向は，監査が経営やガバナンスに踏み込んでいく歴史とも捉えられる。八田進二氏が「会計と監査，そしてコーポレート・ガバナンスの課題は，それぞれ個別に議論されるべき筋合いのものではなく，まさに，三位一体での改革があって，初めて意味を有する」（八田, 2009, i頁）と述べているように，会計・監査を社会制度あるいは社会的機能として捉えるならば，コーポレートガバナンスと切り離して議論することはできないという時代になったと理解し得よう。

平成時代の最終期はまさにこの視点から世の中が動いていった。それは単

に内部統制基準のみの成果ではないが、ガバナンスの議論はいよいよ活発化し、わが国経済の再生を目指す政府の日本再興戦略の課題となる。法務省では社外取締役拡充の議論、経済産業省では伊藤邦雄氏によるレポートに基づく諸政策、金融庁ではスチュワードシップ・コードやコーポレートガバナンス・コードの策定が進められた。経済界、法曹界、監査役協会、内部監査協会、会計士協会などの幅広い関係者に大きな影響を与えることとなった。

わが国のコーポレートガバナンスにこのような大きな変化が起きるとは、筆者にはまったくの慮外であった。おそらく平成時代最後の監査基準の改訂となる監査報告書の監査上の主要な検討事項（Key Audit Matters）の記載も（企業会計審議会, 2018）、まさに経営者の視点と監査人および監査役の視点が切り結ぶところとなろう。他方、監査規範の方向性としては、監査手続の詳細化・緻密化は限界となりつつあり、監査法人としての品質管理、監査人としての職業的懐疑心の発揮や経営者とわたり合うための教育や能力開発が重視されていくことは間違いない。

平成時代は、元年から終わりまで間断なく、監査（内部統制監査を含め）がコーポレートガバナンスへのかかわりを深めてゆく挑戦の時代であったといえるのではなかろうか。

▶注
1) 村山徳五郎氏は、平成3年改訂時期に中央監査法人の創立25周年記念として『モントゴメリーの監査論』の翻訳を指揮していた。筆者は後年の監査基準の改訂の折に何度も村山氏に意見をうかがう機会を得たが、国際的動向や監査論研究面にも精通されていた。
2) 企業会計審議会の公表する会計基準は一般に公正妥当と認められる企業会計の基準に該当する旨の規定は、金融商品取引法以外の多くの業法等における会計規定にもとり入れられており、法規範として確立している。ASBJの公表した会計基準は金融商品取引法以外ではとり入れられていないので、他法令では解釈に依拠することになる。法制度上は企業会計審議会とASBJではなお貫目

が違う。
3) 会計士協会では国際監査基準の訳文やそれを基礎とした実務指針で「……する」という表現を多用していたが、監査基準のもとで実務指針の規範性を明確にするためには、法令のように「……しなければならない」あるいは「…することができる」というような明確な表現が求められた。この点、企業会計審議会委員の山浦久司教授や金融庁担当職員がIFAC等に直接参加するようになって、原文規定の趣旨が十分に把握できるようになり、監査基準と実務指針の策定にあたって会計士協会との協同が進むこととなった。その後も、IAASBにおけるクラリティプロジェクトの際、いわゆるブラックレターの廃止に伴いshallとshouldを使い分けるといった提案に対しても議論がされ、結局、要求事項はshallに統一するとともに適用指針を区分するというわかりやすい形とされた。
4) もともと公認会計士法の「監査又は証明」の解釈については、「監査」と「証明」は別とする解釈もあり、他方、証券取引法は当初から「監査証明」という用語を使っていた。
5) 平成15年の公認会計法の改正は、もともと平成8年から公認会計士試験制度の見直しの議論が行われていたものがベースであった。ただ、法改正はその時々の重要法案から取り上げられるので、このような特定業法を改正するタイミングがなかった。

【参考文献】

新井清光（1992a）「監査基準・準則の改訂について」『企業会計』44巻3号、中央経済社、20頁。
――（1992b）「監査基準・準則の改訂と協会の役割－新しい皮袋に新しい酒を－」『JICPAジャーナル』440巻3号、22頁。
新井清光・村山徳五郎・高田正淳・中嶋敬雄・脇田良一（1991）「座談会－監査基準・報告準則の改訂について―」『企業会計』43巻8号、中央経済社。
池田唯一編著（2007）『総合解説－内部統制報告制度－』税務研究会出版局。
遠藤博志・小宮山賢・逆瀬重郎・多賀谷充・橋本尚編著（2015）『戦後企業会計史』中央経済社、237-239、284頁。
企業会計審議会（2018）「監査基準の改訂について」7月5日。
公認会計士・監査審査会（2005）「監査の信頼性確保のために―審査基本方針等―」、平成16年6月29日、改正平成17年6月14日。
高橋利夫（1992）「財務諸表等の監査証明に関する省令及び同取扱通達の改正につ

いて」『JICPA ジャーナル』442 巻 5 号, 102 頁。

多賀谷充（2013）「IFRS 導入に係る会計制度上の考察」『会計プロフェッション』（会計プロフェッション研究所），8 号。

――（2018）「近時の監査規範の形成プロセス」『会計プロフェッション』（青山学院大学大学院会計プロフェッション研究学会），13 号。

中川隆進（1991）「監査基準・監査報告準則改訂の経緯及び見直しの背景等」『企業会計』43 巻 8 号, 中央経済社。

日本公認会計士協会・監査第一委員会（1988）「相対的に危険性の高い財務諸表項目の監査手続の強化について」報告第 50 号, 10 月 4 日。

日本公認会計士協会・監査委員会（1997）「企業継続能力の取扱いに関する海外の状況の調査と我が国への制度導入上の課題」研究資料第 1 号, 12 月 8 日。

八田進二（2009）『会計・監査・ガバナンスの基本問題』同文舘出版, i 頁。

松戸陽太郎・藤田厚生・平松朗（2010）『新版 財務諸表規則逐条解説』中央経済社, 10-12 頁。

村山徳五郎（1992）「監査実施準則の主な改訂事項」『企業会計』44 巻 3 号, 中央経済社。

村山徳五郎・西谷誠一（1992）「監査基準・準則の改訂をめぐって―対談：村山企業会計審議会第三部会長に聞く―」『JICPA ジャーナル』439 巻 2 号, 14, 17, 19 頁。

森・濱田松本法律事務所編（2009）『内部統制―会社法と金融商品取引法―』（新・会社法実務問題シリーズ 10），中央経済社。

山浦久司（2006）「「保証業務の概念的枠組み」の意義と論点」『会計論叢』（明治大学大学院会計専門職研究科），1 号, 7 頁, https：//m-repo.lib.meiji.ac.jp/dspace/bitstream/10291/13055/1/kaikeironso_1_3.pdf。

吉見宏（1996）「我が国における企業不正事例（6）」『経済学研究』（北海道大学経済学部），46 巻 3 号, http://hdl.handle.net/2115/32038。

脇田良一（2015）「歴史の証言 10―リスク・アプローチの監査基準への導入―」遠藤博志・小宮山賢・逆瀬重郎・多賀谷充・橋本尚編著『戦後企業会計史』中央経済社, 684-685 頁。

第5章 監査人のバイアスに関する制度上の考察

1 はじめに

　わが国を代表する企業である東芝が不適正な会計処理を繰り返していたことが発覚し，金融庁は，2015年12月，監査を行った監査法人および業務執行社員に対して行政処分を行った。わが国の証券市場の信頼性を揺るがすような事態を受けて，金融庁は「会計監査の在り方に関する懇談会」を設置し，2016年3月8日に提言を公表した（金融庁, 2016）。この提言を受けて，監査法人のガバナンスコードが策定され，監査法人がこれを実行に移している。

　この提言でも，会計不正に対する姿勢として，監査人の職業的懐疑心の発揮が強調されているが，近時，心理学の知見を踏まえて，会計監査において監査人に生じるバイアスの影響に関しての研究がされるようになった。特に，Max H.Bazerman（ベイザーマン）は，会計監査における監査人のバイアスについて一連の研究を発表して，種々の提言を行っている。こういったバイアスに関する新たな知見は，心理学の研究やプロスペクト理論などの行動経済学の研究により2002年にノーベル経済学賞を受賞したDaniel Kahneman（カーネマン）の研究が基礎となっている（Kahneman, 2011）。こういった研究を踏まえ，会計監査にかかわる諸機関においても，監査判断におけるバイアスを職業的懐疑心への阻害要因と捉えて，制度的な対応に向けた研究もなされるようになってきている。今や，このような心理学の新たな発見は人間の行動にかかわる重要な知見となっており，企業活動においても多々利用されている。粉飾決算を続けて経営破綻した末路は，投資者のみならず，従業員，取引先などの関係者，そして監査人をも不幸にする。それを防ぐことが会計監査制度であるはずである。もとより，学術研究も人の幸福と社会の繁栄に資することが目的である。監査にかかわる方は，このバイアスという課題を自らの問題として真剣に対処していくべきと考える。

　そこで，本章では，心理学的観点からのバイアスに関する研究の成果を前提として，監査人のバイアスをめぐる最近の提言等を踏まえ，監査制度上

第 5 章
監査人のバイアスに関する制度上の考察

での対応の問題についての考察を行うこととしたい。なお，本研究には，青山学院大学総合研究所の2016年研究プロジェクト「我が国の監査規制の変革に関する基礎研究」としての助成を受けた研究成果として，青山学院大学会計プロフェッション研究科紀要に「監査人のバイアスに関する制度上の考察」（多賀谷, 2017）として掲載した論考に，その後の研究も踏まえ加筆修正したものである。

2 バイアスに関する問題提起

（1）監査の強化に向けたこれまでの流れ

「会計監査の在り方に関する懇談会」の提言でも，「企業不正を見抜く能力と，不正の端緒を発見した際に経営者等と対峙して臆することなく意見を述べることができる気概を有する会計士を，どう育成し，確保するかが大きな課題である。また，会計士個人の力量の向上と同時に，監査法人等が組織として企業不正に適切に対応できるよう，実効的なガバナンスと有効に機能するマネジメントのもとに，しっかりとした監査の態勢を整備することが不可欠である。」と述べられているように，特に，不正会計に対する対応の具体化が重要な課題としてあげられている。さらに，監査人の独立性確保等の観点から，監査法人の強制交代制度（ローテーション）も検討課題としてあげられている。

もとより，公認会計士は，公認会計士法において「公正かつ誠実に業務を行わなければならない」とされ，監査証明業務に関しては，同法において独立性の確保の観点から種々の規定が置かれている。これは，独立性がない状態では，一般論として監査人の判断に偏向が生じる可能性が生じると理解されているという前提があるといえよう。また，米国の監査基準の改訂（SAS82）やオマリーパネルの公表等により職業的懐疑心（Professional

Skepticism）が強調されてきたことを背景として（町田，2015），公認会計士（監査人）の注意義務として職業的懐疑心の発揮が明示的に監査基準に取り入れられた。

　このような一般論として監査人の判断におけるバイアスの発生可能性は認識されてきたが，監査人の精神的独立性はいわば内心の問題であり，それが本当に保たれているか否かを実際に検証することは難しかった。この点，近年，行動科学や心理学の知見から，監査プロセスにおいて監査人に種々のバイアスが生じることで判断が歪められることや，さらに監査環境面から生じるバイアスの影響は避けられないとの指摘がなされている。

　これまで，監査基準や実務指針の充実，品質管理基準の強化といったルールの整備は精力的に行われてきたが，監査人のバイアスに関する問題提起に対して，監査基準や監査制度の問題としては十分に制度的検討はなされてこなかった。近時，監督当局でも研究がされるようになってきており，今後は，監査基準等を適用する監査人自身の問題と，監査法人のローテーションの導入などの監査制度の問題としても検討する必要が生じていると考えられる。

(2) ベイザーマンの問題提起

　監査人の判断に影響するバイアスには種々の研究が行われているが[1]，ベイザーマンは，意思決定に関する認知的バイアスの観点から，会計監査における監査人の判断への影響に関して従来の対応を批判的に分析している。

　ベイザーマン等は，2002年に発表した「善意の会計士が不正監査を犯す理由」（Bazerman et al., 2002）において，自己奉仕的バイアスの影響が監査を歪めるという問題を提起している。ベイザーマン等は「自分が望む結論と反するような事実を批判的に見て軽んじ，自分の意見を裏づけるような証拠は無批判に受け入れる。……このような「自己奉仕的バイアス」（self-serving bias）の力」に着目し，会計監査には，会計の曖昧さ，被監査会社から収入を得るというクライアントとの関係，被監査会社の意思決定を第三者として承認するという側面がバイアスを生じさせる温床であると指摘している。そ

の上で，顔も知らない投資家よりも親しみのあるクライアントのために奉仕することによる「親しみ」のバイアス（原文では Familiarity），遠い未来の予測しがたいリスクよりも目先の利益を求めることによる「目先の利益を求める」バイアス（原文では Discounting），財務上の小さな不備に慣れて重大な歪みを正せなくなる「チリも積もれば」というバイアス（原文では Escalation）を具体的に説明している。そして，会計監査において「ベテラン監査人でもバイアスから逃れることは難しく，自分自身の考えに従って数値を出すのではなく，クライアントのバイアスの影響を受けた会計数値を受け入れやすいことが証明された」と述べている。ベイザーマン等はこういったバイアスへの対処として，情報開示はむしろバイアスを強化させることがあるとし，コンサルティングや税務部門の分離，監査契約を一定期間解約不能とした上で監査法人のローテーションを制度化することと，無意識にミスを犯す理由を理解させる監査人への教育を提言している。

　さらにベイザーマンは，2008年に刊行した『行動意思決定論』（Bazerman et al., 2008）および2011年に刊行した『倫理の死角』（Bazerman et al., 2011）において，意思決定に及ぼす種々のバイアスについての詳細な研究を発表している。『倫理の死角』では，多様な観点からバイアスを分析し，会計監査に関する事例を取り上げている。そして，「他人の非倫理的行動に気づくと自分に不利益が及ぶ状況で，それを都合よく見落とす」現象を「動機づけられた見落とし」と呼び，エンロンの粉飾決算を是認していたアーサーアンダーセンに当てはまることを指摘している。ベイザーマンは，エンロン事件発覚前の2000年に米国証券取引委員会（Securities and Exchange Commission：SEC）の公聴会で意見を述べ，「現在の会計監査制度の下では，「動機づけられた見落とし」が引き起こされてしまうので，どんなに誠実な監査人でも客観的な監査を行うことは心理的に不可能」とし，これは「監査人と顧客企業の関係が必然的に生み出す結果」であり，「不適切な監査がなされることが避けられない」と結論づけている。この対処法として，上記のような監査法人のローテーション制度の導入を提言している。

3 わが国の監査人のバイアス事例

(1) カネボウの粉飾事件の研究事例

　監査人にバイアスが生じていたことが客観的に観察できる機会は少ないので、バイアスが生じていることを直接指摘することは難しいが、異島須賀子氏は、カネボウの粉飾事件裁判を取り上げ、報道等から収集した判決文を手がかりとして、ベイザーマンの提起した自己奉仕的バイアスが監査人に生じていたことを指摘している（異島, 2018）。わが国では、粉飾決算が発覚した場合、監査人たる公認会計士は公認会計士法では身分的行政処分しかなく、また、金融商品取引法等に基づく損害賠償請求の訴訟が提起された場合でも、裁判では主に粉飾の手口に対する監査規範上の過失の有無が争点となるので、刑事裁判のような犯意の立証は行われず、犯罪行為の背景や経緯までは明らかにならない。監査人は、粉飾を行った経営者等との共同正犯またはその幇助が認められる場合にのみ刑事訴追されるため、カネボウのケースは貴重な事例である。

　異島氏が示している判決文中に「……過去の不適切な監査が明らかになって、自らや所属する監査法人の責任が追及されることを恐れ、カネボウ側からの強い要請に抗し切れず、ずるずると架空売上や損失処理の先送りを容認するなどして粉飾決算に加担し続け、不適正意見を付すことなく、本件での監査報告書の提出に及んでいるのである。そこは結局のところ、自己保身という身勝手な動機しかうかがえず、被告人の行為は、投資者の利益の保護という監査の本旨を忘れ、公認会計士としての高度の職業倫理に対する自覚に著しく欠けた、まことに恥ずべき姿勢であると断ぜざるをえない。」とある。異島氏は「この「自己保身」はまさに Bazerman et al. [2002] の指摘した自己奉仕バイアスに他ならないといえる」と述べている。

　カネボウの粉飾事件の特徴として、非常に長期間にわたって粉飾が継続さ

第 5 章
監査人のバイアスに関する制度上の考察

れてきたこと，監査責任者は粉飾の存在を知った上で，指導等をしながらも先送りをしぶしぶ容認してきたこと，監査責任者が交代しても前任たる先輩に異を唱えることができなかったことなどが判決にも述べられ異島氏も指摘している。このような特徴からみると，自己奉仕バイアスは時間をかけて複数の要因から生じてきたと思われる。

(2) 会計監査に内在する要因の検討

まず，ベイザーマンが指摘している会計監査に内在する要因から検討してみる。カネボウの粉飾の始まりは何十年も過去にさかのぼる。当時どのような手口で粉飾が行われたかはわからないが，企業会計原則だけでは会計処理のルールが明確ではなく「曖昧」な面はあり，特に，評価にかかわる事項は判断基準が不明確であった。「会計の曖昧さ」に関しては，主に会計基準の整備により対応できようが，会計基準の精緻化には限界がある。さらに，例えば，三洋電機が子会社株式の評価について独自の社内ルールにより減損損失の認識を先送りしていた事例のように，会計基準の整備によって独自の判断はできなくなったにもかかわらず監査人が従来の判断を容認していたことは，監査人に心理的バイアスが生じていたと考えられ，会計基準の整備で事が足りるわけではない。他方，かつて会計基準における選択肢を減らして比較可能性を高める目的で国際的に会計基準の改正が進められたが，見積りや評価，経営や将来の見通しの判断などの要素が増えて，より一層，経営者（企業）の判断要素を増しているという会計基準自体の問題もある。

カネボウは明治時代から続く名門巨大企業であり，福利厚生にも厚い優良企業という社会的認知を受けており，監査人にとって心理的にも「クライアントとの関係」が重要であったと推測される。この点は，後述するローテーションの問題につながることになる。なお，異島氏が掲げるカネボウの判決文のなかには「そもそも，独立して社外から監査を行う建前になっていながら，会社から監査を委嘱され，監査報酬も支払われるといった，現行の監査制度を考えると，会社と監査法人等との間に不正常な関係が生じる土壌が

あったといえなくもない」との記述がある。この部分は情状にかかわる事項であって犯罪を否定しているわけではないが，現在の監査制度の根本的な問題点が指摘されていることは認識する必要がある。地裁判決ではあるとしても，監査人が監査を受ける企業から報酬を受けるという仕組みに関して裁判官が制度的限界を危惧しているのであるから，今後，同様の事件があれば監査制度が情状要件となり得てしまうことになる。

　戦前から続いているような大企業は税務や会計制度に精通し経験も豊富であり，企業側から種々の論拠をもって会計処理の判断や提案を行うことは通例であろう。監査人にとっては会社から多くの相談がなされることは，それだけ信頼を受けているとして「承認」しやすいと考えられる。そこで，この「承認」に関して，会計監査における二重責任の原則から，あくまで財務諸表の作成は経営者（企業）の責任であり，できあがった財務諸表を監査するのが監査人の役目であるという枠組みからみるならば，監査は構造的に「承認」のプロセスそのものではないのかとも捉えられる。こういった観点からは，ダイレクト・レポート方式の監査が求められるが，実際には可能でなかろう。そもそも監査における立証命題のあり方にも誤解が生じている余地があるのではないかと考える。実際上，ほとんどの企業の財務諸表は「すべての重要な点において適正に表示されていると認められる」との適正意見が付されている。この伝統的表現から，事実上，財務諸表が適正であるとの命題を立証することが監査となってしまっていることはないのであろうか。そうであれば，後述するように，自らの意見を是認するような証拠を採用し，否定する証拠は採用しないといったバイアスなどが生じることとなる。監査基準の目的規定では，適正意見は，財務諸表には全体として虚偽の表示がないことの合理的保証を得たとの監査人の判断を含むとの趣旨を加えている。重要な虚偽表示がないことを立証命題とすれば，本来，虚偽表示を発見することが監査であるとの感覚であるべきである。ちなみに，税務調査においては，納税者の提出した申告所得は誤っているということが立証命題であるから，立証構造はわかりやすい。

第5章
監査人のバイアスに関する制度上の考察

いずれにせよ、会計監査に内在する要素への対応を図って行くことは必要であるが、監査人だけの問題として解決できるわけではない。

(3) 監査人の心理的バイアス要因の検討

次に、監査人の心理としては、異島氏が詳細に分析しているように長期間にわたって同一の監査法人が監査を行い、監査責任者もその従事期間が長いのみならず、カネボウの監査チーム内から次の責任者になるという引き継ぎが長く続いていたから、被監査会社との親密性（親しみ）が相当に増すであろうことは想像できる。しかし、この親しみあるいは癒着構造は、監査人にとって極めて脆弱なものであることを知るべきである。粉飾事件の裁判では、経営者は、情状として、自らは会計に十分な知識がなく監査人が決算を認めたことから粉飾が許容されるものと理解したというような趣旨の証言をしている例がある。ゲーム理論を持ち出すまでもなく、地位を失った経営者は少しでも自らの刑が軽減されるよう監査人を裏切るのである。一方、監査人は立派な経営者がまさか粉飾をするとは思わなかったなどと自らの不明を述べて恥の上塗りをするのである。

最初から巨額の粉飾をしていたわけではなかったであろうが、金額が少なければ（チリも積もれば）少々の間は目をつぶってもいいというバイアスが生じている間に取り返しのつかない額になったとも考えられる。いわばゆでガエルのように少しずつ悪意をもって麻痺させていく手法はインテリジェンスの世界や詐欺師の常とう手段といわれるが、筆者の経験でも、監査人が不適切な会計処理を発見したものの重要性がないため次期での修正を求めたが、結局修正せずに雪だるま式に金額を増加させ、後年になって、過年度は承認したことを理由に監査人に不正を容認させるような事例は多い。

被監査会社が巨大企業で簡単には潰れないから先輩に抗わないほうが得（目先の利益を求める）というバイアスが生じていたということはいえよう。粉飾に気づいてからは、判決にあるように責任が追及されることを恐れて自己保身に走る、自分が監査人である間だけ会社が存続し粉飾がバレなければ

よいと考えたであろう。また，カネボウでの長期，巨額，全社的な粉飾では，監査の補助者や他の従事者で粉飾に気づいていた者もいたであろうが，知らん振り（動機づけられた見落とし）もあったのではないかと考えられる。業務執行者以外の監査従事者は訴追や行政処分を免れて，監査法人に残り，あるいは引き続き監査業務を担うこともある。このようなバイアスの面からみると根は深いのである。

4 会計監査に関わる諸機関の研究の動向

(1) COSO, PCAOBの動向

　バイアスの問題については，2012年3月にトレッドウェイ委員会支援組織委員会（Committee of Sponsoring Organizations of the Treadway Commission：COSO）から「取締役会の監視の強化（判断における罠とバイアスを避ける）」との研究ペーパーが公表されている（COSO, 2012）。このペーパーは，専門家としての適切な判断プロセスのモデルを示すことが主眼であるが，適切な判断を行う際に生じる意思決定上のバイアスについて，種々の観点から説明と分析を行っている。例えば，最も一般的な判断における罠として，性急に結論を得ようとする傾向（rush to solve）をあげている。また，判断におけるフレーミング（framing）やモチベーションバイアス（motivational biases），バイアスに導く自信過剰の傾向（overconfidence），確証を求める傾向（confirmation），アンカーリングの傾向（anchoring），意思決定者が容易に使える情報を考慮する傾向（availability）などを具体的バイアスとして取り上げている。本章はバイアス自体の研究ではないのでこれらの詳細な説明はできないが，これらはベイザーマン等が取り上げているものと概ね重なっており，経営者の判断（意思決定）においても同様のバイアスが生じることによる問題が認識されている。

第5章
監査人のバイアスに関する制度上の考察

　公開会社会計監視委員会（Public Company Accounting Oversight Board：PCAOB）は，2011年に公表した「監査人の独立性と監査事務所のローテーション」に関するコンセプトリリースにおいて（PCAOB, 2011），職業的懐疑心は心の状態であるため，その欠如を監査記録から発見することは実務的に難しいと指摘している文脈で，ベイザーマンの主張（Bazerman et al., 2002）を引用しており，無意識に生じる監査人のバイアスを職業的懐疑心の欠如に関連する問題として捉えていると思われる。

　さらに，PCAOBでは，2012年12月にスタッフ監査実務アラートNo.10として「監査における職業的懐疑心の維持と傾注」が公表された（PCAOB, 2012）。このアラートでは，上記COSOペーパーのように個々のバイアスを取り上げて分析することはせず，職業的懐疑心の適用を妨害するものとしてバイアスの生じる環境を捉えている。そのなかで，質問をする精神や監査証拠を批判的に評価する態度を維持する上で，監査人が外部利用者の利益よりも被監査会社を優先する監査をもたらすような無意識の人的バイアスなどの状況への警告は監査人にとって重要であるという文脈でバイアスに言及している。さらに，職業的懐疑心を妨げたり，無意識のバイアスがかかることを可能とする動機やプレッシャーを生じさせる監査環境として，長期の監査契約や経営者との重大な摩擦の回避などの例をあげている。

（2）監査監督機関国際フォーラム（International Forum of Independent Audit Regulators：IFIAR）—基準ワーキンググループ（Standards Working Group：SWG）の研究ペーパー—

　国際公共政策委員会に置かれた基準ワーキンググループ[2]は，職業的懐疑心が職業監査人，監督者，基準設定者その他公共の利益のために監査にかかわっている人々にとって極めて重要な関心事項であるとの認識のもと，2013年11月に指導的ペーパーとして「監査人の職業的懐疑心の促進」を公表した（GPPC, 2013）。この論考では，職業的懐疑心に対する脅威は構造レベル（個々の監査人，監査チーム，監査事務／監査業界といった職業的懐疑心を

行使する各主体）別にどのように現れるのかについて，共通の理解を深めることが重要である」との認識の下に職業的懐疑心の連続性の概念を提案しているとされる（橋本, 2015）。

　そこで注目されることは，バイアスを各構造レベルごとに職業的懐疑心に対する潜在的脅威に関連づけて捉えようと試みている点である。例えば，職業的懐疑心への脅威となる要素として，個々の監査人レベルでは判断上の罠とバイアスを，監査チームレベルでは利益相反を生むクライアント・サービスおよび監査期間と関連する親密性や機能していない集団的意思決定傾向から生じる潜在的なバイアスを，監査事務所レベルでは監査報酬支払者が監査人を選任するというモデルから生じる利益相反をあげている。さらに，バイアスを理解するために，バイアスを生じさせ職業的懐疑心を弱めることとなる共通の判断上の傾向という表題で，overconfidence，confirmation，anchoring，availability の 4 つを参考としてあげている。

　ただし，本ペーパーは，個々のバイアスへの対処というよりは，職業的懐疑心を適切に適用した監査が行われるために，各構造レベルにおいて発生する問題への全般的対処について検討している。具体的には，監査人個人レベルでは，判断上の罠やバイアスを避ける学習をすること，事前に異なったフレームからの見方があることを理解すること，予算制約や業績達成よりも職業的懐疑心の発揮をより積極的に評価するといったことがあげられている。監査チームレベルでは，あるべき気風や方向を設定すること，経験の浅い者を指導するなど徒弟制の限界を管理すること，ブレーンストーミングが職業的懐疑心を妨げる集団思考となる傾向を避けるための集団的意思決定を構築すること，内部監視，レビュープロセス，職業研修において職業的懐疑心に特に焦点を合わせるといったことがあげられている。さらに，監査法人レベルでは，代表者の気風や協議する文化の確立，監査人の適切な判断プロセスと職業的懐疑心の有効な発揮を蝕む判断上の罠やバイアスを回避する能力の向上，職業的懐疑心に関する種々の研修，職業的懐疑心を促進し証拠づける種々のツールや技術の利用といったことについて広範な提言がされている。

いずれにせよ，職業的懐疑心の問題のなかで監査人のバイアスを捉え，個々のバイアス自体をいかになくすかということよりも，各構造レベルに生じ得る適切な職業的懐疑心の発揮を阻害する脅威を軽減するために，種々の措置を用いるという対応の枠組みが示されていると考えられる。

(3) 監査実務におけるバイアスへの対処

監査人のバイアスに関しては上記のような検討が進められてきた中で，2015年に監査上のバイアスへの具体的な対処に関して Rebecca Fay（フェイ）等により"I'm Not Biased, Am I"との論文が発表されている（Fay, 2015）。この論文では，財務諸表の作成や監査において，故意の操作がなくても，無意識のバイアスによる影響を受けているのではないかという観点から，意思決定クイズを通してバイアスの存在を自覚させようとしている。本文では，2011年にKPMGが特定しCOSO（2012）にもとり入れられた5つのバイアスとして，availability, anchoring and adjustment, overconfidence, confirmation, rush to solve をあげている。これらのバイアスはヒューリスティックとして知られる意思決定プロセスのタイプのものであり，個人としても専門家としても公認会計士の判断に影響を及ぼすものであるとして，それぞれ説明を加えている。

その上で，確証バイアス（confirmation）を克服する5つの方法を示している。監査の初期段階では，財務情報は高度に集約されかつ曖昧であるため，監査人は財務情報の変化の理由を断定的に識別できないにもかかわらず，監査人は最初に設定した仮説に引きずられて他の可能性を考慮しなくなるという。これは，ひとたび考え得る説明を採用してしまうと，その説明を補強する証拠ばかりを集めその説明に反する証拠を無視するからであり，これが確証バイアスであるとしている。

このバイアスを乗り越えるため，監査人は分析的手続きにおいて幾つかのシンプルでプラグマティックなステップをとることができるとし，① Take it all in：Don't jump to conclusion, ② Brainstorming：The rule of three,

③ Flag it, ④ Prove yourself wrong, ⑤ Circle back の 5 つの対処法を示している。①では初期のデータ収集段階ではより完全な情報が集まるのを待ち, 一気に結論にジャンプしないといったこと, ②では識別された予想外のデータについて, 可能な説明を 3 つ考えるといった頭の体操を行うこと, ③では自分が設定した仮説の根拠となったデータを同僚にみせて, 同じ説明に至るかどうかをみるといったこと, ④では当初の仮説の確証を得るような証拠を探す代わりに, 矛盾する情報を積極的に探し出して考慮することにより自身の仮説を否定することを試すといったこと, ⑤では最初に戻ることと新しいデータを検証するときには新たな仮説を考慮することを忘れずに, 分析的手続きのなかでうまくいく仮説を生み出すことは反復的プロセスであることを思い出せといったことを対処法として述べている。

5 監査人のバイアスへの制度上の対応

(1) 現行制度における監査人のバイアスに関する対処

　上述のような監査人のバイアスに関する指摘に対して, 平賀祐輔氏等は現行の監査制度により概ね対応がなされているとしている (平賀・前川, 2010)。平賀氏等は, ベイザーマンがあげている固有のバイアスについて, 現在の規制が十分でないとしながらも, 公認会計士法, 監査基準あるいは日本公認会計士協会の倫理規則などにおいて, 公認会計士としての使命規定, 精神的独立性や外観的独立性, 公正不偏の態度といった諸規範によって対応がなされており, 無意識であってもバイアスが生じた限りは, 正当な注意を欠いたとして明文規定に違反したと扱われることになるとし,「少なくとも, Bazerman et al. (2002) が指摘した項目に対しても, 規制を制定する主体はきちんとその存在を認識しており, 対応策としての規定を打ち出すことには成功していると言える」との認識を示している。

第5章
監査人のバイアスに関する制度上の考察

　この点に関しては，一般論として監査人の公正な判断を阻害する要素を防止するための精神的独立性の確保や，個々の監査人の監査手続や監査判断のブレ幅の縮減については，監査人の専門的知識や技能の習得，監査プロセスや監査判断に関するルールを整備改善し，さらに組織的にも品質管理を向上させるという基本的な方向で対応が行われてきた。しかし，2002年の監査基準の全面的改訂に係る企業会計審議会での審議や，サーベインズ・オックスリー法を踏まえた2003年の公認会計士法の改正において，ベイザーマンが提起したような固有のバイアスの問題に関する検討は行われていない[3]。平賀氏等の主張は，固有のバイアスも従来から存在する監査論の基本から導出される一般的な意味でのバイアスに概念的に包摂できるというにすぎない。また，バイアスが生じたことが監査上の過失となるとの点も，具体的な監査手続の誤りが過失となるのであって，その要因である監査人に生じたバイアス自体が過失になるわけではない[4]。

　そもそもベイザーマン等のいう固有のバイアスの問題は，監査論的観点から導出されたものではなく，近年の行動科学や心理学などの研究成果が会計監査に応用されて研究されたものであり，監査制度上の検討課題とされていなかった。例えば，ベイザーマンは，サーベインズ・オックスリー法で企業と会計士に利益相反関係の開示を義務づけたが，開示ルールは逆効果になることすらあると指摘しているが（Bazerman et al., 2008），その主張の正否を別にしても，利害関係に関する開示の適否は検討対象とされていない。このように，無意識に生じる固有のバイアスの問題は従来の監査制度上の具体的問題として意識されてはこなかった。最近になって，ベイザーマンが指摘するバイアスを，監査人および監査法人にとって認識された新たな重大な脅威として捉える必要があるという認識が広がってきたからこそ，PCAOB等でも検討されるようになったと考えるべきではないか。

　ただし，これまでみてきたように，監査人のバイアスの問題には，監査プロセスにおける個々の判断の問題と，監査プロセスの前提となる監査環境から生じるより広範な問題（両者が複合しているものもあろうが）に分けられ

る。この点，PCAOB 等での議論では，職業的懐疑心を妨げる要素としての観点からバイアスを捉え，主に監査プロセスにおける対応を検討している。他方，規制当局では，会計監査に関する懇談会提言でも言及されているように，監査法人のローテーション制度の導入など監査環境に関する制度的対応も課題となっており，この両面について検討が必要である。

(2) バイアスの存在を前提とした監査の枠組み

　監査上の諸規範において，監査人のバイアスを職業的懐疑心の問題のなかに位置づけて対処していくという PCAOB や IFIAR-SWG の方向性は妥当と考えられる。そもそも監査の一般的規範とは正常な状況下を前提としてルールを定めるものであり，監査基準や実務指針も，監査人が精神的独立性を保持して適切に職業的懐疑心を発揮すること求めた上で，監査手続や判断等に関する規定を定めている。したがって，あらかじめ監査人に種々のバイアスが生じることを前提として個々の監査手続や判断基準を作ることはできない。ただし，監査の枠組みのなかで，監査上のリスクとして監査人自身の職業的懐疑心が適切に発揮できないリスク（Skepticism Risk とでもいうか）があることを明示することは意味があると考えられる（多賀谷, 2015）。このようなリスクを明示することは，倫理規範等においてバイアスの問題を具体的に取り上げる根拠となり，また，監査人には種々のバイアスへの対処も含め職業的懐疑心が適切に発揮できないリスクをコントロールして監査リスクを一定の水準以下にする責任があることを示すことになる。例えば，「リスク評価において職業的懐疑心が欠如していた」といった抽象的な指摘に対する反論として，これまで，財務諸表作成者の虚偽表示リスクを評価する手続きさえ形式的にでも行っておけば監査基準には準拠しているのであるから，その結果をどう判断するかは専門家としての監査人に任されているといった言い訳がなされることがあった。これは，監査人の精神的独立性は前提であるから，監査手続の準拠性さえ確保していれば監査人の心象形成は追究できないだろうということである。そこで，被監査企業の側の要因である重要な虚偽表

示リスクとは別に，監査人側のリスク要因として Skepticism Risk を監査リスクの 1 つと捉えて，そのリスク評価や対応手続きを適切に行っていたかという観点から，懐疑心の欠如をある程度具体的に指摘することができるのではないかと考える。

このような枠組みを明確にした上で，監査の実践過程で，職業的懐疑心の発揮を妨げるようなバイアスにより見落としや判断の誤りを犯すことをどう防ぐかを考えていくことになろう。この点，バイアスを職業的懐疑心の問題のなかで捉える PCAOB や IFIAR-SWG の研究ペーパーの提言が参考になろう。

なお，監査人のバイアスへの対応を監査手続の手法を利用して解決することも考えられよう。今後，監査実務においても，人工知能（AI）の利用が研究されている。職業的懐疑心の強化を進めていく一方で，例えば，大量のデータの収集，収集したデータからの問題事項の検出や検証，証拠の突合や矛盾の析出などにおいては，AI の利用によって監査範囲の拡大と効率化が図れるであろうし，人為的な検証対象の偏りなどが生じるバイアスを排除し，より重要な判断に監査人あるいは監査チームの能力を向けるといったこともできるようになると考えられる。2018 年 7 月 23 日に開催された日本公認会計士協会創立 70 年記念式典の折に，IT と AI の時代を想定した未来の監査業務の姿の映像が紹介されたが，まさにこのようなイメージであったと感じた。

ただ，AI の能力が人間の知能を凌駕するとき（シンギュラリティ）が近いともいわれ，そうなると公認会計士は不要な職業となるということをいう向きもあるが，これは大きな誤解である。コンピュータテクノロジーはますます高度化し，その処理能力は人間を大きく超えている。最新の認知科学の知見によれば（Sloman and Fernbach, 2017），AI が発達しても膨大な知識を集積して利用することはできるが，AI には志向性はなく，人間の活動に欠かせない志向性を共有する能力を備えた機械は存在しないと指摘している。また，AI が人間の知能に代替できるわけではない一方，テクノロジーが高度化する

ほどそれをコントロールし監督する能力が重要となるという。また，AIは膨大なデータから出した結論が結果的に効果をあげているとしても，それを導くプロセスがみえないという危険性も指摘されている。公認会計士協会の映像は未来の監査の向かうべき方向を示していると思われるが，バイアスの回避にもAIを活用できる能力を備えた人材の育成が求められる。

(3) バイアスに関する教育研修と監査手法

これまで述べてきたように，監査人にとってバイアスはリスクとして大きな脅威となる場合がある。バイアスはすべての人間に生じるものであり完全に排除することは難しいと考えられるが，その人の立場によって社会的影響は大きく相違する。パブリック・インタレストを担う監査の社会的影響は大きいことはいうまでもないが，公認会計士のような職業専門家は訓練によりバイアスが生じにくいともいわれている反面，一度バイアスが生じるとより思い込みから抜け出すことが難しいともいう。そもそも，粉飾決算は経営者の責任であって，その過程で経営者がバイアスによって経営判断に失敗した事例は種々研究されている。業績が好調であった時期には素晴らしい人格を示していた経営者も状況の変化のなかでバイアスに捉われていることもある。すなわち，監査人が被監査会社の経営者を評価する際にも，バイアスに関する知見は必要不可欠である。

そこで，まず教育研修のなかで，バイアスとその対処法に関する種々の知見を十分に教育することが必要となる。この点，ある大手監査法人に上記のようなバイアスに関して公表された一連の知見が利用されているかをヒヤリングしたところ，会計監査に関する懇談会提言を受けて，不正への対処や職業的懐疑心の発揮に関して実務事例等を用いた情報の共有など研修の充実強化が進められているが，バイアス自体に関する知識教育や対処方法に関する研修プログラムを導入するまでにはいたっていなかった。

今後は，是非，教育研修にとり入れていただきたいが，その際，SWGの研究ペーパーにあるように，個人レベル，監査チームレベルおよび監査事務所

第 5 章
監査人のバイアスに関する制度上の考察

レベルの各構造に応じた対応が必要となる。例えば，監査チームレベルの問題として，監査責任者に逆らえないといった問題がある。これに対して，監査責任者の交代制度などの監査法人レベルでの対応もあるが，チーム内でのコミュニケーションの改善という対応もあろう。航空業界では，機長がランディング・ギアのトラブルに集中しているうちに，何度も部下が警告したにもかかわらず飛行を続けて燃料切れで墜落したという1978年の事故の教訓から，上下関係がチームワークを崩壊させるという問題を解決するため，クルー・リソース・マネジメントと呼ばれるクルー間の効果的コミュニケーションの訓練を取り入れて，補佐的立場にあるクルーが上司に自分の意見を主張する手順を，機長は部下の意見に耳を傾けることなどを学ぶこととしたという（Syed, 2015, 34-50）。監査業務においては航空機のトラブルほどの緊要性はないかもしれないが，国を越えて長く経験の蓄積をしてきた航空業界の知見は参考となるのではないかと考える。

　監査事務所レベルの問題としては，ベイザーマンが指摘しているエンロンの破綻により解散にいたったアーサーアンダーセンにおける「動機づけられた見落とし」などは，監査法人として品質管理全般に係る問題として捉えなければならないし，内部統制にもかかわることとなろう。また，フレーミングやアンカーのようなバイアスを利用して，無意識に職業的懐疑心を気にとめるように仕向けるといった組織環境に変えていくこともできるのではなかろうか。

　いずれにせよ，バイアスは無意識に生じることから，監査人自身は気づかないものである。さらに，監査の失敗を指摘されても，心理学でいう「否認」に陥って事実を認めない，さらに不協和回避のためには人間は記憶をも書き換えるといわれているように，監査人自身による監査業務の管理や品質管理では対応できないこともある。こういった状況も想定して，監査法人としての品質管理手法も考えなければならないであろう。

（4）監査人へのペナルティー

　監査において被監査会社が隠ぺいしている粉飾決算をみつけることは容易なことではなく，一定の期間を経過して粉飾が大きくなってその兆候が表れたとき，あるいは監査担当者が交代したときに発見されることもある。現行の公認会計士法に基づく懲戒処分のガイドラインでは（金融庁，2008），「虚偽等があることを指摘し，監査証明期間のうちに，「不適正意見」「意見不表明」等の意見を出した期間がある場合」には軽減の対象とされているが，適正意見を出してしまった過去の期間についてあとで粉飾を発見した場合は軽減されない。したがって，過去の監査の失敗に気づいても，自分が処分されることを回避するため，自己保身から粉飾を容認したり先送りするバイアスが生じやすくなる。監査人に粉飾決算の共同正犯や幇助といった故意がないときは，適正意見を付した過年度の財務諸表に虚偽記載を発見したときに，監査人が自ら申し出た場合や，金融商品取引法に基づき被監査会社の不正等を当局に通報した場合には，一定の免責を受けられることも必要と思われる。また，粉飾等を指摘した監査人が被監査会社により解任されることを防ぐため，監査人の交代に関する臨時報告書提出要件等の見直しや，他の監査法人が新規に契約を締結することを制限する措置など，監査人の地位を保全することも必要となるかもしれない。いずれにせよ，監査人に粉飾を発見することを促進するような環境整備も考慮していく必要があるのではないか。

（5）監査環境におけるバイアスへの対応（ローテーション問題）

　ベイザーマンは，監査人は被監査会社から監査報酬を得るという現在の監査環境の下では精神的独立性は保ち得ないから，監査契約については一定期間の解除禁止と強制交代（ローテーション）を導入すべきという提言をしている。被監査会社との親和性のバイアスにより，個人においても監査チームあるいは監査法人が，無意識に非倫理的行動をとってしまうならば，この提言は，監査法人のローテーション導入の重要な論拠となろう。

第 5 章
監査人のバイアスに関する制度上の考察

　ただし，監査法人が交代しても，時間の経過により親和性のバイアスは次第に生じていくため，この解決法はバイアスの発生自体をなくすものではなく，その影響が大きくならない間だけ監査するというまさにプラグマティックな対症療法であることも認識しておかなければならない。そもそも，プラグマティックに監査人と被監査会社との親和性を排除することのみを突き詰めれば，監査法人を1つにして被監査会社が選択する余地をなくす（究極的には公的機関が監査を担う）こととすれば，監査法人の交代制度も契約解除禁止も不要であり，監査人が被監査会社に対して絶対的に強力な立場となり得る。

　他方，監査法人の強制的交代制の効果について多くの研究が行われているが，その有効性は必ずしも立証されていない（町田, 2018b）。わが国のように，大手監査法人の寡占状態の下でローテーションをすることは，組織としては監査業務契約を失うリスクがなくなるため，かえって監査の品質が全体的に低下する方向に向かう危険性が生じることも考えられる。さらに，一定期間は監査法人を変更できないとしても，業務執行社員の変更を求めることや監査報酬に関して被監査会社からの圧力がかかるという問題も生じ得る。

　また，英国では大会社の破たん等を踏まえ，2018年6月に英国財務報告評議会（The Financial Reporting Council：FRC）が8つの監査法人の検査報告書を公表しているが，特にビッグ4の監査の品質が低下していることについて，監査全般にわたる懐疑心の欠如など多くの要因を指摘して早急な改善を求めている（FRC, 2018）。大手監査法人のすべてが程度の違いはあるものの同じように懐疑心の欠如などによる監査の品質の低下を招いているとすれば，そういう者同士を交代させる意味はあるのか，ローテーション制度を導入すればすべて解決するというものでもなかろう。

　本質論からいえば，監査人たる公認会計士は，バイアスの存在も含め職業的懐疑心を妨げる要因に対処して適切に専門的判断を行える能力を有する者であるといえる存在になることが理想であろう。もちろん無意識に生じるバイアスに自身で気づくことができないならば，監査チームや監査法人でカ

バーする仕組みを作ること，あるいは，監査法人自身が被監査会社の意向を優先するような状態にならないよう，監査法人のガバナンス強化や外部監視の充実を図ることも必要であろう。ただ，粉飾決算の責任は第一義的に企業（経営者）にあり，企業のガバナンスの強化や会計監査人の選任や監査報酬の決定に関する透明性を高めていくことが必要である。他方，どのような制度であれ，監査人は被監査会社およびその経営者との関係をなくすことはできないし，監査人の権限を強化したからといって効果的な監査ができるとは限らない。社会学でいう誰を準拠集団にするかとの観点から，企業と監査人の親和性によるバイアスを緩和するために，被監査会社と監査人を引き離すアプローチのみならず，監査人と株主や投資家との関係をより近づける―顔のみえる関係の構築―というアプローチによって，投資家や社会を監査人にとっての準拠集団とするとの意識を強めていくことも必要ではなかろうか（多賀谷，2012，142-143頁）。こういった観点から，監査人の情報発信の拡大なども併せた包括的な対応により会計監査の社会的信認を得ることを目指すべきであろう。

6 新時代に向けて

　監査人のバイアスに関する実験的研究がわが国でも行われ始めた。日本監査研究学会における課題別研究部会の「監査の品質に関する研究（最終報告）」のなかで，町田祥弘氏が「監査判断のバイアス」との研究報告を行っている（町田，2018a）。この研究は，わが国でおそらくはじめての監査人にバイアスが発生するかを実験的に検証する試みである。パイロットテストとして，会計専門職大学院院生および修了生を被験者として，被験者が監査責任者である場合と補助者である場合にケースを分けて，設定した監査のストーリーについての判断を選択させる形でのテストを実施している。このパイロットテストをもとに，今後，監査法人のパートナーおよび補助者に対して実験が

第 5 章
監査人のバイアスに関する制度上の考察

拡大されるところである。その研究成果の公表が待たれるが,こういった実験を受けることにより,監査法人や公認会計士にバイアスに関する関心が高まることを期待したい。

新たな知見が今後ますます効果を発揮する一方で,これが人間の限界を示すものとなる面もある。会計監査の社会的信認が問われるとき,人(公認会計士・監査人)への信認を基本とするのか,もはや公認会計士のヒューマンな能力には限界があることを前提として監査制度を構築するのかが問われる時代となっているのではないかと思われる。

今後,IT 技術や AI を大幅に取り入れていくことが研究されているが,こういった技術の利用の基盤として,ヒューマンな能力も不可欠なのではないかと考えられる。そこで,会計監査の専門家とは,意思決定に係るバイアスの問題にも精通し,かつ実践的に適切な判断能力を有している者であるという社会的信認を得られるような公認会計士像が求められるであろう。監査人個人と監査法人および公認会計士界全体の能力を高めていくことは,ローテーション制度の導入に比べると地味であるが,本来は大変な努力が必要となる。いずれにせよ,監査人の職業的懐疑心を高める特効薬があるわけではなく,種々の知見を活用して漸進的に改革を進めていくことが必要であろう。今後は公認会計士界をあげてこの問題に取り組んでいくことが望まれる。

▶ 注

1) 例えば,わが国においても,井上善弘氏が「監査判断におけるヒューリスティックスとバイアス」において,ヒューリスティックスによる意思決定により判断にバイアスが生じるという問題提起をしている(井上, 2003)。
2) The Standards Working Group of the Global Public Policy Committee.
3) この点,ベイザーマン(Bazerman, et al., 2011)が自らの提言が SEC に採用されず,サーベインズ・オックスリー法でも本質的な対応がされていないと主張しており,同法を踏まえたわが国の公認会計士法の改正でも反映されていないことは明らかであろう。

4）財務書類に虚偽がなければ監査手続に過失があっても処分されない。また，独立性違反や倫理規則は監査証明に関する処分とは別の処分であって，それ自体が直接的に虚偽証明の構成要素ではない。

【参考文献】

Bazerman, M., H. Ann and E. Tenbrunsel（2011）*Blind Sports：Why We Fail to Do What's Right and What to Do about It*, Princeton University Press.（池村千秋訳『倫理の死角―なぜ人と企業は判断を誤るのか―』NTT出版, 2013年）

Bazerman, M., H. Don, and A. Moore（2008）*Judgment in Managerial Decision Making*, 7th ed., John Wiley & Sons.（長瀬勝彦訳『行動意思決定論―バイアスの罠―』白桃書房, 2011年）

Bazerman, M., H. George, D. Loewenstein, and A. Moore（2002）Why Good Accountants Do Bad Audits, *Harvard Business Review*, Vol.80.（平谷美枝子訳「善意の会計士が不正監査を犯す理由」ダイヤモンド・ハーバード・ビジネス・ライブラリー, 10月号, 2005年）

Committee of Sponsoring Organizations of the Treadway Commission [COSO]（2012）Enhancing Board Oversight Avoiding Judgment Traps and Biases.

Fay, Rebecca and R.M. Montague（2015）I'm Not Biased, Am I, *Journal of Accountancy*, February.

Financial Reporting Council [FRC]（2018）Big Four Audit Quality Review results decline, June. https://www.frc.org.uk/news/june-2018/big-four-audit-quality-review-results-deecline

Global Public Policy Committee [GPPC]（2013）Standards Working Group [SWG]（S.M. Glover and D.F. Prawitt）, *Enhancing Auditor Professional Skepticism*.

Kahneman, D.（2011）*Thinking, Fast and Slow*.（村井章子訳『ファスト＆スロー―あなたの意思はどのように決まるのか？―』（上・下）早川書房, 2014年）

Public Company Accounting Oversight Board [PCAOB]（2011）Release No. 2011-006, *Concept Release On Auditor Independence And Audit Firm Rotation*, August 16.

――（2012）Staff Audit Practice Alert No.10, *Maintaining and applying Professional Skepticism in Audits*, December 4.

Sloman, S. and P. Fernbach（2017）*The Knowledge Illusion.*（土方奈美訳『知ってるつもり―無知の科学―』第7章, 早川書房, 2018年）
Syed, M.（2015）*Black Box Thinking.*（有枝春訳『失敗の科学』ディスカヴァー・トゥエンティワン, 34-50頁, 2016年）
異島須賀子（2018）「監査人の独立性に関する倫理規則の意義と限界―事例カネボウ―」吉見宏編著『会計不正事例と監査』同文舘出版。
井上善弘（2003）「監査判断におけるヒューリスティックスとバイアス」『会計』163巻5号。
金融庁（2008）「公認会計士・監査法人に対する懲戒処分等の考え方（処分基準）について」6月23日。
――（2016）会計監査の在り方に関する懇談会「会計監査の在り方に関する懇談会提言―会計監査の信頼性確保のために―」3月8日。
多賀谷充（2012）「職業倫理にかかる法令上の規定と課題」藤沼亜起編著『会計プロフェッションの職業倫理』同文舘出版, 142-143頁。
――（2015）「自主規制機関としての日本公認会計士協会による会員処分の意義と課題」『会計プロフェッション研究科紀要』（青山学院大学大学院会計プロフェッション研究所）, 11号。
――（2017）「監査人のバイアスに関する制度上の考察」『会計プロフェッション』（青山学院大学大学院会計プロフェッション研究学会）, 12号。
橋本尚（2015）「職業的懐疑心に関する海外の動向」増田宏一編著『監査人の職業的懐疑心』同文舘出版。
平賀祐輔・前川佳一（2010）「会計監査上における無意識のバイアスに対する監査規制の意義と限界について」京都大学大学院経済学研究科Working Paper, J-76, http://hdl.handle.net/2433/108679。
町田祥弘（2015）「監査基準における職業的懐疑心」増田宏一編著『監査人の職業的懐疑心』同文舘出版。
――（2018a）「第27章 監査判断のバイアス」町田祥弘編著『監査の品質に関する研究―最終報告―』（日本監査研究学会・課題別研究部会報告）。
――（2018b）「第8章 監査法人の強制的交代制」『監査の品質―日本の現状と新たな規制―』中央経済社。

第6章

監査規制及び監査の品質に関する先行研究

日本データを用いたアーカイバル監査研究の可能性

1 はじめに

　米国では1970年代後半以降，過去40年にわたってアーカイバルデータを用いた監査研究が蓄積され[1]，さらに2001年のエンロン不正会計事件とそれを受けたSOX法は，米国における「監査研究ブーム（a boom in auditing research）」をもたらした（DeFond and Zhang, 2014）。加えて，ここ20年にわたる企業活動，監査実務と監査規制の国際化を受け，米国以外の国（主として，イギリス，ドイツ，フランス，カナダ，オーストラリア，中国，韓国，台湾）を対象としたアーカイバル監査研究もその蓄積が進んでいる（Simnett et al., 2016）。そして同様に日本でも，2005年のカネボウ不正会計事件とそれを受けたJ-SOX法が日本データを用いた監査研究の呼び水となり，それ以降の10年間で日本データを用いたアーカイバル監査研究が1つのムーブメントとして現れてきた[2]。

　一方，監査規制の国際化と複雑化はなかば必然的に監査研究の多様化と細分化を促進させてきた。こうした状況は，監査の品質に関する研究に関心を持つ研究者，規制機関，そして会計プロフェッションや投資家などの実務家にとって，研究から得られた知見にアクセスし，それらから有意義な示唆を得ることに対する障害ともなる。そこで，これまでの研究から得られた知見をまとめ，そこから得られる示唆を提示し，さらに，今後の研究機会を展望するレビュー研究がこうした知見の統合と伝達の役割を担うことになる。現に例えば，Francis（2004），Francis（2011），Knechel et al.（2013），DeFond and Zhang（2014）は主として北米を中心に展開されてきたアーカイバル監査研究をレビューしている。また，Simnett et al.（2016）は，近年における監査規制の国際化を受け，米国以外のデータを用いたアーカイバル監査研究をレビューしている。一方，先述のように，日本データを用いた監査の品質に関する研究はようやく始まったばかりであり，伊豫田（2012）において初期の監査研究がレビューされているものの，体系化された知見を提示するま

第 6 章
監査規制及び監査の品質に関する先行研究

でには至っていない。

では，果たして日本データを用いた監査研究は，どのような知見を我々に提供するのだろうか。そして，今後，監査実務・規制の国際化が進むなかで，日本データはどのような研究機会を我々にもたらすのだろうか。

以上の問題意識に基づき，本章は，主として1997年から2016年の20年間に公表された日本データを用いた監査規制および監査の品質に関する研究をレビューすることによって，日本の監査の品質についてこれまでに何がわかってきたのか，そして，今後どのような研究機会を提供することができるのかを考察する。本章の具体的な目的は，(1)1997年から2016年の20年間に公表された日本データを用いた監査規制および監査の品質に関する研究のトレンドを明らかにすること，(2)これまでの研究テーマと発見事項を分析すること，(3)日本データを用いたアーカイバル監査研究の今後の研究機会と課題を検討すること，である。本章の主たる読者は，日本データを用いたアーカイバル監査研究に関心を持つ研究者および博士課程（Ph.D. course）の学生，そして金融庁（Financial Services Agency：FSA），公認会計士・監査審査会（Certified Public Accountants and Auditing Oversight Board：CPAAOB）および日本公認会計士協会（Japanese Institute of Certified Public Accountants：JICPA）などの規制機関，そして会計監査を担う会計プロフェッションおよびアナリストなどその他利害関係者である[3]。

主要な分析結果は以下のとおりである。第一に，時系列的にみると，①研究論文の公表本数は直近10年間で右肩上がりに増加している，②2008年から2013年にかけて大きく論文数が増えている，③近年は海外英文ジャーナルの公表が増加傾向にある。第二に，研究トピックをみると，英文ジャーナルでは不正会計，内部統制監査，和文ジャーナルでは監査人規模，監査報酬，監査人の交代，監査意見が多い。第三に，今後は，会計・監査の規制，実務，データ，ならびにその他社会・経済環境（資本規制，企業規制，慣習）が新たな研究機会のドライビングフォースとなるであろうことが指摘される。

115

2 研究計画

(1) 先行研究

　アーカイバルデータを用いた経験的監査研究は米国において1970年代中頃から開始され，21世紀以降，規制環境の変化やデータベースの整備を受けて，研究成果の蓄積が進められてきた。こうしたアーカイバル監査研究をレビューしている論文としてFrancis（2004），Francis（2011），Knechel et al.（2013），そしてDeFond and Zhang（2014）があげられる。Francis（2011）は，監査業務レベルの監査の品質に関する研究についての一般的フレームワークを提示し，主として北米主要ジャーナルに掲載された論文についてレビューしている。彼の整理によれば，監査研究は監査インプット，監査プロセス，監査アウトプット，そして監査に影響を与える諸要因（監査法人，監査産業および監査市場，規制機関）に分類される。Knechel et al.（2013）は，公開会社会計監視委員会（Public Company Accounting Oversight Board：PCAOB）の監査の品質フレームワークを用いて，これまでの監査研究をレビューしている。彼らの研究の特徴として，PCAOBフレームワークを拡張していること（監査の需要と供給，監査の品質に影響を与える特性としてインセンティブ，アウトプットの不確実性，監査業務の個別性，監査プロセス，職業専門家としての判断を加味している），幾つかの点においてFrancis（2011）から発展させていること（アーカイバル手法だけでなく，その他研究手法も含めている，北米だけでなく国際研究も含めている），監査の品質研究を発展させるための研究機会を多く提示していることである。DeFond and Zhang（2014）は，1996年から2013年に北米主要ジャーナルにおいて出版されたアーカイバル監査研究のレビューを行っている。彼らの特徴は，監査市場における需要と供給という経済学ベースの枠組みに基づいていること，監査の品質に関連する研究に焦点をあてていることがあげられる。

第6章
監査規制及び監査の品質に関する先行研究

　これらの研究とは対照的に，Simnett et al.（2016）は国際アーカイバル研究（international archival research）に焦点を当て，1995年から2014年の20年間に8つの主要会計および監査ジャーナルにおいて出版された130の監査および保証研究の包括的なレビューを実施している。彼らの研究の特徴として次の3点があげられる。第一に，国際監査会計審議会（International Auditing and Assurance Standards Board：IAASB）の監査の品質フレームワークをベースにそれぞれの研究をマッピングしていること，監査の品質指標，データソース，内生性の対処方法のこれまでの発展をまとめていること，国際データを用いた将来の研究機会を提示していることがあげられる。

　これらのアーカイバル監査研究をレビューした研究の特徴は，大きく三点ある。第一に，監査の品質（audit quality）を重要なキーワードとしていること，第二に，規制機関に対する貢献を重視していること，第三に，概ね20年ほどを期間としていること，である。これらを共通項にして，それぞれの特徴として，Francis（2011）は監査業務レベルの監査の品質研究の枠組みを提示していること，Knechel et al.（2013）は，監査の品質に影響を与える特性ならびにアーカイバル以外の研究も含めていること，DeFond and Zhang（2014）は経済学ベース（需要と供給）の監査の品質フレームワークを提示していること，Simnett et al.（2016）は北米以外のデータを用いたアーカイバル研究の傾向を調査していることがあげられる。各研究はレビュー研究としての共通コアを持ちつつ，それぞれの問題意識に基づく分析を行っているといえる。

　こうした主として北米を中心とするアーカイバル監査研究に対して，日本データを用いたアーカイバル監査研究は実に約20年のタイムラグをおいて日本で開始された。その後，後述するように，不正会計事件，制度改正およびデータベースの整備を受けて徐々に研究が蓄積されつつある。こうした日本データを用いたアーカイバル監査研究をレビューしたおそらく最初の研究として伊豫田（2012）がある。伊豫田（2012）は，2000年から2009年までに主要5誌（TAR, AJPT, CAR, JAE, JAR）[4]に掲載されたアーカイバル監

査研究をレビューし，そこから取り上げられた主な研究テーマ（監査人の交代，監査報酬，オピニオン・ショッピング，監査人の名声，監査委員会など）について，日本の研究状況をレビューしている。

(2) 本章の分析視角

　前述の先行研究に対して，本章は以下の3つの特徴を持っている。第一に，本章は，日本データを用いた研究を対象としている。海外の先行研究は主としてアメリカにおける主要査読誌，およびその他英文査読誌を対象としている。これらのなかには日本データを用いた研究もあるが，彼らの問題意識からそれらを明示的に取り上げて論じることはしていない。また，日本データを用いた研究をレビューしている伊豫田（2012）は，（明示されていないが）彼らの問題意識から，日本データではなく日本国籍を持った日本の大学に籍を置く研究者による日本語の論文を主たる対象としていると推察される。これらに対して，本章は日本の監査データを用いた研究を主たる調査対象とし，それらが理論的，実務的にどのような貢献をなし得るか，そして，日本データを用いた監査研究の将来の研究機会にはどのようなものがあるかを考察することを主たる目的としている。第二に，1997年以降，2016年までに発表された日本データを用いた論文を対象としている。20年間という期間は日本のアーカイバル監査研究のほぼ全期間を対象とすることになり，この視点によってこれまでの研究の全体像を把握することができる。また，監査規制はここ数十年，かつてない速さと規模で変化を続けている。最新の期間および動向まで視野に入れた研究機会の考察を行うことは意義のあることであろう。第三に，監査の品質に対する理論的，実務的貢献という観点から整理し，かつ，実務的貢献については多国間共通要因と一国独自要因を区別している。監査研究は従来，米国における監査規制，実務，理論を対象とし，議論している。これに対して，日本データ（ならびにnon-U.S.データ）を用いる場合，日本の制度および米国外の海外制度への貢献が重要な点になる。日本の研究者もこのような視点を持ち，今後の研究を進めていく必要がある。

第 6 章
監査規制及び監査の品質に関する先行研究

本章ではこのための視座を提供することも目的の1つとしている。

(3) 調査対象

本章の対象は財務諸表監査（financial statement audit）を対象として，1997年から2016年までの20年間に公表された日本データを用いたアーカイバル監査研究である。北米を対象とした監査・会計研究のレビューでは，通常，国際ジャーナルランキングの上位にランクする主要5ないし8誌程度が選択される。ただし，日本データを用いたアーカイバル監査研究はまだその質と量において十分とはいえず，また，本章の目的はこれまでの研究の動向を観察することにある。そこで，基本的には国際ジャーナルランキングを参考にしつつ，日本データを用いたアーカイバル監査研究の軌跡を跡づけることができるよう調査の対象となる媒体を決定する。

図表6-1は，上記の方針に基づき，決定された調査対象媒体を示している。まず英文ジャーナルについては，国際的な視点を重視し，ABDCジャーナルリストによるランキングを参考にして調査対象を選択する[5]。当該リストのA*ランクから7誌（AOS，AJPT，CAR，JAE，JAR，RAST，およびTAR）を主要ジャーナルとして全数調査の対象とする。また北米以外のデータを用いた研究の場合，一流誌（top tier journal）だけでなく，二流誌（second tier journal）といわれるジャーナルにおける掲載も検討する必要がある。そこで，7誌に加えて，Aランクのなかから日本データを用いたアーカイバル監査・会計研究の掲載実績のある雑誌として，9誌（Abacus，ABR，AAAJ，IJA，JAAF，JBFA，JCAE，JIAR，TIJA）を全数調査の対象とする[6]。そしてABDCジャーナルリストのB，C，それ以下については，（筆者の知る限りにおいて）日本データを用いたアーカイバル監査研究の研究者の著者名から調査する。

一方，日本における監査・会計研究の国内和文誌の状況は，北米とは大きく異なる。近年になり日本でも少しずつ査読付きの学術誌が増えつつあるものの，北米のような引用数に基づくジャーナルランキングや論文の査読と

図表 6-1　全数調査ジャーナルリスト

パネル A：英文ジャーナル

ジャーナルランク	タイトル
A*	Accounting, Organizations and Society（AOS） Auditing：A Journal of Practice & Theory（AJPT） Contemporary Accounting Research（CAR） Journal of Accounting & Economics（JAE） Journal of Accounting Research（JAR） Review of Accounting Studies（RAST） The Accounting Review（TAR）
A	Abacus：a journal of accounting, finance and business studies（Abacus） Accounting and Business Research（ABR） Accounting Auditing and Accountability Journal（AAAJ） International Journal of Auditing（IJA） Journal of Accounting, Auditing and Finance（JAAF） Journal of Business Finance and Accounting（JBFA） Journal of Contemporary Accounting and Economics（JCAE） Journal of International Accounting Research（JIAR） The International Journal of Accounting（TIJA）

パネル B：和文雑誌

ジャーナルタイプ	タイトル
査読付き学術誌	会計プログレス 現代監査 現代ディスクロージャー研究 インベスター・リレーションズ
査読なし学術誌	會計
専門誌	会計・監査ジャーナル 企業会計 産業経理 税経通信 証券アナリストジャーナル

出所：筆者作成。

第6章
監査規制及び監査の品質に関する先行研究

いったことは一般的ではない。これにかわって査読のない学術誌や専門誌、大学紀要（とその先にある書籍化）が研究者の主たる研究発表の場となってきた[7]。本章は、日本におけるこうした状況を勘案し、調査対象を決定する。まず査読付き学術誌として4誌（会計プログレス、現代監査、現代ディスクロージャー研究、インベスター・リレーションズ）を全数調査の対象とする。次に査読なしの学術誌として1誌（會計）、専門誌として5誌（会計・監査ジャーナル、企業会計、産業経理、税経通信、証券アナリストジャーナル）を調査の対象とする。大学紀要については、（筆者の知る限りにおいて）日本データを用いたアーカイバル監査研究の研究者の著者名から調査する。

上記のように日本データを用いたアーカイバル監査研究を主たる調査の対象とする場合、海外ジャーナルおよび国内ジャーナルどちらにおいてもサンプルセレクションの客観性、網羅性という点で査読付き学術誌におけるそれとは異なる点に注意が必要である[8]。また、今後、対象の追加が行われる可能性もある。

3 結果

(1) データ

調査対象となった英文ジャーナルは各ジャーナルの電子サイト上の目録から日本のデータを用いたアーカイバル監査研究であることを推定できるタイトルをピックアップし、各論文をPDF形式により入手した。和文ジャーナルは調査対象となった雑誌は英文と同じく各雑誌の目録から該当する研究であることを推定できるタイトルをピックアップし、各論文をPDF形式もしくはハードコピーにより入手した。英文におけるBランク以下、および和文における大学紀要については、（筆者の知る限りにおいて）日本データを用いたアーカイバル監査研究の研究者の著者名から検索した。この作業の結果、

1997年から2016年における日本データを用いたアーカイバル監査研究として81編が分析対象として抽出された。

(2) ジャーナル別論文推移

図表6-2および**図表6-3**パネルAは，英文と和文ジャーナルにおける論文数の推移を示している。81編のうち英文ジャーナルは19編（23.5%），和文ジャーナルは62編（76.5%）である。また5年間ごとに区分した時系列でみると，1997年から2001年が2編（2.5%），2002年から2006年が6編（7.4%），2007年から2011年が27編（33.3%），2012年から2016年が46編（56.8%）となっている。すなわち，日本データを用いたアーカイバル監査研究81編のうち，4分の1が英文ジャーナル，4分の3が和文ジャーナルに掲載されている。また，時系列ごとの発表数をみると，81編のうち9割以上が2007年以降の10年間に発表されている。後述するように，J-SOX法などの制度改正，カネボウ，オリンパスや東芝などの会計不正などがこれら論文数の推移に影響を与えていると考えられる。また，こうした傾向は日本データを用いた

図表6-2 論文数全体推移（英文・和文別）

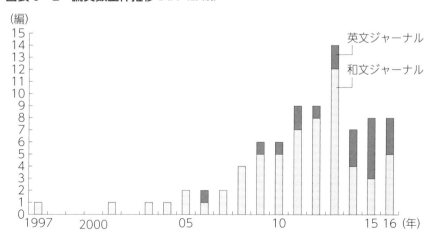

出所：筆者作成。

第 6 章
監査規制及び監査の品質に関する先行研究

図表 6-3 ジャーナル別分布

パネル A：論文数全体推移

	1997-2001	2002-2006	2007-2011	2012-2016	計
英文ジャーナル	0	1	4	14	19
和文ジャーナル	2	5	23	32	62
計	2	6	27	46	81

パネル B：英文ジャーナル別論文数

	1997-2001	2002-2006	2007-2011	2012-2016	計
A*	0	0	0	1	1
A	0	1	3	5	9
B	0	0	0	1	1
C	0	0	0	4	4
その他	0	0	1	3	4
計	0	1	4	14	19

パネル C：和文ジャーナル別論文数

	1997-2001	2002-2006	2007-2011	2012-2016	計
査読付き学術誌	0	0	8	8	16
査読なし学術誌	2	0	4	7	13
専門誌	0	1	1	7	9
大学紀要	0	4	10	10	24
計	2	5	23	32	62

出所：筆者作成。

アーカイバル監査研究の蓄積がこの 10 年間で進んだことを示唆している。

　図表 6-3 パネル B は，英文ジャーナル別の論文数を表している。ABDC Journal Quality List の分類に基づけば，日本データを用いたアーカイバル監査研究 19 編のうち，A*ランクはわずか 1 編（Skinner and Srinivasan, 2012）

であり，Aランクが9編，Bランクが1編，Cランクが4編，その他ランク外が4編となっている。時系列でみると，19編のうち14編が2012年以降の5年間に発表されている。これも全体の傾向と同様に日本の制度改正や経済事件が国際的な学術界において意味を持ち出したことによるものと考えられる。

次にパネルCの和文ジャーナルをみていこう。62編の和論文のうち，査読あり学術誌は16編（25.8%），査読なし学術誌が13編（21%），専門誌が9編（14.5%），大学紀要が24編（38.7%）となっている。和文ジャーナルにおいてもっとも多く研究が発表されている媒体が大学紀要であり，次に査読付き学術誌，そして査読なし学術誌と専門誌と続くことがわかる。また，時系列でみると，第3期（2007-2011）と第4期（2012-2016）に論文の発表が集中していることがわかる。第3期が23編であるのに対して，第4期が32編と増加しているが，これは査読なし学術誌と専門誌における増加によるものである。

以上をまとめると，日本データを用いたアーカイバル監査研究81編のうち，19編が英文ジャーナル，62編が和文ジャーナルである。英文および和文とも，2007年以降の10年間で蓄積が進んでいる。英文ジャーナルではAランクの媒体における掲載が相対的に多く，それにCランクが続く。和文ジャーナルでは大学紀要による発表が相対的に多く，査読付き学術誌と査読なし学術誌がそれに続いている。また，査読付きジャーナルという比較でみれば，英文査読付きジャーナルが19件であることに対して，和文査読付きジャーナルが16件であることから，査読付きジャーナルへの投稿に限って言えば，和文ジャーナルよりも英文ジャーナルのほうが多いといえる。

(3) 研究テーマ別論文推移

次に各論文の主要な研究テーマを内容別にプロットしたものが**図表6-4**である。論文によっては例えば，「監査人規模が監査報酬に与える影響」といったように複数の財務諸表監査に関わるテーマを扱っている場合がある。

第6章
監査規制及び監査の品質に関する先行研究

この場合，論文がどちらをより重視しているかによって主たるテーマを決定している。**図表6-4** パネルAは，研究テーマ別の論文数および媒体別（英文・和文）の結果を示している。まず，全体でみると，監査意見が14編（17.3％）と最も多く，内部統制監査13編（16.9％），監査人規模12編（15.6％）と続いている。英文ジャーナルでは内部統制監査が6編（31.6％），会計不正に関連するテーマが5編（26.3％）と相対的に多いことがわかる。内部統制監査は米国を範として日本に導入されたものであり，米国および他国においても関心が高いことのあらわれであろう。また，会計不正も近年日本ではカネボウ，オリンパス，東芝など多くの会計不祥事が発生しており，国際的に注目されていることが反映されていると考えられる。和文ジャーナルでは監査意見が14編（22.6％）と最も多く，監査人規模10編（16.1％），監査人の交代と監査報酬が同数で9編（14.5％）と続いている。監査意見14編のうち10編がゴーイング・コンサーン意見（going concern opinion，以下 GC 意見あるいは GC 開示）にかかわるものであり，国内での関心の高さをうかがわせる。同様に，監査人の規模は，大手監査人とその他中小監査人の監査の品質に関するものであり，海外における先行研究で提示された仮説が日本で成立するかどうかに関心が注がれている。また，監査報酬や監査人の交代についても海外における先行研究の知見をベースに日本市場の状況を加味した分析が実施されている。

図表6-4 パネルBは，英文ジャーナルの研究テーマを時系列で示している。**図表6-4**から，会計不正と内部統制監査に関連する研究が2012年以降に多く実施されていることがわかる。先述のように，優良企業による会計不祥事やそれに対応した制度改正が実証研究のドライバーとなっているといえよう。また，監査計画に分類される研究が比較的早いタイミングで実施されているが，これは監査調書を用いて監査計画とリスクの関連性を検証したものである（Fukukawa et al., 2006；2011）。次に，**図表6-4** パネルCは，和文ジャーナルの研究テーマを時系列で示したものである。**図表6-4**から，監査意見（岡部・松本，1997），監査人交代（矢澤，2004），監査報酬（矢澤，

図表 6-4　研究テーマ

パネル A：内容別分布

テーマ	英文ジャーナル	和文ジャーナル	総計
CPAAOB 検査		1	1
監査意見		14	14
会計不正	5	2	7
監査計画	3		3
監査人の交代		9	9
監査人規模	2	10	12
監査報酬	2	9	11
監査法人（組織）		3	3
産業専門性	1	2	3
四半期レビュー		3	3
内部統制監査	6	7	13
非監査報酬		2	2
計	19	62	81

パネル B：英文ジャーナル時系列推移

	1997-2001	2002-2006	2007-2011	2012-2016	総計
会計不正			1	4	5
監査計画		1	1	1	3
監査人規模				2	2
監査報酬			1	1	2
産業専門性				1	1
内部統制監査			1	5	6
総計		1	4	14	19

パネル C：和文ジャーナル時系列推移

	1997-2001	2002-2006	2007-2011	2012-2016	総計
CPAAOB 検査				1	1
会計不正			2		2
監査意見	2	3	6	3	14
監査人の交代		1	1	7	9
監査人規模			5	5	10
監査報酬		1	5	3	9
監査法人				3	3
産業専門性				2	2
四半期レビュー			1	2	3
内部統制監査			1	6	7
非監査報酬			2		2
総計	2	5	23	32	62

出所：筆者作成。

2005)といったトピックは比較的早いタイミングから取り組まれていることがわかる。また，監査意見，監査人規模，監査報酬といったテーマは後半に入り論文の発表数が増えている。

　以上をまとめると，英文ジャーナルと和文ジャーナルにおける論文のテーマには差異があり，海外において訴求できるテーマと国内において重視されるテーマが異なっていると考えられる。海外においては会計不正や内部統制監査，国内においては監査人規模，監査意見，監査報酬，監査人の交代に関連するテーマが多いという傾向が観察された。また，時系列的にみれば，まず和文ジャーナルで監査意見，監査人規模，監査報酬といったテーマが展開され，続いて英文ジャーナルで会計不正，内部統制監査といった論文の公表が続いている。これらの要因として，まず海外の先行研究の追試からスタートし，その後，経済・社会環境の変化，研究環境の変化を受けて英文ジャーナルにおける論文の発表が進められてきたと考えられる。また，英文ジャーナルの場合，和文ジャーナルに比べて論文の投稿から掲載決定までに時間がかかる（概ね1年から3年）ことも英文ジャーナルが遅れて増えていることの要因の1つであろう。

（4）日本における監査の品質

　本節では，上述の分類結果に基づき，比較的取り上げられる機会の多いテーマとして，会計不正，内部統制監査，監査人規模，監査報酬，監査意見，監査人の交代をあげ，それぞれの研究内容，発見事項を概観する。なお，複数のテーマを扱っている研究は，記述の重複を避けつつ，必要に応じてそれぞれのテーマにおいて取り上げる。

① 会計不正

　日本では近年，優良企業とみられていた企業において深刻な会計不祥事が発生しており，国内で大きな問題となっている。また，当該事例は海外においても注目を集めている。特に日本では企業と監査人に対する不正会計によ

る訴訟リスク（litigation risk）の重要性が北米と比べて相対的に低いことから，名声リスク（reputation risk）の影響が主たる関心事となる。例えば，カネボウ不正会計事件において，カネボウを監査していた中央青山監査法人のクライアントに着目し，当該クライアントのうち，より高い名声リスクに直面する企業ほど，早期に監査人を交代している（Skinner and Srinivasan, 2012；Murase et al., 2013）ことが観察されている。また，名声リスクに対する投資家の反応を調査した研究によれば，カネボウの監査人であった中央青山監査法人のクライアント企業の株価が低下したこと（Numata and Takeda, 2010；佐久間, 2008a），また中央青山監査法人の米国メンバーファームであるPWCのクライアント企業の株価も影響を受けた（Saito and Takeda, 2014）ことが報告されている。一方，オリンパスによる不正会計において，投資家は同社の監査人のクライアント企業に有意な反応を示さなかったことや（Frendy and Hu, 2014），準大手の監査法人の名声リスクの低下について投資家は反応しない（佐久間, 2009）ことも報告されている。

② 内部統制監査

　日本では2009年3月期から経営者による内部統制の報告と監査人による監査が制度化された。この制度は，米国における同制度を参考にしつつ，いくつかの変更点を加えて実施された。同様の制度を持つ国はあまりないため，日本国内だけでなく，海外においてもこうした取組みが果たしてどのような経済的帰結をもたらしたかに関心が寄せられている。これまでの研究結果から，内部統制報告および監査において，重要な欠陥（MW：material weakness）（あるいは，開示すべき重要な不備）を開示した企業の利益の質はそうでない企業と比べて低い（Nakashima and Ziebart, 2015；矢澤 2010a；2012b）こと，また，MWの開示に証券市場はネガティブな反応を示したことが報告されている（Nishizaki, et al., 2014）。このほかにも内部統制監査におけるMWの開示およびその後の改善には企業特性とコーポレート・ガバナンスの特性が影響すること（Uemura, 2016a；2016b；Yazawa, 2015；上村，

2012；2013），内部統制監査の導入によって監査報酬（コスト）の算定方法が変化したこと（矢澤，2012a；2012b）が報告されている。

③ 監査人規模

　監査人の規模は，監査の品質を代理する主要な変数の1つとして国内外で研究が進められてきた。近年では監査市場の寡占化が進み，大手監査人（Big N）か中小監査人（non-Big N）かというシンプルな分類で監査の品質を評価できるのかという問題も呈されている[9]。日本では，企業特性をコントロールした場合，大手監査人は中小監査人よりも高い監査報酬を得ている（これは大手監査人プレミアム（Big N premium）と呼ばれる）ことが報告されている（Hu, 2015；藤原，2011；矢澤，2009；2012a）。一方，監査人の規模と監査の品質の関連性については，大手監査人ほど監査の品質（利益の質）が高いとする研究（矢澤，2010；髙田・村宮，2013；薄井，2007）と両者に有意な関連性はみられないとする研究（Hu and Kato, 2015）ならびに外部者は大手監査人の監査の品質を評価していないとするもの（浅野，2015；山口，2013）など結果は混在している。また，大手監査人のなかでも産業専門性をもつ監査人ほど監査の品質が高いとする研究もある（Kato et al., 2016；藤原，2012a）。

④ 監査報酬

　監査報酬は，監査人の規模と同様に，監査の品質を代理する主要な変数とみなされてきた。監査報酬は，被監査企業の規模，複雑性，リスクに関連すること，監査に対する資源投入量としてみれば監査報酬が高いほど，品質の高い監査とみなせること，ただし，高すぎる監査報酬には独立性の低下という側面もあり得ることが検討されてきた。日本データを用いた監査報酬の検証でも，監査報酬は被監査企業の規模，複雑性，リスクに関連すること（Fukukawa, 2011；矢澤，2009）がわかっている。また，大手監査人とその他監査人に監査報酬の違いがあるだけでなく，大手監査人それぞれにも監査報

酬およびコスト構造の違いがある（Fukukawa, 2011；髙田, 2015），被監査企業が他国上場を行っている場合，監査人は訴訟リスクを加味した監査報酬の値づけをしている（Gu and Hu, 2015）ことなどが報告されている。一方，日本では近年，監査報酬の低さが問題とされており，これを国際的に検討した研究では，日本の監査報酬は先進国間で最も低い水準にあり，その原因として，規制要因，経済要因，ビジネス要因が影響していることが報告されている（矢澤, 2013；2016）。監査報酬と監査の品質については，監査報酬が高いほど利益の質が高い（矢澤, 2008；2011a），また，ゴーイング・コンサーン意見の表明に積極的（髙田, 2010）であるとする証拠の一方，過度に高額の監査報酬は利益の質が低下する可能性がある（笠井, 2009a）ことも報告されている。また，非監査業務として内部統制に関連するサービスを提供している場合，そうでないケースと比べて監査報酬が高くなる（上村, 2011）ことも観察されている。

⑤ 監査意見

　監査報告書に示される監査意見は，監査の結果として利用者が知ることのできるほとんど唯一のアウトプットである。米国と同様，日本でも監査意見のなかでも GC 意見の開示に焦点を当てた研究が展開されてきた。先行研究では，GC 意見について，GC 意見は監査報酬と正の関連性があり（髙田, 2010），利益の質と負の関連性がある（髙田 2008），また，監査人の継続期間は負の関連性がある（町田・林, 2012；2013）ことが報告されている。さらに，ゴーイング・コンサーンの開示とその解消に投資家は反応しない（林・町田, 2013），GC 意見の開示はその後の監査人の交代と関連する（稲葉, 2012），GC 開示企業の業績予想の精度は低い（浦山, 2010）といったことが報告されている。日本では 2010 年 3 月期から GC 意見の開示制度が変更され，この影響を検証する研究も実施されている（町田, 2011；稲葉, 2013）。

第6章
監査規制及び監査の品質に関する先行研究

⑥ 監査人の交代

　監査人の交代が監査の品質にどのような影響を与えるのかは，強制的な交代制度の導入検討のなかで長年検討されてきた。前述の通り，日本では近年の深刻な会計不正によって様々なタイプの監査人の交代が発生したことを受けて，監査人の交代に焦点を当てた研究が実施されてきた。例えば，監査人の交代初年度は，クライアントに対する知識・経験が少ないことから，監査人はリスク回避的になり保守的な監査を行う可能性がある（矢澤, 2004；酒井, 2013a；2013b）。一方，交代後の初年度監査において有意な監査報酬の増加はみられないようである（町田, 2009）。また，GC意見との関連では，GC意見を開示した企業はそうでない企業よりも監査人を交代する可能性が高く（稲葉, 2012），また，大手監査人からその他監査人に交代した後にGC意見がつくケースが多い（酒井, 2014a）。さらに，倒産企業では倒産前に監査人を交代する可能性がより高いこと（浅野・髙田, 2013），監査人の期中交代に市場はネガティブな反応を示すこと（酒井, 2014b）が明らかになっている。

⑦ その他

　論文数は少ないものの，産業専門性（Kato et al., 2016），非監査報酬（上村, 2011；矢澤, 2007），監査計画と監査リスク（Fukukawa et al., 2006；2011, Kim and Fukukawa, 2013）を調査した研究などがある。また，日本固有の制度であるCPAAOB検査（酒井, 2016），四半期レビュー（佐久間, 2012；2013, 髙田・村宮, 2010），監査法人における回転ドア（浅野, 2016），パートナーネットワーク（福川, 2015），有限責任組織（佐久間, 2016a）など，アーカイバル研究のテーマは広がりつつある。

4 今後の研究機会

(1) 規制,実務,データ

　アーカイバル研究を含む実証研究の目的は,会計・監査に関する問題について,その原因や影響を説明する仮説を理論を用いて構築し,それをデータによって検証することにある。特に,監査規制の国際化が進むなか,米国以外の国における監査の制度と実務を研究することによって,国内外の規制機関,実務家,学術界に対して有用な知見を提供することが求められる。では,日本データを使った研究の意義はどこにあり,日本データを使った研究として将来,どのような監査研究が展開されていくのだろうか。ここでは,規制,実務,データという点から議論する。

① 規制

　2002年SOX法を模範として,日本に2005年から2006年にかけて一連の制度改正（一般にJ-SOX法と呼ばれる）が行われ,内部統制監査,監査パートナーの交代,CPAAOBの設立など監査実務に大きな影響を与えた。先述のように,内部統制監査については国内外で研究が蓄積されつつあるが,監査パートナーの交代制やCPAAOB検査などが監査市場や実務に与える影響については,実証的な検証が十分に進んでおらず,今後の解明が望まれる。また,その後,オリンパスや東芝といった深刻な会計不正を受けて,2017年に金融庁により監査法人のガバナンス・コードが公表され,同年8月時点で14の監査法人が当該コードを採用している。また,この前提となったのは,2015年に東京証券取引所が公表したコーポレートガバナンス・コードであり,当該コードでは監査を含む企業統治の強化が求められている。これら立て続けに実施された監査および監査関連規制が監査実務,監査の品質に与える影響を実証的に解明することが求められるだろう。

② 実務

　先述のように，日本で発生した度重なる会計不正は，日本国内外で大きな注目を集め，特に英文ジャーナルにおける論文発表の1つのドライビングフォースとなってきた。近年では，2015年に発生した東芝による不正会計について，英文による研究発表も散見されるようになり，今後もより詳細な検討が求められるだろう。また，大きな会計不正だけでなく，より小規模な会計不正についても，国際的な観点から国ごとの制度や慣習の違いがあるのかどうかなど検討の余地がある。もう1つとして監査市場の特徴がある。欧米諸国と同様に，日本も大手監査法人による監査市場の寡占化という現象がみられるが，なかでもカネボウ不正会計による中央青山監査法人の破綻により，日本では，大手4法人から3法人による体制に移行した点は，諸外国にない顕著な特徴であろう。また，中小監査法人の統廃合も進みつつあり，こうした監査市場の構造変化がどのような経済的帰結をもたらすかは，諸外国の実務にとっても意義ある知見となるだろう。

③ データ

　日本では，監査報告書において監査業務執行者である監査パートナーが個人名で署名・押印するという実務がある。また，有価証券報告書のコーポレート・ガバナンスの状況において，監査補助者の構成が記載されている。近年，監査パートナーについてはイギリス，監査補助者の構成については韓国などで同様の開示が行なわれているが，データの蓄積という点では，日本データの比較優位性があり，実際にこれらのデータを用いた研究が行われつつある（Fukukawa and Kim, 2017；Sarowar et al., 2017）。後述する監査の品質フレームワークでも監査人（監査チーム）は監査の品質に影響を与える重要なインプット要因として位置づけられており，これらのデータを用いた研究の需要は今後も高いといえるだろう。

④ その他

　国外で検証されてきた仮説を日本のデータを用いて追試することも引き続き（おそらく主として和文ジャーナルにおいて）行われていくだろう。また，監査プロセスに関する研究（監査調書を用いた Fukukawa et al., 2006；2011 など）や国際比較研究（国際データを用いた矢澤，2016）も有望である。ただし，監査プロセスや国際比較研究においては，日本人であることのアドバンテージは相対的に低くなる可能性が高い。

　また，近年，PCAOB，IAASB，イギリスでは監査報告書の重要な変革が進められている（PCAOB, 2013a；2013b, IAASB, 2015a；2015b and FRC, 2014）。これを受けて近年の監査報告書の変化を検証する研究が進められつつある（Bedard et al., 2016 を参照）。日本においても，今後，国際監査基準の改定を受けて，規制の変更が検討されている（町田，2017）。日本においてどのような環境の変化が訪れるかを注視し，日本データが国内外の研究機会に何をもたらすかを検討していかなければならない。

(2) 日本人研究者のメリットとデメリット

　では，日本人研究者として，どのように研究していくべきか。まず，日本人であることのメリットはデータとその解釈である。すなわち，主として日本国内での利用を想定したより深く，詳細な自国データベースが利用できることは強みの1つとなる（Simnett et al., 2016）。さらに，自国の制度，慣習，判断の特性を前提にした仮説の導出と結果の解釈ができる点も重要である（角々谷，2016）。一方で，時に日本の状況を過剰に評価したり，過小に評価したりといった自国バイアス（home country bias）に陥る可能性もある点に注意しなければならない。

　最後に，私見であるが，自国バイアスに陥らず，今後，特に英文ジャーナルにおいて論文を発表しようとする場合には，3つのコラボレーションを意識する必要があると考える。第一に，他の研究者とのコラボレーションである。特に英文トップジャーナルに掲載したことのある海外の研究者との対話

は，自分の研究の質を向上させる重要な要素となる。第二に，他の研究アプローチとのコラボレーションである。監査は特にその中身が外部から観察しにくく，限られたアーカイバルデータを用いなければならない。そこで，例えば，実験，アンケート調査やインタビュー調査，ケース・スタディといったその他の経験的研究とのコラボレーションなどが有益であるかもしれない。第三は，実務家とのコラボレーションである。公認会計士だけでなく，監査にかかわる規制機関，監査を外部から評価するアナリストや投資家などとの対話は研究のシーズやニーズとなるだろう。

5 まとめと課題

本章は，1997年から2016年までの20年間に発表された日本データを用いたアーカイバル監査研究をレビューした。発見事項として，第一に，時系列推移について，①研究論文の公表本数は直近10年間で右肩上がりに増加している，②2008年から2013年にかけて大きく論文数が増えている，③近年は海外英文ジャーナルの公表が増加傾向にあることが観察された。第二に，研究トピックについて，英文ジャーナルでは不正会計，内部統制監査，和文ジャーナルでは監査意見，監査人規模，監査報酬，監査人の交代に関する研究が多いことが観察された。また，日本データを用いた将来の監査研究の機会として，監査規制，監査実務・市場，データという観点から考察した。加えて，日本人研究者としてのメリットとデメリット，今後のコラボレーションの必要性について指摘した。

近年，欧米や日本においても監査制度の重要な改革が進められつつある。我々はこうした状況を注視し，日本データが国内外の研究機会に何をもたらすかを検討していくことが求められるだろう。日本データを用いたアーカイバル監査研究はやっと揺籃期を脱したところであり，今後のさらなる発展が望まれる。

なお，本章は調査対象論文の網羅性，研究テーマのコーディングの適切性について改善の余地を残したものである点を指摘しておく。

※本章は矢澤（2018）を加筆修正したものである。

注

1) American Accounting Association の監査セクションは，北米主要ジャーナルにおける 1977 年以降の監査研究に関する包括的な論文リスト（"Thirty Three Years of Audit Research"）を作成している。最新版は htttps：//www2.aaahq.org/audit/33YrsAuditResearchFinal.doc より入手可能である。
2) 本章で分析されているように，1990 年代後半から日本データを用いたアーカイバル監査研究が実施されているが，しばらくは散発的な発表に止まっていた。日本において，継続的に論文の発表が行われるようになり，また，査読付き英文ジャーナルでの論文の発表が行われるようになったのは 1997 年以降の 10 年間である。
3) 日本語を解さないが，日本データを用いたアーカイバル監査研究および日本の監査の品質に関心を持つ読者も少数存在する。こうした読者には本章の英語版が用意されるべきである。
4) 雑誌タイトルについては，**図表 6-1** を参照。
5) ABDC Journal Quality List は，The Australian Business Deans Council による地域的，理念的バイアスを克服することを目的に作成されたものであり，2016 年版では 2,767 のタイトルが収録されている。ランキングの内訳は，A*：6.9%，A：20.8%，B：28.4%，C：43.9%．である。
6) TIJA は 2002 年，JCAE は 2005 年の創刊であるため，それぞれ 2002-2016，2005-2016 年を調査対象期間とする。
7) ここでは，北米を中心とした研究環境と日本におけるそれとの比較考量を目的としていない。こうした研究環境の違いに関する検討は例えば太田（2010）を参照されたい。
8) 査読付き学術誌，専門誌，大学紀要のそれぞれに良い点と悪い点がある。ここではそうした点を検討し，評価することを目的としていない。
9) 欧米では，これに対して，地域ごと，オフィスごと，あるいはパートナーレベルで監査の品質を捉える検討が進んでいる。

第6章
監査規制及び監査の品質に関する先行研究

【参考文献】

Bedard, J., P. Coram, R. Espahhodi and T. J. Mock (2016), Does recent academic research support changes to audit reporting standards? *Accounting Horizons* 30(2): 255-275.

DeFond, M.L. and J.Y. Zhang (2014), A review of archival auditing research. *Journal of Accounting and Economics* 28(3): 269-305.

Financial Reporting Council [FRC] (2014), *International Standard on Auditing (UK and Ireland) 700. The Independent Auditor's Report on Financial Statements* (September). London, U.K.: FRC.

Francis, J.R. (2004), What do we know about audit quality? *The British Accounting Review* 36: 345-368.

―― (2011), A framework for understanding and researching audit quality. *Auditing: A Journal of Practice & Theory* 30(2): 25-152.

Fukukawa, H. and H. Kim (2017), Effects of audit partners on clients' business risk disclosure. *Accounting and Business Research, 47*(2): 1-30.

Hossain, S., K. Yazawa, G.S. Monroe (2017), The relationship between audit team composition, audit fees, and quality. *Auditing:A Journal of Practice & Theory* 36(3): 115-135.

International Auditing and Assurance Standards Board [IAASB] (2015a), *Forming an Opinion and Reporting on Financial Statements. International Standard on Auditing (ISA) 700*. New York, NY: International Federation of Accountants.

―― (2015b), *Communications Key Audit Matters in the Independent Auditor's Report*. International Standard on Auditing (ISA) 701. New York, NY: International Federation of Accountants.

Knechel, W.R., G.V. Krishinan, M. Pevzner, L.B. Shefchik and U.K. Velury (2013), Audit quality: Insights from the academic literature. *Auditing: A Journal of Practice & Theory* 32(1): 385-421.

Public Company Accounting Oversight Board [PCAOB] (2013a), *The Auditor's Report of an Audit of Financial Statements When the Auditor Expresses an Unqualified Opinion; The Auditor's Responsibilities Regarding Other Information in Certain Documents Containing Audited Financial Statements and the Related Auditor's Report*. Release No. 2013-005. New York, NY: PCAOB.

―― (2013b), *Improving the Transparency of Audits : Proposed Amendments to PCAOB Auditing Standards to Provide Disclosure in the Auditor's Report of Certain Participants in the Audit.* Release No. 2013-009. New York, NY : PCAOB.

Simnett, R., E. Carson and A. Vanstraelen (2016), International archival and assurance research : Trends, methodological issues, and opportunities. *Auditing : A Journal of Practice & Theory* 35(3) : 1-32.

伊豫田隆俊・松本祥尚・浅野信博・林隆敏・町田祥弘・髙田知実（2012）『実証的監査理論の構築』同文舘出版。

太田康広（2010）「会計研究の危機と日本の会計学界」『現代ディスクロージャー研究』10巻, 1-15 頁。

角々谷典幸（2016）「日本章の意義と一方法論」『企業会計』68 巻 8 号, 4-5 頁。

町田祥弘（2012）「監査時間の国際比較にもとづく監査の品質の分析」『會計』181巻 3 号, 354-367 頁。

―― (2017)「監査報告書の「透明化」に向けて 第 1 回 監査制度の観点から」『経営財務』3320 巻, 16-23 頁。

矢澤憲一（2018）「日本データを用いたアーカイバル監査研究の可能性―我々は日本の監査の質について何を知っているのか―」『青山経営論集』53 巻 2 号, 41-59 頁。

第6章
監査規制及び監査の品質に関する先行研究

調査論文リスト

番	論文名	テーマ
1	Frendy and D. Hu (2014), Japanese stock market reaction to announcements of news affecting auditors" reputation: The case of the Olympus fraud. Journal of Contemporary Accounting and Economics 10 (3):206-224.	会計不正
2	Fukukawa, H. (2011), Audit Pricing and Cost Strategies of Japanese Big 3 Firms. International Journal of Auditing 15 (2):109-126.	監査報酬
3	Fukukawa, H., T.J. Mock and A. Wright (2006), Audit Program Plans and Audit Risk: A Study of Japanese Practice, International Journal of Auditing 10 (1):41-65.	監査計画
4	Fukukawa, H., T.J. Mock and A. Wright (2011), Client risk factors and audit resource allocation decisions.Abacus: A Journal of Accounting, Finance and Business Studies 47 (1):85-108.	監査計画
5	Gu, J. and D. Hu (2015), Audit fees, earnings management, and litigation risk: Evidence from Japanese firms cross-listed on U.S. markets. Academy of Accounting and Financial Studies Journal 19 (3):125-140.	監査報酬
6	Hu, D. and R. Kato (2015), Accrual-based audit quality in the Japanese audit market. Academy of Accounting and Financial Studies Journal 19 (1):186-197.	監査人規模
7	Hu, D. (2015), Abnormal audit fees and auditor size in the Japanese audit market. Academy of Accounting and Financial Studies Journal 19 (3):141-152.	監査人規模
8	Kato, R., H.D. Semba and Frendy. (2016), Influence of the audit market shift from Big 4 to Big 3 on audit firms' industry specialization and audit quality: Evidence from Japan. Academy of Accounting and Financial Studies Journal 20 (3):62-83.	産業専門性
9	Kim, F. and H. Fukukawa (2013), Japan's Big 3 firms'response to clients'business risk:Greater audit effort or higher audit fees? International Journal of Auditing 17 (2):190-121.	監査計画

番	論文名	テーマ
10	H. Murase, S. Numata and F. Takeda (2013), Reputation of Low-Quality Big 4 and Non-Big 4 Auditors : Evidence from Auditor Switches of Former ChuoAoyama Clients." Journal of Governance and Regulation 2 (2 : Special Conference Issue) : 7-23.	会計不正
11	Nakashima, M. and D.A. Ziebart (2015), Did Japanese-SOX have an impact on earnings management and earnings quality? Managerial Auditing Journal 30 (4/5) : 482-510.	内部統制監査
12	Nishizaki, R., Y. Takano, and F. Takeda (2014), Information Content of Internal Control Weaknesses : The Evidence from Japan. The International Journal of Accounting 49 (1) : 1-26.	内部統制監査
13	Numata, S. and F. Takeda (2010), Stock market reactions to audit failure in Japan : The case of Kanebo and Chuo-Aoyama. The International Journal of Accounting 45 (2) : 175-199.	会計不正
14	Saito, Y. and F. Takeda (2014), Global audit firm networks and their reputation risk. Journal of Accounting, Auditing & Finance 29 (3) : 203-237.	会計不正
15	Seino, K. and F. Takeda (2009), Stock market reactions to the Japanese Sarbanes-Oxley Act of 2006. Corporate Ownership & Control 7 (2) : 126-136.	内部統制監査
16	Skinner, D.J. and S. Srinivasan (2012), Audit quality and auditor reputation : Evidence from Japan. The Accounting Review 87 (5), 1737-1765.	会計不正
17	Uemura, H. (2016a), The attributes of Japanese corporate governance influencing the quality of internal controls. Applied Finance and Accounting 2 (1) : 1-8.	内部統制監査
18	Uemura, H. (2016b), The effect of audit objectives on audit quality-Why is there little disclosure of significant deficiencies in Japanese internal control audits? Journal of Modern Accounting and Auditing 12 (2) : 65-76.	内部統制監査

番	論文名	テーマ
19	Yazawa, K. (2015), The incentive factors for the (non-) disclosure of material weakness in internal control over financial reporting : Evidence from J-SOX mandated audits, International Journal of Auditing 19 (2) : 103-116.	内部統制監査
20	浅野信博・髙田知実（2013）「倒産企業における監査人の交代と会計操作」『現代ディスクロージャー研究』13巻, 65-77頁。	監査人の交代
21	浅野信博（2015）「監査の品質は会計発生高のプライシングに影響を与えるか」『會計』188巻4号, 457-469頁。	監査人規模
22	浅野信博（2016）「日本型回転ドアの慣行は財務報告の品質を高めるか」『會計』190巻5号, 552-562頁。	監査法人
23	稲葉喜子（2011）「ゴーイング・コンサーン情報開示からの脱却の要因」『企業会計』63巻6号, 134-143頁。	監査意見
24	稲葉喜子（2012）「ゴーイング・コンサーン情報と監査人の交代」『現代監査』22巻, 75-83頁。	監査人の交代
25	稲葉喜子（2013）「継続企業の前提に関する重要な不確実性の判断」『会計・監査ジャーナル』690巻, 57-64頁。	監査意見
26	上村浩（2011）「内部統制に関連する非監査業務にかかる報酬と監査報酬の関係」『一橋商学論叢』6巻1号, 77-87頁。	非監査報酬
27	上村浩（2012）「内部統制の重要な欠陥の性質と経営者交代及び監査報酬」『日本企業フロンティア』8巻, 103-116頁。	内部統制監査
28	上村浩（2013）「コーポレート・ガバナンスの質と内部統制の質」『日本企業フロンティア』9巻, 103-117頁。	内部統制監査
29	薄井彰（2007）「監査の品質とコーポレート・ガバナンス―新規公開市場の実証的証拠―」『現代監査』17巻, 50-54頁。	監査人規模
30	浦山剛史（2003）「特記事項の報道に対する株価反応に関する実証研究」『六甲台論集 経営学編』50巻1号, 1-17頁。	監査意見
31	浦山剛史（2005）「ゴーイング・コンサーン問題の開示と経営者報酬」『六甲台論集 経営学編』52巻2号, 1-15頁。	監査意見
32	浦山剛史（2006）「ゴーイング・コンサーン問題の開示と株価反応」『會計』169巻3号, 467-476頁。	監査意見

番	論文名	テーマ
33	浦山剛史（2010）「ゴーイング・コンサーン問題開示企業の業績予想の特性」『會計』178巻1号, 87-98頁。	監査意見
34	及川拓也（2013）「実証モデルで用いられる会計事務所の規模変数がわがくにで有効であるか否かについての検証」『現代監査』23巻, 87-95頁。	監査人規模
35	及川拓也（2014）「強制的な監査人の交代と監査の品質―中央青山・みすずの元クライアントのケース―」『千葉商大論叢』51巻2号, 27-40頁。	監査人の交代
36	岡部孝好・松本祥尚（1997）「財務変数にもとづく限定監査意見の実証分析（一）（二）」『會計』152巻3-4号, 328-339, 578-587頁。	監査意見
37	奥田真也・佐々木隆志・中島真澄・中村亮介（2012）「内部統制システムと監査の品質の決定要因」『企業会計』64巻10号, 102-108頁。	内部統制監査
38	笠井直樹（2009a）「監査人の受け取る報酬と会計発生高の質との関係」『六甲台論集』56巻1号, 17-31頁。	監査報酬
39	笠井直樹（2009b）「監査人の選択と企業特性との関係」『千里山商学』66巻, 41-88頁。	監査人規模
40	胡大力（2014）「内部統制の質，監査クライアントの交渉力と監査報酬」『現代監査』24巻, 137-148頁。	内部統制監査
41	酒井絢美（2013a）「監査人交代と監査人の保守主義に関する実証研究」『産業経理』72巻1号, 148-159頁。	監査人の交代
42	酒井絢美（2013b）「監査人の保守性と監査人交代」『現代監査』23巻, 143-154頁。	監査人の交代
43	酒井絢美（2014a）「監査人の交代とゴーイング・コンサーン」『會計』186巻1号, 94-104頁。	監査人の交代
44	酒井絢美（2014b）「期中における監査人の交代に対する資本市場の反応」『現代監査』24巻, 103-114頁。	監査人の交代
45	酒井絢美（2016）「中小監査事務所の監査品質とクライアントのビジネス・リスク」『会計プログレス』17巻, 13-27頁。	CPAAOB検査

第6章
監査規制及び監査の品質に関する先行研究

番	論文名	テーマ
46	佐久間義浩（2008a）「監査人のレピュテーション喪失によるクライアントへの影響」『中央青山監査法人をケースとした実証分析』『會計』174巻6号, 806-818頁。	会計不正
47	佐久間義浩（2008b）「日本市場における財務諸表監査の経済的機能に関する検証」『会計プログレス』9巻, 39-60頁。	監査意見
48	佐久間義浩（2009）「準大手監査法人のレピュテーション喪失によるマーケットへの影響―瑞穂監査法人の不祥事をケースとして―」『富士大学紀要』42巻1号, 113-121頁。	会計不正
49	佐久間義浩（2012）「四半期レビューの経済分析：中間監査と四半期レビューの比較をつうじて」『會計』182巻2号, 249-260頁。	四半期レビュー
50	佐久間義浩（2013）「監査人の提供するモニタリングサービスの需要：四半期財務情報開示規制以前における企業側の要因分析」『會計』183巻6号, 759-771頁。	四半期レビュー
51	佐久間義浩（2016a）「銀行業におけるコーポレート・ガバナンス：役員構成の決定要因および会計監査人の特性との関係に焦点をあてて」『會計』189巻6号, 720-734頁。	監査人規模
52	佐久間義浩（2016b）「監査人の有限責任組織への変更に関する決定要因の分析」『産業経理』76巻1号, 142-152頁。	監査法人
53	髙田敏文（2001）「企業継続能力特記事項の情報価値」『会計プログレス』2号, 63-71頁。	監査意見
54	髙田知実（2008）「経営者の裁量行動と継続企業の前提に関する追記の開示」『會計プログレス』9巻, 61-77頁。	監査意見
55	髙田知実（2010）「監査報酬と監査環境の変化がゴーイング・コンサーンの開示に及ぼす影響の実証分析」『現代監査』20巻, 110-121頁。	監査報酬
56	髙田知実（2015）「大手監査事務所の報酬決定に関する実証分析」『國民経済雑誌』212巻5号, 47-60頁。	監査報酬
57	髙田知実・村宮克彦（2010）「監査サービスの変容が利益の保守性に及ぼす影響に関する実証分析」『國民経済雑誌』201巻2号, 65-79頁。	四半期レビュー

番	論文名	テーマ
58	髙田知実・村宮克彦 (2013)「大手監査事務所の保守行動に関する分析」『國民経済雑誌』208 巻 4号, 53-68 頁。	監査人規模
59	林隆敏・町田祥弘 (2013)「ゴーイング・コンサーン監査に関する実証的研究 (2) 日本市場におけるゴーイング・コンサーン情報への投資者の反応」『税経通信』68 巻 4号, 153-167 頁。	監査意見
60	福川裕徳 (2015)「監査法人内の人的ネットワークと職業的懐疑心」『會計』187 巻 2号, 224-236 頁。	監査法人
61	藤原英賢 (2011)「監査法人の規模と監査報酬の関係」『現代監査』21巻, 159-168 頁。	監査人規模
62	藤原英賢 (2012)「監査人の専門性と継続企業の前提に関する監査判断の関係」『追手門経営論集』18 巻 2号, 53-71 頁。	産業専門性
63	藤原英賢 (2013)「監査報酬の決定に対する監査人の専門性の影響」『追手門経済・経営研究』20巻, 11-21 頁。	産業専門性
64	町田祥弘 (2009)「監査人の交代時における監査報酬問題について」『會計』175 巻 1号, 63-78 頁。	監査人の交代
65	町田祥弘 (2011)「継続企業の前提に係る監査基準の改訂の影響に関する研究」『会計プロフェッション』6巻, 135-165 頁。	監査意見
66	町田祥弘・林隆敏 (2012)「監査人の継続期間によるゴーイング・コンサーン対応への影響」『会計プロフェッション』7巻, 159-175 頁。	監査意見
67	町田祥弘・林隆敏 (2013)「ゴーイング・コンサーン監査に関する実証的研究 (1) 監査人の継続監査期間によるゴーイング・コンサーン対応への影響」『税経通信』68 巻 3号, 130-144 頁。	監査意見
68	矢澤憲一 (2004)「監査人の交代が会計政策に与える影響」『一橋論叢』132 巻 5号, 144-164 頁。	監査人の交代
69	矢澤憲一 (2005)「監査の独立性に関する実証分析－被監査企業の規模が会計政策に与える影響を中心として」『企業会計』5781 巻, 123-131 頁。	監査報酬
70	矢澤憲一 (2007)「監査報酬と非監査報酬の関連性」『会計プログレス』8巻, 93-105 頁。	非監査報酬

第6章
監査規制及び監査の品質に関する先行研究

番	論文名	テーマ
71	矢澤憲一（2008）「監査報酬と利益の質－専門性・独立性低下仮説の検証－」『會計』74巻3号, 89-102頁。	監査報酬
72	矢澤憲一（2009）「監査報酬評価モデルの研究」『青山経営論集』44巻3号, 229-256頁。	監査報酬
73	矢澤憲一（2010a）「内部統制の実証分析―決定因子，利益の質，証券市場の評価―」『インベスター・リレーションズ』4巻, 3-28頁。	内部統制監査
74	矢澤憲一（2010b）「Big4と監査の品質－監査コスト仮説と保守的会計選好仮説の検証」『青山経営論集』44巻4号, 167-181頁。	監査人規模
75	矢澤憲一（2011a）「コーポレート・ガバナンス，監査報酬，利益管理の関連性」『会計プログレス』12巻, 28-44頁。	監査報酬
76	矢澤憲一（2011b）「Big4と監査の品質―モラルハザード仮説の検証―」『青山経営論集』46巻1号, 159-179頁。	監査人規模
77	矢澤憲一（2012a）「監査報酬評価モデルの研究Ⅱ―内部統制監査の導入に焦点を当てて（2007-2011）―」『青山経営論集』47巻1号, 79-97頁。	内部統制監査
78	矢澤憲一（2012b）「内部統制監査のコストと効果―監査の品質の解明に向けたニューアプローチ―」『証券アナリストジャーナル』5巻, 39-48頁。	内部統制監査
79	矢澤憲一（2013）「監査報酬の国際実態比較：日本企業の監査報酬は本当に低いのか？」『青山経営論集』48巻2号, 267-281頁。	監査報酬
80	矢澤憲一（2016）「監査報酬の国際実証研究：なぜ日本企業の監査報酬は低いのか」『青山経営論集』51巻3号, 221-247頁。	監査報酬
81	山口友作（2013）「監査事務所の規模がアナリスト予想の正確性に及ぼす影響」『現代監査』23巻, 155-165頁。	監査人規模

第7章

監査報酬に関する国際実証研究

1 問題意識と目的

　第6章でも指摘されていたように，財務諸表監査の対価として被監査企業から監査人に支払われる監査報酬（コスト）は，監査の品質（audit quality）[1]を評価する際の重要な変数の1つとして注目されてきた。わが国では2004年3月期決算より有価証券報告書上で監査報酬の開示が要求されるようになってから，日本企業の監査報酬および監査時間がアメリカ企業と比べてかなり低いことがたびたび指摘されてきた。例えば，日本経済新聞による2004年の調査では，日本企業の監査報酬とアメリカ企業のそれに大きな差があることが指摘されている[2]。また，町田（2007）による分析によれば，内部統制監査制度の導入前の日本とアメリカにおいて連結売上高1兆円前後の企業の連結売上高に占める監査報酬の割合は，日本企業はアメリカ企業のおよそ4分の1であることが確認されている。監査人・監査報酬問題研究会（2012）による調査では，日本企業の平均監査報酬はアメリカ企業の39%（2010年度）であることが明らかになっている[3]。さらに町田（2012）は日本の監査法人とアメリカの会計事務所の監査時間を比較し，日本の監査法人の監査時間はアメリカの会計事務所の監査時間の27.4%に過ぎないことを報告している。こうした現状を鑑みて，公認会計士の自主規制団体である日本公認会計士協会（Japanese Institute of Certified Public Accountant：JICPA）は2004年に適切な監査日数と監査報酬の確保を要望するとともに[4]，2013年3月にも会長声明として「適切な監査時間及び監査報酬について」を公表し，より一層の監査の品質の向上に向けた監査時間と報酬の確保を要請している。さらに，2015年6月に東京証券取引所から公表された「コーポレートガバナンス・コード（以下，CGコード）」でも，高品質な監査を可能とする十分な監査時間の確保について対応することを取締役会・監査役会に求めている（CGコード，補充原則3-2②ⅰ）。これと呼応するように，金融庁に設置された「会計監査のあり方に関する懇談会」が2016年3月にまとめた提言でも，「監

第7章
監査報酬に関する国際実証研究

査報酬の向上等を通じて，市場全体におけるの持続的な向上に向けた環境」の確立を求めている。

　こうした議論の盛り上がりの一方で，日本企業の監査報酬の適切な水準に関する議論が十分に深められているとは言い難い。この理由には少なくとも2つの要因が存在すると考えられる。第一に，これまでは，主としてアメリカとの2国間比較であったこと[5]，第二に，監査報酬の水準のみを比較し，監査報酬に影響を与える要因がほとんど考慮されてこなかったことである。第2節で詳述するように，先行研究によれば，監査報酬は企業の規模，複雑性，リスクを考慮して決定されることが明らかになっている（Simunic, 1980；DeAngelo, 1981；Hay et al., 2006）。また，国の規制環境によっても監査報酬の水準が異なることが指摘されている（Taylor and Simon, 1999；Fargher et al., 2001；Choi et al., 2008）。いうまでもなくアメリカは最も資本市場が発達している国の1つであり，投資家保護が強く，監査人にとっては訴訟リスクの高い国であるといえる。こうした要因を持つアメリカと日本をシンプルに比較するのみでは，日本企業に対する適切な監査報酬を議論することはできない[6]。さらにアメリカでは内部統制監査の導入に伴って監査コストがかかりすぎるという批判が実務界を中心に展開され，後の監査基準の改定につながったこともある。では，アメリカ企業の監査報酬が高額すぎるというのであれば，果たして日本企業はどのような水準を目指せばよいのだろうか。このためには，日本企業を含む多国間の監査報酬の比較を行い，日本の現状の立ち位置を確認し，多国間の差異がどのような要因によって生じているかを明らかにする必要がある。

2 先行研究

(1) 監査報酬の決定因子に関する研究

　財務諸表監査の目的は，クライアントである企業の財務諸表に内在する重要な虚偽表示のリスクを合理的な水準に抑えるために必要な監査手続を実施することによって，財務諸表の信頼性を確保することである。監査報酬は，こうしたサービスを提供する対価として企業から監査人へ支払われるものであり，仮にクライアントの虚偽表示リスクを所与とすれば，より高い監査報酬すなわちより多くの監査資源が投入される（これは能力の高い監査人あるいはより多くの監査時間を意味する）ほど，それだけリスクが低減され，結果として監査の品質が高くなると考えられる。この意味において，監査報酬の高さは監査の品質の代理変数としての重要性を持つことになる[7]。

　このような文脈から，監査の品質を評価するために，監査報酬の決定因子を分析する研究が数十年にわたって諸外国で蓄積されてきた。監査サービスの値付け（audit pricing）に関する研究の嚆矢は"The pricing of audit services"と題するDan A. Simunic教授（ブリティッシュ・コロンビア大学）による1980年の論文である。彼の研究成果がパイオニアとなり，その後の多くの研究によって追試ないし新たな証拠が発見されてきた。Simunic (1980) は397社を対象に，監査報酬がクライアントの規模，複雑性，リスクの水準によって決定されることを数理的に示し，実証的に検証している。同論文は(1)監査報酬の算定にあたって企業規模が最も強い決定因子であり，(2)クライアントの総資産規模を所与とした場合，連結子会社数，海外資産の割合，売上債権，棚卸資産，損失二値変数が監査報酬の決定に影響を与えることを明らかにしている。

　その後，彼の得た証拠をベースに監査報酬を評価する実証モデルを構築する試みが行われ，規模，複雑性，リスクの操作化にあたって何がもっとも妥

当な変数か，そしてその他に監査報酬に影響を与える要因は何かについて多くの研究結果が蓄積されてきた。Hay et al.（2006）によるメタ分析では，1977年から2002年までを分析対象にした論文を収集した結果，これまでに20ヵ国以上で147の分析（1つの研究で独立した結果が示されている場合は別々にカウント，論文数としては120編）が行われていることがわかった。国別ではアメリカが62編，イギリス24，オーストラリア17，香港10，ニュージーランド4，マレーシア，カナダ3，ベルギー，インド，アイルランド，オランダ2と続く。Hay et al.（2006）によれば，Simunic（1980）と同様に，各国の監査市場でもクライアントの規模が監査報酬と最も強い関連性を持ち，また複雑性とリスクも監査報酬の水準と正の関連性を持つことが明らかにされてきた。わが国でも矢澤（2009；2012），Fukukawa（2011），藤原（2011）などの研究により，先行研究と同様に，わが国監査市場においても監査報酬はクライアントの規模，複雑性，リスクと関連することが明らかにされている[8]。

（2）複数の国を対象とした研究

上述のように，各国の監査市場において監査報酬の決定要因を分析する研究が蓄積されてきた。一方，監査のアーカイバル研究の領域で，複数の国を対象とした研究はそれほど多く行われていない。Taylor and Simon（1999）は1991年から1995年までの20ヵ国を対象に，訴訟リスク，開示・規制レベルが高い国ほど，監査報酬の水準が高くなることを明らかにした。またFargher et al.（2001）は1994年の20ヵ国を用いて，開示規制レベルが高い国ほど大手監査人の比率が高いことを明らかにした。Choi et al.（2008）は1996年から2002年までの15ヵ国を対象に，国の規制レベルが強いほど，大手監査人とその他監査人の報酬の格差（Big N premium）が大きいことを明らかにした。Francis and Wang（2008）は1994年から2004年までの42ヵ国を対象に投資家保護の程度が高い国ほど，大手監査人とその他監査人との監査の品質に差があることを明らかにした。Carson（2009）は2000年の62ヵ

国と2004年の60ヵ国のデータを用いて，グローバルレベルでの産業専門性を持つ監査人のほうが，そうでない監査人よりも監査報酬が高いことを明らかにした。

　上記のように，複数の国を対象とした分析が行われている一方，日本では2004年まで監査報酬の開示が要求されていなかったこともあり，近年の研究を含め，日本企業をサンプルに含めた国際比較研究は極めて少数である。Choi et al.（2008），Francis and Wang（2008）では日本企業は含まれておらず，Taylor and Simon（1999）と Fargher et al.（2001）では質問表調査に回答した152社と52社の日本企業，Carson（2009）では64社の日本企業[9]が含まれているのみである。これらの研究に用いられている企業は日本の上場企業数からすると全体の2％に満たず，国の代表値として評価するには問題があるといえる。以上から，日本企業を対象とした監査報酬の国際比較研究はほとんど存在しないといってよい。

　このような状況において矢澤（2013）は日本を含む世界主要12ヵ国10,467社を対象に，各国の監査報酬の水準を調査している。その結果，総資産に占める監査報酬の水準は，12ヵ国中アメリカが最も高く，中国が最も低いこと，そして日本は12ヵ国中9番目にランクしていることが明らかとなった。さらに各国の平均値と中央値について日本との差を検定したところ，イタリアを除く10ヵ国は日本と統計的に有意な差が確認された。この結果は，各国の総資産の規模別あるいは監査人の規模別にサンプルを分割しても同様であった。さらに，国別の投資家保護の水準と監査報酬比率の関係をみたところ，監査報酬比率が高い国は，判例法に起源を持つ，経営陣に対する株主権が強い，証券監督当局の監督権限が強いという特徴を持つことがわかった。以上から，G7のなかでは日本企業の監査報酬が最も低く，アメリカとイギリスおよび旧イギリス連邦国（オーストラリアと南アフリカ）は相対的に高い，そして，日本を含むアジア諸国（韓国，インド，中国）は欧米諸国に比べて相対的に低い，そして，これらの格差の原因の1つにはその国の投資家保護の水準が関係しているということが示唆された。

第7章
監査報酬に関する国際実証研究

　本章では，矢澤（2013）で得られた知見をベースに，その限界を克服し，新たな証拠を提示することを目的とする。第一は，コントロール変数を加味した分析である。矢澤（2013）では，資産規模を考慮してはいるものの，その他の監査報酬に影響を与える影響をコントロールしていない。先行研究で明らかにされてきたように，監査報酬は規模，複雑性，リスクを考慮して決定される。果たして，多国間差異はこれらの要因を考慮しても認められるのだろうか。それともこれらの要因を考慮することで，多国間の差異はなくなるのだろうか。第二は，分析対象国の拡張である。矢澤（2013）では，12ヵ国を分析対象としているが，本章では32ヵ国・地域を対象に，監査報酬の決定因子を分析する。第三に，決定因子の拡張である。矢澤（2013）では投資家保護の強さと監査報酬の水準が統計的に有意な関連性を持つことが観察されたが，本章では，国ごとの監査報酬の水準の違いを規制，経済，ビジネスという3つの要素から検証している。

3　研究計画

（1）リサーチクエスチョン

　本章の問題意識は下記の2点である。第一の問題意識は，監査報酬の水準に着目したものである。前述のように，日本では日本企業の監査報酬が国際的に低い点が指摘されてきた。ただ，多くの比較は2ヵ国間の監査報酬の水準を比較したものであったり，あるいは複数国間を比較したものでも，監査報酬の決定に影響を与える要因を無視した比較であった。そこで本章は主要先進国を含む32ヵ国・地域を対象に，監査報酬の決定に影響を与える因子をコントロールした上で，日本企業の監査報酬の水準が国際的にみてどの程度の水準に位置するのかを検証する。第二の問題意識は，監査報酬の水準の国際的な差異を生み出す要因に着目したものである。すなわち，日本企業の監

査報酬の水準が，企業の特性をコントロールした上で，国際的に低いとすれば，その低さはどのような要因によってもたらされるのかを検証することが第二の分析の目的である。このために本章では先進8ヵ国の一定規模以上の企業を対象に国別の共通因子によってどの程度国別の差異が説明されるのかを分析する。8ヵ国に絞る理由は2点ある。第一は，経済規模のある程度大きな国を対象とすることで規模の違いを緩和するためであり，第二は，後述する国別の共通因子が入手できない国を対象から外すためである。

RQ1 企業特性をコントロールした上で，日本企業の監査報酬の水準は国際的にみて本当に低いのか

RQ2 （日本企業の監査報酬が低い場合，）日本企業の監査報酬は国際的にみてなぜ低いのか

（2）概念モデル

本章では，上述の問題意識を検証するために，矢澤（2014）において示された知見を発展させた次の概念モデル（**図表7-1**）を用いて分析を行う。概念モデルは，監査報酬の決定に影響を与える因子群を大きく3つに区分している。

監査報酬の決定に影響を与える第一の因子は企業および監査人の特性であ

図表7-1 概念モデル

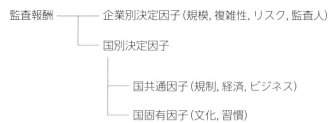

出所：矢澤（2014）をもとに筆者作成。

第 7 章
監査報酬に関する国際実証研究

る。本章ではこれを企業別決定因子と名づける。財務諸表監査は，被監査企業と監査人との間で契約が結ばれる。監査報酬の決定にあたっては先述のように，監査人は被監査企業の規模や複雑性，リスクを検討して，必要な監査手続と監査時間を決定する。すなわち，監査報酬の決定に最も影響を与える要因が被監査企業の特性（規模，複雑性，リスク）と監査人の特性であり，これらの要因が監査報酬の決定に有意な影響を与えることが先行研究でも確認されてきた。よって，監査報酬に影響を与える第一の因子が企業別決定因子である。

第二の因子は国ごとにある程度共通してその水準を比較・評価できる特性である。本章はこれを国共通因子と呼び，国共通因子として以下 3 つの因子を設定する。1 つ目は，規制因子（Regulatory_Factors）である。先行研究では投資家保護が強く，訴訟リスクが高い国ほど，監査人は訴訟リスクを低減させるために監査手続きを増やす，あるいは，リスクに対する損失の補塡として被監査企業に対して高い監査報酬を要求する傾向があることが明らかにされている（Taylor and Simon, 1999；Fargher et al., 2001；Choi et al., 2008）。先述のように，Taylor and Simon（1999）は国ごとに異なる訴訟リスク，開示，規制レベルが監査報酬の水準と関連することを明らかにした。また，Francis and Wang（2008）も投資家保護の強い国ほど，大手監査人とその他監査人の利益の質の格差が大きいことを示した。すなわち，投資家保護が強い（すなわち，監査人にとって訴訟リスクが高い）国ほど，監査人は監査の品質を高めるインセンティブを持ち，また，リスクプレミアムを監査報酬に上乗せすることを示唆する。

2 つ目の共通因子が経済因子（Economic_Factors）である。公認会計士は，医師，弁護士とならぶ職業専門家（プロフェッショナル）であり，財務諸表監査はプロフェッショナルサービスの 1 つであるといえる。こうしたサービスの対価がどう決定されるかは，国ごとの経済規模や水準に加えて，その国ごとのプロフェッショナルサービスの歴史的な成立過程や経済社会の慣行などに影響を受けると考えられる。そこで本章では，国の経済規模を示す変数

として国内総生産（Gross Domestic Product：GDP）を加味する。経済の発展度合いが相対的に高い国ほど資本市場も整備されており，財務諸表監査制度に対する企業や監査人の意識も高いことが考えられる[10]。さらに，1人当たりの経済水準として，1人当たり総国民所得（Gross National Income：GNI）が挙げられる。1人当たりGNIは国民1人当たりの所得水準の代理変数として考えられるため，財務諸表監査を担う公認会計士に対する監査報酬も1人当たりGNIの影響を受けることが想定される。また，近年，経営のプロフェッショナルである経営者の報酬について，日本企業の経営者報酬（CEO compensation）が諸外国のそれと比べて相対的に低い点が問題視されている。プロフェッショナル報酬の水準が公認会計士の報酬水準（厳密にいえば，財務諸表監査にかかる時間あたりの報酬単価）に影響を与えることが想定される。また，経営者報酬のうち業績連動部分が大きいほど，経営者の不正リスクが高まるとすれば，それだけ監査人は監査コストをかける要因になり得るとも考えられる。

そして3つ目の国共通因子がビジネス因子（Business_Factors）である。財務諸表監査において，監査人は被監査企業の重要な虚偽表示のリスクの水準を評価するため，その企業のビジネスリスクを評価する。言い換えれば，ビジネスモデルに起因するリスクに対して，監査人はクライアントごとに評価し，対応している。一方で，国ごとに企業のビジネスモデルに共通した特徴があり，それが国ごとの監査報酬の水準に影響を与えている可能性がある。この点に関して中野（2009）は，企業の財務比率を国際的に比較分析している。その結果，日本企業は，統計的にみて，最も自己資本利益率（ROE）の水準が低く，かつ，その変動性が小さく，また損失を計上する企業の割合も小さいことが明らかにされている。これらの証拠はすなわち，日本企業は収益性が低い一方で，そのブレも小さいことを意味する。換言すれば，ハイリスク・ハイリターンよりも，ローリスク・ローリターンを志向する企業が相対的に多いといえる。もちろん，これが企業経営にとって良いか悪いかは議論の余地のあることであり，また，昨今CGコード等での問題背景となって

第 7 章
監査報酬に関する国際実証研究

いることでもある。一方，財務諸表監査におけるビジネスリスクという観点からいえば，このような被監査企業の採用するビジネスモデルに国ごとに一定の傾向が認められるならば，それが監査報酬の国別の水準に影響を与えていることが考えられる。

そして，第三の因子が国固有因子である。国に固有の因子には後述のように様々な要因が考えられるが，本章では，国固有因子を企業別因子および国共通因子によって説明できない監査報酬の国別の差異と定義する。先行研究で国固有の制度に着目したものは，イタリアの会計事務所の定期的交代制度やフランスの二重監査（dual audit）など数少ない。国ごとに固有の因子を明らかにするためには，各国における資本市場の成り立ちや経済システムなど非常に広範な検討を要する。本章の主たる関心である日本企業の監査報酬の決定実務に着目すると，公認会計士による財務諸表監査は，1957年に正式に導入されて以来，数度の改正を経て今日に至っている。会計監査の導入にあたって，日本公認会計士協会は，監査報酬の価格交渉の目安とするため，「標準監査報酬規定」を会則として制定し，公表した[11]。標準監査報酬は，基本報酬と執務報酬から構成され，基本報酬はクライアントの上場する市場別，執務報酬は監査人のランク別に1日当たりの報酬金額が設定されている。さらに，これらの報酬は物価水準を反映して改訂されてきた。しかしながら，上場する市場によって基本報酬を一律に決めることは実態にそぐわないのではないか，また，本来この規定は監査報酬の目安を提供するはずが被監査企業との交渉においてこれを上限として用いられることによって逆に監査人に対する報酬の向上を妨げているのではないか，といった問題が指摘され，2004年以降この規定は廃止された。しかし一方で，同規定の廃止後もこの規定の影響が残っているとすれば，日本固有の要因として監査報酬の低価格化の圧力となっている可能性も考えられる。

(3) 検証モデル

　本章は前述の2つのリサーチクエスチョンを分析するために，前項において検討した概念モデルに基づき2つの検証モデルを設定する。変数の定義は**図表7‒2**で示されている。

$$
\begin{aligned}
LnAFEE &= \alpha + \beta_1 LnTA + \beta_2 NBS + \beta_3 NGS + \beta_4 QUICK + \beta_5 EBITDA \\
&+ \beta_6 LEVELAGE + \beta_7 LOSS + \beta_8 MB + \beta_9 ARTA + \beta_{10} INVTA \\
&+ \beta_{11} BIG4 + \beta_{12} OPINION + \beta_m Country\_Factors + \beta_n INDUSTRY \\
&+ \beta_o YEAR + \varepsilon \quad \text{モデル(1)}
\end{aligned}
$$

$$
\begin{aligned}
LnAFEE &= \alpha + \beta_1 LnTA + \beta_2 NBS + \beta_3 NGS + \beta_4 QUICK + \beta_5 EBITDA \\
&+ \beta_6 LEVELAGE + \beta_7 LOSS + \beta_8 MB + \beta_9 ARTA + \beta_{10} INVTA \\
&+ \beta_{11} BIG4 + \beta_{12} OPINION + \beta_m Reguratory\_Factors \\
&+ \beta_n Economic\_Factors + \beta_o Business\_Factors + \beta_p Japan\_Factor \\
&+ \varepsilon \quad \text{モデル(2)}
\end{aligned}
$$

［モデル(1)］
　モデル(1)は，RQ1を分析するためのモデルである。モデル(1)は，被説明変数を監査報酬とし，それを説明する因子として被監査企業の特性およびその監査人の特性をコントロールした上で，各国の監査報酬の水準に有意な差異があるかどうかを国別の二値変数（Country_Factors）を用いて検証する。被説明変数である監査報酬（LnAFEE）は被監査企業が当該年度の財務諸表監査に対する報酬として監査人に支払った監査報酬の自然対数である。また，国別の二値変数は，日本を除く分析国の二値変数を置くことによって，日本

第 7 章
監査報酬に関する国際実証研究

とその他比較国の監査報酬の水準に違いがあるかを分析する。もし企業別因子をコントロールした上で，日本企業とその比較国に差異があるのであれば，二値変数が有意に正あるいは負になると考えられる。

　前述のように，企業別因子は，規模，複雑性，リスク，監査人の特性である。規模を示す変数は総資産（LnTA），複雑性を示す変数は事業セグメント数（NBS），所在地セグメント数（NGS）である。規模が大きいほど，事業内容が複雑なほど，多くの監査手続が必要になるため，これらは監査報酬と正の関係にあることが予測される。リスクを示す変数は流動比率（QUICK），償却前利益（EBITDA），負債比率（LEVERAGE），損失（LOSS），純資産時価簿価比率（MB），売上債権（ARTA），棚卸資産（INVTA）である。経営成績ならびに財務状況が悪いほど，財務諸表の虚偽表示のリスクが高まると考えられるため，流動比率と償却前利益は監査報酬と負，レバレッジと損失は監査報酬と正の関係を示すことが想定される。純資産時価簿価比率は企業の将来性や成長性に対する投資家からの評価を示すため，これが高いほど，経営者にとっては目標達成に対する投資家の期待が大きいというプレッシャーになる。これは財務諸表の虚偽表示のリスクを高めることになるため，監査人は監査手続を増やして監査リスクの低下に努める必要が出てくる。売上債権と棚卸資産は，財務諸表の虚偽表示につながりやすい勘定科目であるため，同様にこれらの水準が高い企業に対しては，より監査時間をかける必要性が生じる。よって，純資産時価簿価比率，売上債権，棚卸資産の水準は監査報酬と正の相関を持つと予測される。監査人の特性として大手監査人（BIG4）と監査意見（OPINION）がある。先行研究では，大手監査人は間接経費など監査コストがその他の監査人よりも高いこと，また，人材やシステム，制度的な視点でみて，相対的に質の高い監査を行える環境にあることから，その他監査人よりも多くの監査報酬を得ることができると考えられる。また，監査意見の表明に際して，限定付監査意見（qualified opinion）を表明する場合，それを表明するための追加的な手続きが必要になるため，その分，監査時間が多くなる。したがって，大手監査人あるいは無限定適正意見以外

の場合には，そうでない場合と比べて監査報酬がより高くなる。

[モデル(2)]

　モデル(2)は，モデル(1)の企業別因子に加えて，3つの国共通因子と日本であれば1をとる二値変数を組み入れている。もし3つの国共通因子をコントロールしてもなお，日本企業の監査報酬の水準が比較国に比して低いのであれば，日本因子が有意に負となるはずである。反対に，日本因子が非有意であれば，国共通因子によって日本と比較国の差異が説明されたことになる。すなわち，モデル(2)は国共通因子によって，日本因子の有意性が解消されるかどうかを分析するものであるといえる。

　規制因子（Reguratory_Factors）は，LaPorta et al.（1998：2006）で用いられた法体系，株主権，情報開示，法的責任，証券監督の5つの指標から主成分分析により結合変数を作成する。第一は判例法（Common law）である。この変数は，判例法であれば1，そうでなければ0をとる二値変数である。私有財産の保護と私的契約を重視する判例法を採用する国は，大陸法（成文法）を起源とする国に比べて，より強い投資家保護を提供すると考えられる。第二は，会社法による株主権の保護（Anti-director rights）である。この変数は，会社法のなかに特定の株主権保護に関する規定があるかどうかを指数化したものである。具体的には，外部株主（あるいは少数株主）が経営陣（あるいは支配株主）による機会主義的行動に対していかに容易に株主権を行使できるかを6つの具体的権利規定の有無を集計し，指数化している。残りの3つは，証券法に基づくものである。情報開示（Disclosure requirements）は，経営者報酬，株式所有構造，関連会社取引などを含む情報開示規定の有無を集計し，指数化したものである。法的責任（Liability standard）は，投資家が，証券の発行者の誤った情報開示によって損失を被った場合に，証券発行者，経営陣，投資銀行，監査人に訴訟を提起しやすいかどうかを指数化したものである。証券監督（Public enforcement）は，証券監督者の特性，規制，調査，命令，刑事的制裁の程度を示す指標である。

図表 7-2　変数の定義

lnAFEE	=	監査報酬（平均為替レートでドル換算）の自然対数
lnTA	=	総資産（平均為替レートでドル換算）の自然対数
NBS	=	事業セグメント数（最大 10）
NGS	=	所在地セグメント数（最大 10）
QUICK	=	流動資産／流動負債
EBITDA	=	償却前利息控除前利益／総資産
LEVERAGE	=	総負債／総資産
LOSS	=	当期純損失を計上していれば 1，そうでなければ 0
MB	=	株価／一株当たり純資産
ARTA	=	売上債権／総資産
INVTA	=	棚卸資産／総資産
BIG4	=	大手 4 監査法人（DT，KPMG，PWC，E&Y）およびそれらのメンバーファームによる監査を受けていれば 1，そうでなければ 0
OPINON	=	監査意見が限定付適正意見であれば 1，そうでなければ 0
Reguratory_Factors	=	以下，5 つの変数の第一主成分；法体系（Common law），株主権（Anti-director rights' index），情報開示（Disclosure requirements index），法的責任（Liability standard index），証券監督（Public enforcement index），LaPorta et al. (2006) に基づく。以下，3 つの変数の第一主成分；
Economic_Factors	=	国内総生産（GDP）の自然対数，一人当たり国民総所得（GNI per person）の自然対数，CEO 報酬の自然対数（CEO compensation），タワーズペリンの 2006 年調査に基づく。以下，3 つの変数の第一主成分；
Business_Factors	=	国別 ROE（自己資本利益率）の中央値（median ROE），国別 ROE の格差指標（Dispersion Index of ROE），国別損失企業割合の平均値（Loss firm），中野（2009）に基づく。
Country_Factors	=	国ごとの二値変数（日本を除く計 31）
Japan_Factor	=	当該企業が日本に所在していれば 1，そうでなければ 0 をとる二値変数

出所：筆者作成。

経済因子（Economic_Factors）は，国内総生産（GDP），1人当たり国民総所得（GNI）および経営者報酬から主成分分析により結合変数を作成する。先述のようにGDP，1人当たりGNIは監査報酬の水準に正の影響を与えると考えられる。また，経営者の報酬はプロフェッショナルの報酬水準を捉える指標でもあるし，一方で，経営者の不正に対するインセンティブとなる可能性もある。よって，経営者の報酬が高い企業ほど，監査報酬の水準も高くなることが予想される。一方，経営者の報酬が低いといわれる日本では，監査報酬の低さも経営者の報酬水準によってある程度説明される可能性がある。

　ビジネス因子（Business_Factors）は，マクロのリスク指標としての国ごとの企業の収益性およびその変動性，ならびに損失企業割合から主成分分析により結合変数を作成する。収益性が高く，またその変動性も高い，また，損失を計上する企業の割合が高い国においては，財務諸表監査を実施する場合にビジネスリスクを高く評価する必要が出てくる。被監査企業のビジネスリスクが高ければ，監査リスクを一定の水準に抑えるためには，より監査資源を投入する必要性が生じる。本章では，マクロのビジネスリスク指標として，中野（2009）によって分析されたROEの中央値とROEの格差指標，損失計上割合を用いる。

4 分析結果

(1) データ

　本章のデータ抽出基準は**図表7-3**で示されている通りである。モデル(1)の分析サンプルは，矢澤（2014）に基づく31ヵ国・地域に台湾を加えた32ヵ国・地域とする[12]。初期サンプルとして抽出された166,418社・年（2011年から2015年）から，金融セクターに所属する企業（SICコード6000-6999），上場国・地域と企業所在地が異なる企業，監査報酬[13]が入手できない企業，

第7章
監査報酬に関する国際実証研究

図表7-3　サンプルセレクション

分析1		
32ヵ国・地域の企業（2011 − 2015）		166,418
控除：金融業（SICコード6000 − 6999）	23,250	
他国企業	19,425	
監査報酬の開示なし	42,457	
分析に必要なデータが入手不能	8,001	93,133
分析1の対象サンプル		73,285
分析2		
8ヵ国の企業（2011）		5,942
控除：売上高10億ドル未満	3,968	
分析2の対象サンプル		1,974

出所：筆者作成。

分析に必要なデータが入手できない企業を控除した73,285社・年が分析サンプルとなる。また，モデル(2)の分析にあたっては，32ヵ国・地域から国共通因子が抽出できる8ヵ国に絞り，かつ，国ごとの上場企業の規模の差異を緩和するため，売上高が10億米ドル未満の企業を控除する。その結果，モデル(2)の対象企業として，8ヵ国（アメリカ，イギリス，フランス，ドイツ，カナダ，イタリア，日本，オーストラリア）の1,974社がサンプルとなる[14]。

国別の構成比を示した**図表7-4**パネルAをみると，モデル(1)の対象32ヵ国・地域において，もっとも企業数の多い国は日本の11,659社（15.91％），次がアメリカの10,772社（14.7％），そして3番目が中国の9,175社（12.52％）となっている。また最も企業数の少ない国は下から順にナイジェリアの95社（0.3％），アイルランドの91社（0.12％），フィリピンの117社（0.16％）である。**図表7-4**パネルBにおいて，モデル(2)の対象8ヵ国における構成比を示している。最も企業数の多い国はアメリカの708社（35.9％），次は日本の661社（33.5％）であり，この2国で全体の約7割を占めている。最も企業数の少ない国はイタリアの51社（2.6％）であり，次はオーストラリアの68社

図表 7-4　サンプル構成比

パネル A：分析 1（32 ヵ国・地域）のサンプル構成比

		企業数(社)	構成比(%)			企業数(社)	構成比(%)
1	オーストラリア	3,016	4.12	17	ニュージーランド	292	0.4
2	オーストリア	177	0.24	18	ナイジェリア	95	0.13
3	ベルギー	245	0.33	19	ノルウェイ	509	0.69
4	カナダ	2,093	2.86	20	パキスタン	437	0.6
5	中国	9,175	12.52	21	フィリピン	117	0.16
6	デンマーク	317	0.43	22	ポーランド	914	1.25
7	フィンランド	383	0.52	23	ポルトガル	112	0.15
8	フランス	1,563	2.13	24	シンガポール	1,760	2.4
9	ドイツ	1,529	2.09	25	南アフリカ	608	0.83
10	香港	4,927	6.72	26	韓国	4,831	6.59
11	インド	5,968	8.14	27	スペイン	382	0.52
12	アイルランド	91	0.12	28	スウェーデン	991	1.35
13	イタリア	628	0.86	29	スイス	551	0.75
14	日本	11,659	15.91	30	台湾	2,682	3.66
15	マレーシア	2,624	3.58	31	イギリス	3,582	4.89
16	オランダ	255	0.35	32	アメリカ	10,772	14.7
					合計	73,285	100

パネル B：分析 2（8 ヵ国）のサンプル構成比

		企業数(社)	構成比(%)			企業数(社)	構成比(%)
1	オーストラリア	68	3.4	5	イタリア	51	2.6
2	カナダ	103	5.2	6	日本	661	33.5
3	フランス	115	5.8	7	イギリス	170	8.6
4	ドイツ	98	5.0	8	アメリカ	708	35.9
					合計	1,974	100

出所：筆者作成。

(3.4％) である。

(2) 基本統計量

次に記述統計と相関係数を確認する。**図表7-5**パネルAで示された分析1の32ヵ国・地域の監査報酬の平均値（中央値）は903千ドル（223千ドル）であり，総資産の平均値（中央値）は2093101千ドル（294861千ドル）である。また，**図表7-5**パネルBで示された分析2の8ヵ国についてみると，監査報酬の平均値（中央値）は3399千ドル（2017千ドル）であり，総資産の平均値（中央値）は8070499千ドル（3502380千ドル）である。分析2は経済規模の大きい国かつ売上規模10億ドル以上という条件があるため，分析1よりも監査報酬，企業規模とも大きくなっている。なお，**図表7-5**には示していないが，日米について比較してみると，プールサンプルにおける日本企業の監査報酬の平均値（中央値）は767千ドル（359千ドル），アメリカは2363千ドル（1177千ドル）であり，売上規模10億ドル以上の企業に絞った場合，日本企業の監査報酬の平均値（中央値）は1729千ドル（857千ドル）に対し，アメリカは4768千ドル（3713千ドル）となる。この結果は，日本企業の監査報酬はアメリカ企業の3から4分の1程度の水準であるとした町田（2007）等の先行研究と概ね一致する。

相関係数は**図表7-6**で示されている。**図表7-6**パネルAにおいて説明変数間で相関が30％を超えているものは以下の通りである。まず，総資産（lnAFEE）とBIG4が35％，流動比率（QUICK）と負債比率（LEVERAGE）が－71％，償却前利益（EBITDA）と損失（LOSS）が－71％である。以上から総資産，流動比率，負債比率，償却前利益において多重共線性の問題が疑われる。ただし，説明変数のなかで最も高いVIFは償却前利益（EBITDA）の1.93であり，説明変数の平均VIFも1.38であるため，この点から多重共線性の問題はないといえるだろう。なお，**図表7-6**パネルBでは分析2の対象サンプルの相関関係を示しているが，概ね分析1と同様である。

図表7-5 記述統計

パネルA：分析1（32カ国・地域）

	平均値	中央値	標準偏差	最小値	最大値
監査報酬（千ドル）	903	223	1,961	6	10,850
総資産（千ドル）	2,093,101	294,861	5,508,197	3,886	31,600,000
lnAFEE	5.512	5.408	1.595	1.853	9.292
lnTA	12.672	12.594	1.998	8.265	17.268
NBS	2.332	1.000	1.831	1.000	10.000
NGS	1.849	1.000	1.564	1.000	10.000
QUICK	2.369	1.630	2.307	0.324	12.627
EBITDA	0.023	0.053	0.171	−0.771	0.273
LEVERAGE	0.477	0.471	0.239	0.053	1.139
LOSS	0.244	0.000	0.430	0.000	1.000
MB	2.390	1.424	2.921	−1.080	15.215
ARTA	0.177	0.153	0.132	0.004	0.550
INVTA	0.121	0.091	0.122	0.000	0.515
BIG4	0.581	1.000	0.493	0.000	1.000
OPINION	0.013	0.000	0.115	0.000	1.000

パネルB：分析2（8カ国）

	平均値	中央値	標準偏差	最小値	最大値
監査報酬（千ドル）	3,399	2,017	3,317	42	10,850
総資産（千ドル）	8,070,499	3,502,380	9,749,461	250,052	31,600,000
lnAFEE	7.647	7.610	1.021	3.745	9.292
lnTA	15.231	15.069	1.167	12.429	17.268
NBS	3.227	3.000	2.134	1.000	10.000
NGS	2.599	2.000	1.992	1.000	10.000
QUICK	1.714	1.453	1.085	0.324	12.312
EBITDA	0.079	0.070	0.071	−0.598	0.273
LEVERAGE	0.572	0.580	0.192	0.053	1.139
LOSS	0.101	0.000	0.301	0.000	1.000
MB	2.013	1.348	2.238	−1.080	15.215
ARTA	0.173	0.150	0.124	0.004	0.550
INVTA	0.114	0.095	0.104	0.000	0.515
BIG4	0.927	1.000	0.261	0.000	1.000
OPINION	0.004	0.000	0.059	0.000	1.000

連続変数はすべて上下2％水準でウィンソライズ（winsorize）している。

第 7 章
監査報酬に関する国際実証研究

　図表 7 - 7 は各国ごとの国共通因子の値を示している。規制因子についてみると、8 カ国のうちアメリカ、イギリス、オーストラリア、カナダが判例法の国に属し、フランス、ドイツ、イタリア、日本が大陸法に分類されている。その他の国共通因子は概ね判例法の国のほうが大陸法の国に比べて高い数値を示していることがわかる。なお、証券監督における日本の数値が他国に比べて低い点が特徴的である。経済因子は、GDP では日本はアメリカに次ぐ 2 番目の水準、1 人当たり GDP および 1 人当たり GNI では各国の間にそれほど顕著な差異はみられない。一方、経営者報酬ではアメリカ企業が突出して高く、日本企業はオーストラリア企業とともに他国と比べて低いことがわかる。ROE の水準および変動性は、アメリカと日本に顕著な差異が認められる。すなわち、アメリカ企業は ROE の水準および変動性とも 8 ヵ国中最も高い水準にあり、日本企業は反対に 8 ヵ国中最も低い水準にあることがわかる。同様に、損失を計上する企業の割合もアメリカが 23% と相対的に高く、日本は 15% と最も低い水準にあることがわかる。

(3) 分析 1 の結果

① 単変量分析

　モデル(1)の推定結果に先立ち、まずは国別の監査報酬の水準を単変量分析により比較する。基準化のため、各企業の監査報酬を期末総資産で除した値として監査報酬比率を計算し、この比率を国ごとに集計し、高いほうからランキングしたものが図表 7 - 8 である。なお、各国ごとの異常値や分布の異常を制御するため、これ以降の分析では平均値ではなく、中央値を用いて比較する。この結果、最も監査報酬の比率が高い国はスウェーデンの 0.207% であり、次にアメリカの 0.202%、オーストラリアの 0.199% と続く。日本企業の監査報酬比率は、0.094% で 32 ヵ国・地域中 16 番目の水準に位置している。また、この比率を単純に比較すると、日本企業の監査報酬の水準は上位国のアメリカ、オーストラリア、イギリスの 5 割、フランス、ドイツと比べると 7 割の水準となる。図表 7 - 8 では、日本とそれぞれの国との監査報酬

図表 7-6 相関係数

パネル A：分析 1（32 ヵ国・地域）

		1	2	3	4	5	6
1	LnAFEE	1					
2	lnTA	0.70*	1				
3	NBS	0.26*	0.23*	1			
4	NGS	0.34*	0.22*	0.24*	1		
5	QUICK	−0.07*	−0.18*	−0.06*	0.05*	1	
6	EBITDA	0.09*	0.19*	0.02*	0.05*	0.14*	1
7	LEVERAGE	0.20*	0.25*	0.11*	0.02*	−0.71*	−0.13*
8	LOSS	−0.10*	−0.28*	−0.07*	−0.02*	−0.08*	−0.71*
9	MB	0.07*	0.05*	−0.18*	−0.02*	0.09*	0.27*
10	ARTA	−0.08*	−0.13*	0.04*	0.06*	0.02*	0.12*
11	INVTA	−0.07*	0.05*	0.04*	0.05*	0.06*	0.11*
12	BIG4	0.51*	0.35*	0.18*	0.26*	0.02*	0.11*
13	OPINION	−0.08*	−0.13*	−0.03*	−0.02*	−0.06*	−0.12*

パネル B：分析 2（8 ヵ国）

		1	2	3	4	5	6
1	LnAFEE	1					
2	lnTA	0.70*	1				
3	NBS	0.11*	0.15*	1			
4	NGS	0.38*	0.20*	0.07*	1		
5	QUICK	−0.08*	−0.20*	−0.07*	0.15*	1	
6	EBITDA	0.13*	−0.01	−0.16*	0.13*	0.26*	1
7	LEVERAGE	0.21*	0.19*	0.10*	−0.04	−0.60*	−0.28*
8	LOSS	0.04	−0.02	−0.03	−0.01	−0.08*	−0.48*
9	MB	0.30*	0.14*	−0.13*	0.18*	0.06*	0.59*
10	ARTA	−0.17*	−0.33*	0.09*	0.09*	0.16*	−0.12*
11	INVTA	−0.16*	−0.24*	0.05*	0.07*	0.30*	0.01
12	BIG4	0.23*	0.19*	0.05*	0.08*	−0.01	0.08*
13	OPINION	0.05*	0.02	−0.03	0	−0.03	−0.04

スピアマンの相関係数，*は 5% 水準で有意であることを示す。

出所：筆者作成。

第7章
監査報酬に関する国際実証研究

7	8	9	10	11	12	13
1						
0.08*	1					
−0.04*	−0.11*	1				
0.13*	−0.15*	−0.05*	1			
0.13*	−0.15*	−0.06*	0.21*	1		
0.03*	−0.09*	−0.02*	−0.06*	−0.07*	1	
0.04*	0.14*	−0.05*	−0.04*	−0.06*	−0.09*	1

7	8	9	10	11	12	13
1						
0.18*	1					
0.03	−0.18*	1				
0.04	−0.01	−0.20*	1			
−0.05*	0	−0.07*	0.21*	1		
0.06*	−0.03	0.14*	−0.11*	−0.03	1	
0.06*	0.06*	−0.05*	−0.03	0	−0.02	1

図表7-7　国共通因子の基本統計量

	アメリカ	イギリス	フランス	オーストラリア	カナダ	ドイツ	イタリア	日本
Common law	1	1	0	1	1	0	0	0
Anti-director right' index	5	5	3	4	5	1	1	4
Disclosure requirements index	1	0.83	0.75	0.75	0.92	0.42	0.67	0.75
Liability standard index	1	0.66	0.22	0.66	1	0	0.22	0.66
Public enforcement index	0.9	0.68	0.77	0.9	0.8	0.22	0.48	0
GDP	15,534	2,465	2,785	1,490	1,779	3,631	2,196	5,896
GNI per person	45,640	37,230	33,930	38,210	37,410	36,780	31,360	33,470
CEO compensation	2,164,952	1,184,936	1,202,145	707,747	1,068,964	1,181,292	1,137,326	543,564
median ROE	10.5	9.5	10.3	6.6	5.7	7.8	7.6	5.0
DI of ROE	2.61	1.86	1.52	2.44	2.79	1.91	1.80	1.45
loss firm	0.23	0.20	0.17	0.26	0.31	0.20	0.18	0.15

出所：筆者作成。

比率の中央値の差異について，統計的な検定を実施した結果も合わせて表示している。その結果，日本より1つ上のノルウェイ，2つ上のニュージーランドを除いて，日本とそれぞれの国には統計的に有意な差が認められる。

② **多変量分析**

図表7-9左列は国別二値変数を含まない基本モデル，右列は国別二値変数を含む拡張モデルの結果を示している。図表7-9左列の結果からわかるようにすべての説明変数が統計的に1%水準で有意であり，かつ自由度調整済み決定係数も66.5%とモデルの当てはまりは比較的優れているといえる。

第7章
監査報酬に関する国際実証研究

図表7-8　国別監査報酬比率（32ヵ国・地域）

		監査報酬比率	z値			監査報酬比率	z値
1	スウェーデン	0.207***	20.62	17	香港	0.091***	-4.92
2	アメリカ	0.202***	44.27	18	オランダ	0.090***	-0.16
3	オーストラリア	0.199***	29.56	19	イタリア	0.085***	-3.64
4	イギリス	0.189***	29.27	20	ベルギー	0.081***	-2.98
5	デンマーク	0.154***	8.22	21	スペイン	0.064***	-7.22
6	南アフリカ	0.143***	8.82	22	台湾	0.063***	-20.71
7	フランス	0.129***	10.49	23	マレーシア	0.054***	-26.77
8	スイス	0.125***	5.9	24	ナイジェリア	0.048***	-6.28
9	ドイツ	0.124***	5.33	25	ポルトガル	0.040***	-8.54
10	アイルランド	0.120*	1.6	26	韓国	0.040***	-48.11
11	シンガポール	0.118***	5.56	27	オーストリア	0.035***	-10.8
12	カナダ	0.115***	7.55	28	ポーランド	0.029***	-28.79
13	フィンランド	0.115**	2.4	29	インド	0.029***	-64.22
14	ニュージーランド	0.109	0.53	30	フィリピン	0.027***	-10.69
15	ノルウェイ	0.095	-0.49	31	中国	0.024***	-86.46
16	日本	0.094	—	32	パキスタン	0.015***	-28.92

*, **, ***はそれぞれ10％，5％，1％水準で有意であることを示す。
出所：筆者作成。

個別因子ごとにみていくと，先行研究と同様に，総資産規模（lnTA）は正の係数であり最もt値が高い。すなわち，監査報酬の決定にあたって監査人は被監査企業の企業規模をもっとも重視していることがうかがえる。複雑性を示す事業セグメント数（NBS）および所在地セグメント数（NGS）も有意な正の値を示している。事業活動の複雑性も監査報酬の決定にあたって重視されているといえよう。リスク変数をみていくと，流動比率（QUICK），負債

図表7-9 モデル(1)の結果

被説明変数＝lnAFEE

	予測符号	係数	t 値	係数	t 値
Intercept		−2.181***	−27.52	−0.894***	−15.47
lnTA	＋	0.542***	232.26	0.501***	260.69
NBS	＋	0.037***	18.47	0.026***	16.92
NGS	＋	0.139***	60.08	0.077***	40.49
QUICK	＋	0.035***	17.83	−0.007***	−5.37
EBITDA	？	−1.079***	−36.27	−0.177***	−7.92
LEVERAGE	＋	0.288***	13.65	0.032**	2.13
LOSS	＋	0.127***	11.39	0.095***	12.17
MB	＋	0.041***	33.42	0.029***	29.9
ARTA	＋	0.101***	3.55	0.483***	24.19
INVTA	＋	−0.558***	−17.43	−0.011	−0.5
BIG4	＋	0.736***	97	0.307***	49.38
OPINION	＋	0.225***	7.08	−0.140***	−5.52
Industry effect		YES		YES	
year effect		YES		YES	
Country_Factors		NO		YES	
Adj.R^2		0.665		0.839	
No of obs.		73,285		73,285	

*，**，***はそれぞれ10％，5％，1％水準で有意であることを示す。t値はrobust standard errorに基づく。連続変数はすべて上下2％水準でウィンソライズ（winsorize）している。

出所：筆者作成。

比率（LEVERAGE），損失（LOSS），純資産時価簿価比率（MB）は監査報酬と正の相関を持っていることがわかる。負債比率と損失は財政状態が悪いことを意味するので，それだけ虚偽表示リスクが高く，監査手続を増やす必要性を意味している。一方，流動比率と純資産時価簿価比率が監査報酬と正の相関を持つことは，財務体質の良さが監査報酬の支払余力につながっているとの解釈が可能である。一方，償却前利益（EBITDA）は監査報酬と負の

第 7 章
監査報酬に関する国際実証研究

相関を示している。これは業績のよい企業ほど，不適切な会計処理を行うインセンティブが小さく，監査工数を増やさなくて済むとの解釈が可能である。また，売上債権（ARTA）は正の関連性，棚卸資産（INVTA）は負の関連性を有している。この点については先行研究でも同様の現象が確認されているものの，その原因あるいは有効な解釈は必ずしも示されておらず，今後の検討課題であろう。監査関連をみると，大手監査人（BIG4）と監査意見（OPINION）はどちらも監査報酬と有意な正の相関を示している。すなわち，大手監査人ほど，そして，無限定適正意見以外の監査意見を表明する場合ほど，監査報酬が高くなる傾向があることを示している。**図表7－9**右列の国別二値変数を加えたモデルの結果をみると，まず決定係数が83.9％となり，国別の水準を加味することでモデルの説明力が20％近く上昇していることがわかる。個別変数の結果をみていくと，概ね国別二値変数のない基本モデルと同様であるが，棚卸資産，監査意見が基本モデルと異なる結果となっている。棚卸資産の水準や監査意見に関する実務は国ごとの固有性が大きく，これにより個別変数の説明力に影響を与えているのかもしれない。

では，こうした企業特性を考慮してもなお，各国の監査報酬の水準は異なるのだろうか。**図表7－10**は被監査企業の規模，複雑性，リスクをコントロールした上で，各国の監査報酬の違いに統計的な有意性があるかを検証した結果である。先述のように，モデル(1)では日本を除く31ヵ国・地域を二値変数として組み込んでいる。つまり，各国の二値変数の係数が正であれば日本よりも監査報酬が高く，反対に負の有意な値であれば日本よりも低いことを示している。結果は，被監査企業の規模，複雑性，リスクをコントロールしてもなお，32ヵ国・地域中12ヵ国は日本よりも監査報酬が高く，17ヵ国は日本よりも低いことがわかる。なお，2ヵ国（スペイン，イタリア）は日本と有意な差がない。すなわち，被監査企業の規模，複雑性，リスクを考慮しても，日本は32ヵ国・地域中，13から15番目の水準に位置しており，監査報酬比率のみのシンプルな比較から得られた16位とそれほど大きな差はないといえる。

図表7-10 国別二値変数

		係数	t値			係数	t値
1	アメリカ	0.780***	92.33	17	フィンランド	−0.105**	−2.48
2	南アフリカ	0.368***	12	18	シンガポール	−0.167***	−8.36
3	オランダ	0.337***	9.53	19	香港	−0.228***	−22.9
4	スイス	0.315***	10.99	20	ニュージーランド	−0.295***	−6.9
5	フランス	0.309***	15.67	21	ポルトガル	−0.400***	−5.16
6	カナダ	0.276***	18.3	22	オーストリア	−0.638***	−9.45
7	アイルランド	0.213***	2.86	23	ナイジェリア	−0.669***	−11.87
8	イギリス	0.204***	15.94	24	中国	−1.018***	−104.55
9	デンマーク	0.202***	5.68	25	台湾	−1.021***	−68.45
10	オーストラリア	0.126***	9.14	26	マレーシア	−1.094***	−78.09
11	スウェーデン	0.049**	1.95	27	韓国	−1.235***	−121.08
12	ドイツ	0.040**	2.18	28	フィリピン	−1.470***	−11.78
13	日本	—	—	29	ポーランド	−1.569***	−47.23
14	スペイン	−0.031	−0.7	30	インド	−1.606***	−123.46
15	イタリア	−0.049	−1.51	31	ベルギー	−1.866***	−37.75
16	ノルウェイ	−0.090**	−2.47	32	パキスタン	−2.101***	−65.62

*,**,***はそれぞれ10%, 5%, 1%水準で有意であることを示す。

出所：筆者作成。

(4) 分析2の結果

　では，こうした国別の監査報酬の水準は何によって生み出されているのだろうか。本章では少なくとも3つの国共通因子が国別の監査報酬の差異をもたらす共通因子であると想定している。以下ではこれら3つの要素と国別の監査報酬の差異の関連性について定式化したモデル(2)の結果を検討し，それを踏まえて，これらの要素を組み込んだ監査報酬評価モデルについて検討す

る。モデル(2)の対象サンプルは，アメリカ，イギリス，フランス，ドイツ，カナダ，オーストラリア，日本，イタリアの8ヵ国1,974社である。

① 単変量分析

分析1と同様に，8ヵ国の監査報酬比率（中央値）を示したものが**図表7－11**である。8ヵ国のうち，最も監査報酬比率の高い国はアメリカの0.076%であり，最も低い国は日本の0.035%である。単純な比較ではあるが，日本は8ヵ国のなかで最も監査報酬比率が低く，米英と比べると半分以下となっていることがわかる。**図表7－11**では日本と残り7ヵ国の監査報酬比率の中央値について，統計的な検定を実施した結果も示している。その結果，アメリカ，イギリス，フランス，オーストラリア，カナダ，ドイツは日本よりも有意に監査報酬比率が高く，イタリアとの間にも弱い水準ではあるが有意な差異が検出された。すなわち，先進国主要8ヵ国で，かつ売上高10億ドル以上の企業に絞った場合，日本の被監査企業が監査法人に支払う監査報酬は他の7ヵ国よりも低い水準にあるといえる。

図表7－11　国別監査報酬比率(8ヵ国)

		監査報酬比率	z値			監査報酬比率	z値
1	アメリカ	0.076***	16.30	5	カナダ	0.052***	4.35
2	イギリス	0.074***	9.57	6	ドイツ	0.045***	3.11
3	フランス	0.071***	7.79	7	イタリア	0.042*	1.90
4	オーストラリア	0.064***	5.42	8	日本	0.035	―

出所：筆者作成。

② **多変量分析**

では，次にモデル(2)の分析結果を検討する。**図表7-12**は国共通因子である規制因子（Regulatory_Factors），経済因子（Economic_Factors），ビジネス因子（Business_Factors）が監査報酬に与える影響を分析した結果を示している。なお，国共通因子である規制因子，経済因子，ビジネス因子は相互に高い相関関係にあるため，1つずつモデルに組み入れ，結果を検討する。**図表7-12**からわかるように，3つの共通因子すべてが統計的に1％水準で有意な正の係数を示している。すなわち，これらの結果は，投資家保護の規制が強い，国および国民の経済水準が高い，企業の収益性およびその変動性，損失計上確率が高いほど，当該国の上場企業の監査報酬が高いことを示唆している。日本因子についてみてみると，左列に示された国共通因子を考慮しない場合と比べて，各共通因子を入れることで，日本因子の係数が小さく

図表7-12　モデル(2)国共通因子モデルの結果

	予測符号	係数	t値	係数	t値	係数	t値	係数	t値
Japan_Factor	—	−0.767***	−22.41	−0.602***	−15.47	−0.540***	−12.56	−0.310***	−4.05
Reguratory_Factors	+			0.171***	9.81				
Economic_Factors	+					0.175***	9.56		
Business_Factors	+							0.248***	7.14
Company_Attributes		YES		YES		YES		YES	
Industry effect		YES		YES		YES		YES	
Adj.R^2		0.707		0.727		0.723		0.718	
No of obs.		1,974		1,974		1,974		1,974	

*，**，***はそれぞれ10％，5％，1％水準で有意であることを示す。t値はrobust standard errorに基づく。連続変数はすべて上下2％水準でウィンソライズ（winsorize）している。

出所：筆者作成。

なっていることから,共通因子によって,日本とその他の国との監査報酬の差異がある程度説明されているといえる。しかしながら,日本因子はすべてのケースにおいて統計的に有意な負の係数となっていることから,国共通因子を加味してもなお,日本企業の監査報酬はその他の国と比べて有意に低いといえる。この差は,国共通因子によって説明できない日本独自の制度や慣習など固有の要因によってもたらされているのかもしれない。

(5) 追加分析

(i) サブ変数の分析

メインモデルでは,主成分分析を用いて,それぞれの共通因子を3つの結合変数として検証した。本章では,結合前の各指標が監査報酬とどのような関係にあるかを分析する。

図表7-13パネルAは,規制因子の各指標を分析した結果である。5つの規制因子すべてが1%水準で統計的に有意に監査報酬と関連しており,かつ,日本因子の係数の値がこれらの規制因子を考慮しない場合に比べて低いことがわかる。当該結果は,これらの国ごとに指標化された規制因子が,日本とその他の国との監査報酬の差異の要因となっていることを示唆するものと解釈できる。さらに,法体系(Common law),株主権の保護(Anti-director right),情報開示(Disclosure requirements),法的責任(Liability standard)を組み入れても,日本因子はなお有意な負の値を示しているが,証券監督(Public enforcement)を組み入れた場合,日本因子の係数が極端に小さくなり,かつ統計的に有意でなくなる。この結果はすなわち,証券監督の程度によって,日本とその他の国との監査報酬の差異をほぼ説明できることを示唆している。

図表7-13パネルBは,経済因子の各指標を組み入れたモデル(2)の結果である。規制因子と同様に,経済因子もすべて統計的に有意に監査報酬と正の関連性を有している。すなわち,これらの結果は,国ごとの経済規模や水準の違いが監査報酬の水準にも影響を及ぼしていることを示唆している。日

図表7-13　各国共通因子の結果

パネルA：規制因子

	予測符号	係数	t値	係数	t値	係数	t値	係数	t値	係数	t値
JAPAN	—	−0.49***	−8.98	−0.754***	−22.93	−0.64***	−17.88	−0.739***	−22.1	−0.011	−0.13
LAW	+	0.377***	7.2								
DIR	+			0.144***	9.2						
DIS	+					1.164***	11.02				
LIAB	+							0.508***	9.07		
PUB	+									0.988***	10.36
Company Attributes		YES		YES		YES		YES		YES	
Industry ffect		YES		YES		YES		YES		YES	
Adj.R^2		0.72		0.728		0.729		0.724		0.728	
No of obs.		1,974		1,974		1,974		1,974		1,974	

JAPAN＝日本二値変数，LAW＝法体系，DIR＝株主権，DIS＝情報開示，LIAB＝法的責任，PUB＝証券監督

パネルB：経済因子

	予測符号	係数	t値	係数	t値	係数	t値
JAPAN	—	−0.763***	−23.18	−0.5***	−10.4	−0.297***	−4.78
GDP	+	0.167***	9.45				
GNI_PP	+			1.425***	8.81		
CEO_COM	+					0.453***	9.55
Company Attributes		YES		YES		YES	
Industry Effect		YES		YES		YES	
Adj.R^2		0.721		0.724		0.722	
No of obs.		1,974		1,974		1,974	

JAPAN＝日本二値変数，GDP＝国内総生産，GNI_PP＝一人当たりGNI，CEO_COM＝経営者報酬

第 7 章
監査報酬に関する国際実証研究

パネル C：ビジネス因子

	予測符号	係数	t 値	係数	t 値	係数	t 値
JAPAN	—	−0.317***	−5.32	−0.542***	−9.93	−0.698***	−12.74
M_ROE	＋	0.104***	9.83				
DI_ROE	＋			0.265***	5.8		
L_FIRM	＋					0.961*	1.8
Company Attributes		YES		YES		YES	
Industry Effect		YES		YES		YES	
Adj.R^2		0.723		0.714		0.708	
No of obs.		1,974		1,974		1,974	

JAPAN＝日本二値変数，M_ROE＝ROE の中央値，DI_ROE＝ROE の格差，L_FIRM＝損失計上企業の割合
*，**，***はそれぞれ 10％，5％，1％水準で有意であることを示す。t 値は robust standard error に基づく。
連続変数はすべて上下 2％水準でウィンソライズ（winsorize）している。
出所：筆者作成。

本因子についてみてみると，国ごとの経済因子をコントロールしてもなお，すべての場合において日本因子は有意に負である。このことは，経済因子のみでは日本の監査報酬の水準の低さを説明しきれないことを示唆している。なお，1 人当たり GNI（GIN per parson）と経営者報酬をコントロールした場合に，日本因子の係数が小さくなっていることから，国全体の経済規模よりも，1 人当たりの所得水準や経営者の報酬のほうがよりよく国ごとの監査報酬の違いを説明できると解釈できるだろう。

図表 7 - 13 パネル C は，ビジネス因子の各指標を組み入れたモデル(2)の結果である。規制因子および経済因子と同様に，すべての変数が統計的に有意に監査報酬と正の関連性を有している。すなわち，企業の収益性およびその変動が大きいほど，監査報酬も大きい傾向があることがわかる。また，損失を計上する企業の割合が多い国ほど，監査報酬が相対的に高くなる傾向があるといえる。日本因子についてみてみると，収益性およびその変動性，損失計上企業の割合を考慮することによって，日本因子の係数が小さくなるも

のの,依然として有意性が認められる。すなわち,これらのみでは日本企業の監査報酬の水準の低さを説明しきれないと考えられる。

(ii) 大手監査法人対その他監査法人の分析

大手監査人とその他監査人には,提供する監査サービスの質並びに監査コストの構造に差異があると考えられている(Choi et al., 2008;Francis and Wang, 2008;Fukukawa, 2011;矢澤 2010;2011)。そこで,本章のサンプルを大手監査人(BIG4)とその他監査人(non-BIG4)に区分し,モデル(1)と(2)を推定する。その結果,モデル(1)において,BIG4 サンプル(N = 42,577)における日本企業の監査報酬の水準は 32 ヵ国・地域中 13 から 16 番目であり,また,non-BIG4 サンプル(N = 30,708)における日本企業の監査報酬の水準は 32 ヵ国・地域中 6 から 8 番目であった。大手監査人では,プールサンプルを用いた場合と概ね整合している一方,中小監査人では日本の水準は相対的に高めに位置しているといえる。また,モデル(2)において,BIG4 サンプル(N = 1,829)における国共通因子および日本因子の係数符号および有意水準はすべてプールサンプルを用いた場合と同様であった。一方,non-BIG4 サンプル(N = 145)における国共通因子の係数符号および有意水準はプールサンプルを用いた場合と同様であったものの,ビジネス因子を加味した場合に日本因子の有意性が消失した。以上から,監査人の違いを考慮しても,本章の結果は支持されるものといえる。

5 まとめと考察

本章は,国際的な視座に立ち,監査報酬は企業別因子,国共通因子,国固有因子の3つの因子によって決定されることを概念化した。概念モデルから検証モデルを導出し,32 ヵ国・地域 73,285 社および主要 8 ヵ国 1,974 社を対象にモデルの当てはまりを検証した。その結果,監査報酬は,企業別因子

第7章
監査報酬に関する国際実証研究

(規模,複雑性,リスク),国共通因子(規制因子,経済因子,ビジネス因子)と統計的に有意に関連することが観察された。

日本という視点から結果を検討しよう。日本の総資産に占める監査報酬の比率(中央値)は32ヵ国・地域中16位,アメリカ,イギリス等の2分の1の水準であり,これは企業の規模,複雑性,リスク等を加味しても同様の水準であった。また主要8ヵ国(アメリカ,イギリス,フランス,ドイツ,カナダ,イタリア,オーストラリア,日本)において日本の監査報酬は最も低い水準にある。これについて,国共通因子が監査報酬の水準に与える影響を分析した結果,規制因子,経済因子,ビジネス因子によって,日本とその他の国との監査報酬の違いをある程度説明できることが明らかになった。ただし,国共通因子を加味してもなお,日本企業の監査報酬はその他の国と比べて有意に低い水準にあることがわかった。この差は,日本独自の制度や慣習など固有の要因によってもたらされているのかもしれない。また,サブ変数について分析した結果,規制因子の1つである証券監督を考慮することによって,日本因子の統計的有意性がなくなることから,日本とその他の国との監査報酬の水準の違いと証券監督のあり方には何らかの関連性があることが推察される。

以上のように本章は,監査報酬の決定因子を国際的な視点から概念化し,実際のデータによって監査報酬の国際的差異の程度とその原因を明らかにしている点で学術研究および実務に有意義な知見を提供しているといえる。第一に,学術研究の視点から,監査報酬は監査の品質を分析するにあたって重要な変数の1つであり,これまでそしてこれからも多くの研究で用いられることが予想される。本章は,監査報酬の分析にあたって,国ごとの規制環境や経済水準,企業のビジネスモデルなどを踏まえた分析を行う必要性を指摘している。第二に,実務の観点から,監査法人にとって監査報酬は主たる収益源であり,法人経営において,自らのサービス価値をいかに向上させるかが課題となる。また,規制当局においても,本章冒頭で述べたように,監査の品質を向上させるためにも十分な監査時間と報酬の確保が重要となっている。一方,これまで国際的な視点から,監査報酬がどのように決定されてい

るかはよくわかっておらず，本章の分析結果は監査人や規制当局に有益な情報を提供するだろう。

最後に，本章の概念モデルから導かれる予測について議論したい。すなわち，日本企業の監査報酬は今後，どう変化していくのだろうか，という問いである。バブル崩壊後の20年間にわたって日本企業は低成長，低収益に悩んできた。この状況を打開するために，2014年から2015年にかけて一連の施策が実行された。特に，2015年3月に公表されたコーポレートガバナンス・コードでは，日本企業がリスクをとってより高い成長性と収益性を目指すことが求められ，そのために経営者にも長期的な業績に連動した報酬など適切なインセンティブを付与することが重要とされている（CGコード，補充原則4-2①）。一方，オリンパスや東芝のように深刻な不正会計が後を絶たず，監査に問題があったとされた監査法人に対する規制当局による処分も規模，件数ともに増えつつある。これら一連の出来事はすなわち，日本の証券規制および経済環境，日本企業のビジネスモデルの変化をもたらし，本章の概念モデルと経験的な証拠に基づけば，これらの変化は監査報酬を増大させる可能性があるといえるだろう。

本章には以下の限界もある。第一に，データカバレッジである。本章はトムソン・ロイター社のWorldscopeデータベースに基づいているため，本データベースによってカバーされていない国については分析できていない。第二に，国共通因子である規制因子，経済因子，ビジネス因子は互いに高い相関関係にあることから，これら因子間の関連性およびそれが監査報酬に与える複合的・結合的な影響については十分に分析できていない。第三に，国固有因子については各国の資本市場規制，監査規制の調査および分析が必要である。本章によって提示される証拠及び証拠から得られる示唆は，これらの限界を考慮に入れて活用されるべきである。

※本章は矢澤（2016）および（2018）をベースに，大幅に加筆修正したものである。

第7章
監査報酬に関する国際実証研究

▶ **注**

1) 監査の品質（audit quality）は専門性（competence）と独立性（independence）から構成される（Watts and Zimmerman 1986, 330-333）。専門性を向上させるためには，優れた能力を持つ監査人が十分な時間をかけて会計数値をチェックすることが求められる。また独立性の観点からは，クライアントとの特定の利害関係があってはならないことは当然として，過大な監査報酬をどう抑制するかという点が問題となる。つまり，監査の品質を向上させるためには，監査リスクを適正な水準に抑えるために必要な監査手続が行われ，その手続きに要した監査コストに対して適切な報酬が支払われることが求められる。

2) 『日本経済新聞』2004年8月24日。

3) 2010年度日本企業3616社の監査報酬は平均値6,167万円（約770.87千ドル，1ドル＝80円），中央値3200万円（約400千ドル）である。対して，アメリカ企業5,585社の監査報酬は平均値1976.48千ドル，中央値628.95千ドルである。

4) 2004年2月17日「改正公認会計士法の施行にあたって」日本公認会計士協会（http://www.hp.jicpa.or.jp/ippan/jicpa_pr/statement/files/00947-003073.pdf）

5) 日本公認会計士協会による2004年の調査では，仮説のモデルをもとに，日本及び海外5ヵ国（アメリカ，イギリス，ドイツ，フランス，カナダ）の監査事務所において，監査業務に必要な監査時間を算定してもらい，その結果を比較している。同調査によれば，海外企業の監査時間は日本企業のそれに比べて1.1倍ないし2.8倍であった。ただし，当該調査は日本と海外という2区分で分析しており，各国間の違いには着目していない。本章の分析によれば，アメリカとイギリスがほぼ同水準，ドイツとフランスとカナダがほぼ同水準にあることがわかった。

6) 『企業会計』2016年5月号「三角波」に掲載された匿名の論考でも「米国と日本との会計・監査・開示制度や法規制の仕組み，会社規模の違い等を加味せずに，日本と米国と監査時間を単純比較することはまったく無意味である」旨議論されている。

7) もちろん米国のエンロン事件にみるように，高すぎる監査報酬が監査人の独立性を低下させかねないという負の側面もある。

8) こうした視点は監査の需要側（demand side）である企業の要素に注目した視点であり，より直接的に供給側（supply side）である監査人の要素（監査スタッフや監査時間，監査チームの構成）に注目した視点から概念整理と分析を行う必要性も指摘されている（Causholli, et al., 2010）。

9) 筆者が，著者であるCarson教授（ニューサウスウェールズ大学）に確認した

ところ，この62社は海外上場等により監査報酬の開示が要求されている比較的大企業が中心であるとのことであった。
10) 後に述べるように，中国，インド，日本等GDPが相対的に高くとも，監査報酬が相対的に低い国も存在することから，国の経済力と監査報酬の関係性は今後の検討が必要である。
11) 標準監査報酬規定については監査人・監査報酬問題研究会（2012）第2章を参照されたい。
12) 31ヵ国・地域の抽出基準の詳細については，矢澤（2014）を参照。
13) データベースに計上されている監査報酬は，監査証明業務だけでなく，非監査証明業務に基づく報酬も含まれる。主要国では監査証明業務と特定の非監査業務の同時提供が禁止されている。最も非監査業務業務が多いアメリカにおいても総監査報酬に対する非監査報酬の比率は16.9%であることから（監査人・監査報酬研究会, 2012），本章ではこれを監査報酬の代理変数とする。
14) 矢澤（2016）よりサンプルサイズが小さい理由は，データベースにおけるデータカバレッジおよび変数の変更にあると考えられる。なお，この変更による結果の影響はみられない。

【参考文献】

Carson, E. (2009), Industry specialization by global audit firm networks. *The Accounting Review* 84(2). 355-382.

Causholli, M., M.D. Martinis, D. Hay and W.R. Knechel (2010), Audit markets, fees and production : Towards an integrated view of empirical audit research. *Journal of Accounting Literature* 29 : 167-215.

Choi, J-H., J-B. Kim, X. Liu and D.A. Simunic (2008), Audit pricing, legal liability regimes, and Big 4 premiums : Theory and Cross-country evidence. *Contemporary Accounting Research* 25(1) : 55-99.

DeAngelo, L.E. (1981) Auditor size and audit quality. *Journal of Accounting and Economics* 3 : 183-199.

Fargher, N., M.H. Taylor and D.T. Simon (2001), The demand for auditor reputation across international markets for audit services. *International Journal of Accounting* 36(4) : 407-21.

Francis, J.R. and D. Wang (2008), The joint effect of investor protection and Big 4 audits on earnings quality around the world. *Contemporary Accounting*

> *Research* 25(1)：157-191.

Fukukawa, H. (2011), Audit Pricing and Cost Strategies of Japanese Big 3 Firms, *International Journal of Auditing* 15(2)：109-126.

Hay, D.C., W.R. Knechel and N. Wong (2006), Audit fees：a meta-analysis of the effect of supply and demand attributes, *Contemporary Accounting Research* 23(1)：141-191.

La Porta, R., F. Lopez-De-Silanes, A. Shleifer and R.W. Vishney (1998), *Law and finance. Journal of Political Economy* 106(6)：1113-55.

La Porta, R., F. Lopez-De-Silanes and A. Shleifer (2006), What works in securities laws? *The journal of finance* 61(1)：1-32.

Simunic, D.A. (1980), The pricing of audit services：theory and evidence. *Journal of Accounting Research* 18(1)：161-190.

Taylor, M.H. and D.T. Simon (1999), Determinants of audit fees：The importance of litigation, disclosure, and regulatory burdens in audit engagements in 20 countries. *International Journal of Accounting* 34(3)：375-88.

Watts, R.L. and J.L. Zimmerman (1986), *Positive Accounting Theory*. Prentice-Hall, Inc.（須田一幸訳『実証理論としての会計学』白桃書房, 1991 年）

監査人・監査報酬問題研究会（2012）『わが国監査報酬の実態と課題』日本公認会計士協会出版局。

東京証券取引所（2015）『コーポレートガバナンス・コード』。

中野誠（2009）『業績格差と無形資産─日米欧の実証研究─』東洋経済新報社。

藤原英賢（2011）「監査法人の規模と監査報酬の関係」『現代監査』21巻, 159-168頁。

町田祥弘（2007）「日米上場企業の財務諸表監査報酬の比較について」『会計・監査ジャーナル』624巻, 22-29頁。

───（2012）「監査時間の国際比較に基づく分析」『會計』181巻3号, 354-367頁。

矢澤憲一（2009）「監査報酬評価モデルの研究」『青山経営論集』44巻3号, 229-256頁。

───（2012）「監査報酬評価モデルの研究Ⅱ：内部統制監査の導入に焦点を当てて（2007-2011）」『青山経営論集』47巻1号, 79-97頁。

───（2013）「監査報酬の国際実態比較─日本企業の監査報酬は本当に低いのか？─」『青山経営論集』48巻2号, 267-281頁。

───（2014）「なぜ日本企業の監査報酬は低いのか─32か国・地域による国際比

較研究—」『会計・監査ジャーナル』704巻, 87-95頁。
―――（2016）「監査報酬の国際実証研究—なぜ日本企業の監査報酬は低いのか？—」『青山経営論集』51巻3号, 221-247頁。
―――（2018）「監査報酬の国際実証研究—日本企業の監査報酬は増えたのか？—」『青山経営論集』53巻3号, 47-70頁。

第8章 監査法人のガバナンス・コード

1 監査法人のガバナンス・コードの公表

　2017年3月31日に，金融庁「監査法人のガバナンス・コードに関する有識者検討会」（座長　関哲夫㈱みずほフィナンシャルグループ取締役。以下，有識者検討会）より，「監査法人の組織的な運営に関する原則」（監査法人のガバナンス・コード；以下，「コード」）が公表された（金融庁，2017a）。同コードは，2016年12月15日に，「『監査法人の組織的な運営に関する原則』（監査法人のガバナンス・コード）（案）の策定について」（以下，公開草案）が公表され（意見の募集は2017年1月31日まで），それに対する意見を踏まえて確定・公表されたものである[1)]。

　有識者検討会は，2016年3月8日に金融庁から公表された「『会計監査の在り方に関する懇談会』提言―会計監査の信頼性確保のために―」（以下，「提言」）を受けて設置されたもので，2016年7月15日より12月5日まで，計5回にわたって審議が重ねられ，公開草案の公表に至った。なお，公開草案に対する意見募集後には，改めて公開の会議は開かれていない。

　監査法人のガバナンス・コードの策定は，「提言」の下で具体的に実施や検討が進められることが予定されている大きな3つの監査規制問題，すなわち，監査法人のガバナンス・コードの策定，監査法人の強制的交代制度の導入に関する調査，及び監査報告書の拡充のうちの1つであり，監査の品質の向上に向けての中心的な取組みと位置付けられている。

　監査法人のガバナンス・コードの策定は，2016年6月2日に公表された「日本再興戦略2016―第4次産業革命に向けて―」に掲げられた政策方針の一部[2)]であるため，2016年度内，つまり2017年3月までのコードの確定・公表が想定されていた。「提言」における3つの主要な施策――監査法人のガバナンス・コード，監査法人の強制ローテーション制，及び監査報告書の透明化――のうち，最初に具体的な施策が確定したものといえる。

　以下，「コード」に沿って，その内容を検討していくこととしたい。また，

その際に，わが国に先んじて監査法人のガバナンス・コードを導入している英国との比較を試みることとしたい。

2 「コード」の概要

(1) 「コード」の概要と背景となる考え方

「コード」に示された監査法人のガバナンス・コードは，5つの原則と，その下位原則である22の指針から構成されている。「コード」の前文では，そこで規定されている内容を以下の通り，要約している。

- 監査法人がその公益的な役割を果たすため，トップがリーダーシップを発揮すること
- 監査法人が，会計監査に対する社会の期待に応え，実効的な組織運営を行うため，経営陣の役割を明確化すること
- 監査法人が，監督・評価機能を強化し，そこにおいて外部の第三者の知見を十分に活用すること
- 監査法人の業務運営において，法人内外との積極的な意見交換や議論を行うとともに，構成員の職業的専門家としての能力が適切に発揮されるような人材育成や人事管理・評価を行うこと
- さらに，これらの取組みについて，わかりやすい外部への説明と積極的な意見交換を行うこと

これら5つの点は，それぞれ5つの原則の趣旨を述べたものと解される。すなわち，順に，以下のとおりである。

①トップのリーダーシップの発揮
②実効的な経営（マネジメント）機関の役割の明確化
③監督・評価機能の強化と第三者の知見の活用
④法人内外との意見交換及び人事配置・評価

⑤透明性報告書の公表

　こうしたモデルが提示されている背景には，先の「提言」の考え方がある。「提言」においては，「Ⅱ．会計監査の信頼性確保のための取組み・1．監査法人のマネジメントの強化」において，東芝問題を想起させる「最近の不正会計事案においては」という表現で，「大手監査法人の監査の品質管理体制が形式的には整備されていたものの，組織として監査の品質を確保するためのより高い視点からのマネジメントが有効に機能しておらず」，他の大手監査法人についても，「当局の検査等において，マネジメントの不備が監査の品質確保に問題を生じさせている原因として指摘されている」と述べられている。

　この原因として，「提言」では，監査法人が公認会計士法上，5名以上の公認会計士によって設立されるパートナーシップ制がとられているものの，実際に，大手監査法人では，数千名の公認会計士を擁する体制となっており，準大手監査法人でも百名を超える規模となっていることから，現行のマネジメントが監査法人の「規模の拡大と組織運営の複雑化に対応しきれていないことが，監査の品質確保に問題を生じさせている主な原因の一つである」と捉えているのである。

　なお，ここでいうマネジメントの強化によって期待される効果には，「提言」の記述を踏まえれば，

- 監査の現場やそれを支える監査法人組織において職業的懐疑心を十分発揮させること
- 当局の指摘事項を踏まえた改善策を組織全体に徹底させること
- 監査品質の確保に重点を置いた人事配置・評価が行われること

等が含まれると解される。

　ここで留意すべきは，わが国では，「監査法人のマネジメントの強化」の一環として「コード」の策定が求められたという点である。

　少なくとも英国では，監査事務所の寡占状態を解消するために，監査事務所を選択するためのツールとして透明性報告書の提供が企図されたのであり，監査事務所のコードは，上場企業の株主，あるいはその意を踏まえた企業の

第8章
監査法人のガバナンス・コード

監査委員会のために，監査事務所のガバナンスの強化とその透明性を図るべく策定されたのである。この点において，英国のコードとわが国のそれとの間には，設定目的の相違を指摘することができる。

ヨリ具体的な問題は，コードの目的の達成度の判断にある。英国のコードは，当初は，監査委員会における監査事務所との契約の入札に向けて，また現在では，EUにおいてすでに導入された監査事務所の強制的交代制を前提としてのものとなっている。そこでのコードの目的の達成の可否は，逆にいえば，企業の監査委員会や株主による評価に委ねられているといえよう。

では，わが国の監査法人のガバナンス・コードは，その導入によってマネジメントの強化を実現しようとするとはいえ，それはどうやって事後的に把握され，評価することができるのであろうか。いい換えれば，監査法人のガバナンス・コードによって監査の品質が向上したか否かを，どのように把握して，評価するのかということである。

(2) 適用対象と方法

次に問題となるのは，監査法人のガバナンス・コードの適用対象となる監査法人の範囲の点である。「コード」では，次のように述べられている。

「本原則は，大手上場企業等の監査を担い，多くの構成員から成る大手監査法人における組織的な運営の姿を念頭に策定されているが，それ以外の監査法人において自発的に適用されることも妨げるものではない。」

ここにいう大手監査法人とは，同じ金融庁の公認会計士・監査審査会において，次のように定義していることから，EY新日本有限責任監査法人，有限責任監査法人トーマツ，有限責任あずさ監査法人，PwCあらた監査法人の4法人であると想定される。

「大手監査法人：上場会社を概ね100社以上被監査会社として有し，かつ常勤の監査実施者が1,000名以上いる監査法人。本基本計画では，有限責任あずさ監査法人，新日本有限責任監査法人，有限責任監査法人トーマツ及びPwCあらた有限責任監査法人の4法人を指す。」（公認会計士・監

査審査委員会, 2017a）。

2017年3月末時点でのデータ（監査人・監査報酬問題研究会, 2018）によれば，これら4法人は，全上場企業3,650社（2015年3月時点）のうち2,633社，72.1%をカバーしている。実に上場会社の1/4を占めるものであるが，英国では，「コード」の適用対象の監査事務所でFTSE350の約95%をカバーしていることと比較すると，わが国のカバー率は低いように見受けられる。

また，わが国の監査市場の特徴として，数多くの監査事務所が，上場企業の監査を担当していることが挙げられる。日本公認会計士協会の上場会社監査事務所名簿（2018年12月末日現在）によれば，上場企業を担当している監査事務所は，準登録も含めて129にも及ぶ。加えて，カバーされない監査法人は，担当上場企業数が少ないのであるから，結果的に，多数の監査法人が「上場企業を担当しながら，監査法人のガバナンス・コードを適用していない」という状況となる懸念がある。

これらの監査法人については，将来的に，「コード」の任意適用を促すか，または，徐々に強制的な適用範囲を広げていくのであろうか。あるいは，これらの監査法人から，「コード」を適用する監査法人への交代が進むことを想定するのであろうか。

他方で，前述の「提言」の考え方のように，監査法人のガバナンス・コードは，大規模化して，パートナーシップ制をとりながらも，「規模の拡大と組織運営の複雑化に対応しきれていない」監査法人への対応だと捉えるならば，適用範囲は，上場企業のカバー率で捉える問題ではないということになるであろう。

次に，適用方法についてであるが，この点について，「コード」では次のように述べられている。

「大手監査法人をはじめとする各監査法人が，本原則をいかに実践し，実効的な組織運営を実現するかについては，それぞれの特性等を踏まえた自律的な対応が求められるところであり，本原則の適用については，コンプライ・オア・エクスプレイン（原則を実施するか，実施しない場合には，

その理由を説明する）の手法によることが想定されている。」

原則主義に基づいて，comply or explain による自律的な対応というのは，英国の監査事務所のガバナンス・コードと同様であり，わが国においても，すでに上場企業のガバナンス・コード等で浸透してきている手法であるといえよう。

問題となるのは，上場会社のガバナンス・コードのように，東京証券取引所による遵守状況にかかる報告書が公表されたり，金融庁におけるフォローアップ会合が持たれたりするのかどうか，ということであろう。

3 「コード」の原則と指針の検討

以下，原則ごとに，検討していくこととする。なお，以下の枠囲み内は，「コード」から抜き出したままの原則及び指針の文言である。

(1) 監査法人が果たすべき役割

まず，原則1は，監査法人におけるリーダーシップの問題を取り上げている。

> **原則1** 監査法人は，会計監査を通じて企業の財務情報の信頼性を確保し，資本市場の参加者等の保護を図り，もって国民経済の健全な発展に寄与する公益的な役割を有している。これを果たすため，監査法人は，法人の構成員による自由闊達な議論と相互啓発を促し，その能力を十分に発揮させ，会計監査の品質を組織として持続的に向上させるべきである。
>
> **指針**
> 1-1. 監査法人は，その公益的な役割を認識し，会計監査の品質の持続的な向上に向け，法人の社員が業務管理体制の整備にその責務を果たすとともに，トップ自ら及び法人の構成員がそれぞれの役割を主体的に果たすよう，トップの姿勢を明らかにすべきである。

> 1-2. 監査法人は，法人の構成員が共通に保持すべき価値観を示すとともに，それを実践するための考え方や行動の指針を明らかにすべきである。
> 1-3. 監査法人は，法人の構成員の士気を高め，職業的懐疑心や職業的専門家としての能力を十分に保持・発揮させるよう，適切な動機付けを行うべきである。
> 1-4. 監査法人は，法人の構成員が，会計監査を巡る課題や知見，経験を共有し，積極的に議論を行う，開放的な組織文化・風土を醸成すべきである。
> 1-5. 監査法人は，法人の業務における非監査業務（グループ内を含む。）の位置づけについての考え方を明らかにすべきである。

ここにいう「公益的な役割」とは，公認会計士法に規定されている「企業の財務情報の信頼性を確保し，資本市場の参加者等の保護を図り，国民経済の健全な発展に寄与する」という役割のことであり，監査論においては，public interest と称されているものである。

これらの役割を果たすべくとり得る具体的な行動としては，監査法人トップによる所信表明，監査法人の理念にかかる方針等の文書化と共有，さらには監査法人内における議論の場の設定等が考えられるが，本質的には，監査法人の社風や組織風土の醸成の問題であり，一朝一夕に組織改革が実現できるものではないであろう。

いかなる具体的かつ実効性のある取組みが各監査法人において行われていくのかが注目すべき点であると思われる。

(2) 組織体制

組織体制については，原則2と原則3が含まれている。原則2はマネジメント機関の問題，原則3は監督・評価機能の問題を取り扱っている。

> **原則2** 監査法人は，会計監査の品質の持続的な向上に向けた法人全体の組織的な運営を実現するため，実効的に経営（マネジメント）機能を発揮すべきである。
> **指針**

> 2-1. 監査法人は，実効的な経営（マネジメント）機関を設け，組織的な運営が行われるようにすべきである。
> 2-2. 監査法人は，会計監査に対する社会の期待に応え，組織的な運営を確保するため，以下の事項を含め，重要な業務運営における経営機関の役割を明らかにすべきである。
> - 監査品質に対する資本市場の信頼に大きな影響を及ぼし得るような重要な事項について，監査法人としての適正な判断が確保されるための組織体制の整備及び当該体制を活用した主体的な関与
> - 監査上のリスクを把握し，これに適切に対応するための，経済環境等のマクロ的な観点を含む分析や，被監査会社との間での率直かつ深度ある意見交換を行う環境の整備
> - 法人の構成員の士気を高め，職業的専門家としての能力を保持・発揮させるための人材育成の環境や人事管理・評価等に係る体制の整備
> - 監査に関する業務の効率化及び企業においてもIT化が進展することを踏まえた深度ある監査を実現するためのITの有効活用の検討・整備
> 2-3. 監査法人は，経営機関の構成員が監査実務に精通しているかを勘案するだけではなく，経営機関として，法人の組織的な運営のための機能が十分に確保されるよう，経営機関の構成員を選任すべきである。

　ここでは，「提言」以来，標榜されているマネジメントの強化によって監査法人における構成員及び監査業務へのグリップを強めて，品質の向上に資する体制を整備・運用することが企図されている。

　他方で，指針2-3に示されているように，監査実務に精通するだけではなく，法人の運営に適した人材を経営機関の構成員として選任することを求めている。このことから，監査法人「コード」では，諸外国におけるような事務所の経営に当たる者と監査業務を担う責任者とを分離する体制は念頭にないことが想定される。あくまでも「監査法人」としての経営機関を求めていると解されるのである。

> **原則3**　監査法人は，監査法人の経営から独立した立場で経営機能の実効性を監督・評価し，それを通じて，経営の実効性の発揮を支援する機能を確保す

べきである。

指針
3-1. 監査法人は，経営機関による経営機能の実効性を監督・評価し，それを通じて実効性の発揮を支援する機能を確保するため，監督・評価機関を設け，その役割を明らかにすべきである。
3-2. 監査法人は，組織的な運営を確保し，公益的な役割を果たす観点から，自らが認識する課題等に対応するため，監督・評価機関の構成員に，独立性を有する第三者を選任し，その知見を活用すべきである。
3-3. 監査法人は，監督・評価機関の構成員に選任された独立性を有する第三者について，例えば以下の業務を行うことが期待されることに留意しつつ，その役割を明らかにすべきである。
- 組織的な運営の実効性に関する評価への関与
- 経営機関の構成員の選退任，評価及び報酬の決定過程への関与
- 法人の人材育成，人事管理・評価及び報酬に係る方針の策定への関与
- 内部及び外部からの通報に関する方針や手続の整備状況や，伝えられた情報の検証及び活用状況の評価への関与
- 被監査会社，株主その他の資本市場の参加者等との意見交換への関与

3-4. 監査法人は，監督・評価機関がその機能を実効的に果たすことができるよう，監督・評価機関の構成員に対し，適時かつ適切に必要な情報が提供され，業務遂行に当たっての補佐が行われる環境を整備すべきである。

　原則3は，監査法人に，外部の第三者が構成員として含まれる「監督・評価機関」を設置することを求めている。

　ここでイメージすべきは，上場企業の独立役員であろう。経営機関に対して客観的な位置づけにある監督・評価機関ということであるから，監査役会における社外監査役を想起すればよいかもしれないが，上記のうち，例えば，「経営機関の構成員の選退任，評価及び報酬の決定過程への関与」や「法人の人材育成，人事管理・評価及び報酬に係る方針の策定への関与」を担うという点では，その役割はヨリ広範かつ経営機関の活動の評価に責任を有するものとなっているように思われる。

　英国のコードと比較するならば，英国では，2016年7月に改訂されたコー

ド（FRC, 2016）において，独立非業務執行役員（independent non-executives：INEs）の人数について3名以上が望ましいと規定されたのに対して，わが国のコード案では，「独立性を有する第三者」についての人数規定も，個別具体的な属性要件も置かれていない。

これは，英国も，2010年に公表された当初のコードでは，員数規定を入れていなかったものが，4年後の改訂段階で導入されたように，わが国においても，初期の導入に当たっては監査法人の自主性に任せて，数年後の見直しの段階で，規定を置くことを検討するのであろうか。

(3) 業務運営

原則4は，監査法人における実際の業務管理体制を取り扱っている。

> **原則4** 監査法人は，組織的な運営を実効的に行うための業務体制を整備すべきである。また，人材の育成・確保を強化し，法人内及び被監査会社等との間において会計監査の品質の向上に向けた意見交換や議論を積極的に行うべきである。
>
> **指針**
> 4-1. 監査法人は，経営機関が監査の現場からの必要な情報等を適時に共有するとともに経営機関等の考え方を監査の現場まで浸透させる体制を整備し，業務運営に活用すべきである。また，法人内において会計監査の品質の向上に向けた意見交換や議論を積極的に行うべきである。
> 4-2. 監査法人は，法人の構成員の士気を高め，職業的専門家としての能力を保持・発揮させるために，法人における人材育成，人事管理・評価及び報酬に係る方針を策定し，運用すべきである。その際には，法人の構成員が職業的懐疑心を適正に発揮したかが十分に評価されるべきである。
> 4-3. 監査法人は，併せて以下の点に留意すべきである。
> ・法人のそれぞれの部署において，職業的懐疑心を発揮できるよう，幅広い知見や経験につき，バランスのとれた法人の構成員の配置が行われること
> ・法人の構成員に対し，例えば，非監査業務の経験や事業会社等への出向などを含め，会計監査に関連する幅広い知見や経験を獲得する機会が与

　　　　えられること
　　　・法人の構成員の会計監査に関連する幅広い知見や経験を，適正に評価
　　　　し，計画的に活用すること
4-4.　監査法人は，被監査会社のCEO・CFO等の経営陣幹部及び監査役等と
　　　の間で監査上のリスク等について率直かつ深度ある意見交換を尽くすとと
　　　もに，監査の現場における被監査会社との間での十分な意見交換や議論に
　　　留意すべきである。
4-5.　監査法人は，内部及び外部からの通報に関する方針や手続を整備すると
　　　ともにこれを公表し，伝えられた情報を適切に活用すべきである。その際，
　　　通報者が，不利益を被る危険を懸念することがないよう留意すべきである。

　コードの原則4では，法人内外との意見交換・議論や人事の問題が取り扱われているが，前者については，組織一般の内部統制における基本的要素の1つである「情報と伝達」の内容を監査法人において具体化したものといえよう。このうち，監査リスクに関する被監査企業の経営陣との意見交換は，近い将来に導入が想定される監査報告書でのリスク情報の提供の問題とも関連して，今後，非常に重要な問題となってくると考えられる。また，監査法人における外部からの情報提供への対応の問題は，カネボウ事件（2005年），オリンパス事件（2011年）等においても問題視された監査法人の品質管理の重要な課題の1つである。

　他方，後者の人事については，指針4-2および4-3が該当すると考えられるが，これらの人事の問題は非常に難しいといえよう。職業的懐疑心を適正に発揮したかどうかをどのようにして評価したらよいのか，公認会計士志望者が少なく，公認会計士試験合格者が需要超過の状況にあって，バランスのとれた構成員の配置が可能なのか，ましてや，非監査業務の経験や事業会社等への出向の機会を提供できる余裕があるのかどうかという点が問題となるであろう。

　とはいえ，これらの問題に何らかの解をみつけなくては，監査法人の品質の向上につながる人事管理や人材育成は望めないといえるのかもしれない。

(4) 透明性の確保

原則5は,いわゆる透明性報告書についての規定である。

> **原則5** 監査法人は,本原則の適用状況などについて,資本市場の参加者等が適切に評価できるよう,十分な透明性を確保すべきである。また,組織的な運営の改善に向け,法人の取組みに対する内外の評価を活用すべきである。
>
> **指針**
> 5-1. 監査法人は,被監査会社,株主,その他の資本市場の参加者等が評価できるよう,本原則の適用の状況や,会計監査の品質の向上に向けた取組みについて,一般に閲覧可能な文書,例えば「透明性報告書」といった形で,わかりやすく説明すべきである。
> 5-2. 監査法人は,併せて以下の項目について説明すべきである。
> - 会計監査の品質の持続的な向上に向けた,自ら及び法人の構成員がそれぞれの役割を主体的に果たすためのトップの姿勢
> - 法人の構成員が共通に保持すべき価値観及びそれを実践するための考え方や行動の指針
> - 法人の業務における非監査業務(グループ内を含む。)の位置づけについての考え方
> - 経営機関の構成や役割
> - 監督・評価機関の構成や役割。監督・評価機関の構成員に選任された独立性を有する第三者の選任理由,役割及び貢献
> - 監督・評価機関を含め,監査法人が行った,監査品質の向上に向けた取組みの実効性の評価
>
> 5-3. 監査法人は,会計監査の品質の向上に向けた取組みなどについて,被監査会社,株主,その他の資本市場の参加者等との積極的な意見交換に努めるべきである。その際,監督・評価機関の構成員に選任された独立性を有する第三者の知見を活用すべきである。
> 5-4. 監査法人は,本原則の適用の状況や監査品質の向上に向けた取組みの実効性を定期的に評価すべきである。
> 5-5. 監査法人は,資本市場の参加者等との意見交換から得た有益な情報や,本原則の適用の状況などの評価の結果を,組織的な運営の改善に向け活用

> すべきである。

　透明性報告書とは，諸外国の監査事務所においては，広く公表されている監査事務所の組織体制や業務運営に関する年次報告書であり，わが国においても，透明性報告書という名称は付していないものの，PwCあらた監査法人（当時）が2015年に公表したのをはじめとして，その後，大手監査法人および一部の準大手監査法人では，相次いで同種の報告書が公表されている。
　指針5-2にあげられている事項を透明性報告書において開示することを求めているわけであるが，そこに示されている6項目は，原則1から原則4まで，ならびに，それらの指針に示された内容に他ならない。すなわち，前述の原則および指針は，透明性報告書における一定の開示を前提とした枠組みとなっているのである。
　こうした透明性報告書をもとにして，「被監査会社，株主，その他の資本市場の参加者等との積極的な意見交換」及び「監督・評価機関の構成員に選任された独立性を有する第三者の知見を活用」（指針5-3），「本原則の適用の状況や監査品質の向上に向けた取組みの実効性を定期的に評価」（指針5-4），ならびに「資本市場の参加者等との意見交換から得た有益な情報や，本原則の適用の状況などの評価の結果を，組織的な運営の改善に向け活用」（指針5-5）することが求められているといえよう。
　ここで留意すべきは，「コード」では，透明性報告書の記載内容についてまで，原則主義のアプローチとはいえ，実質的に規定しているということである。この点が，透明性報告書の開示規定を当局が規則として公表している英国のケースとは大きく異なるといえる。
　そもそも透明性報告書は，2006年に公表されたEC8号会社法指令の改訂版（2006/43/EC）において要請されたもので，英国では，2006年から任意の公表が行われていたが，2008年1月にFRCから公表された「法定監査人（透明性）規則」（FRC, 2008）によって，監査事務所に提出・公表が義務づけられたものである。

第 8 章
監査法人のガバナンス・コード

　今後，金融庁において，英国同様に，透明性報告書の開示規定を設ける可能性もあるが，仮にすべてを上記の原則 5 およびその指針に委ねるとするならば，一部の監査法人を除いて，その開示実務は定着していないことからみても，各監査法人の裁量に委ねられている部分は非常に大きいように思われる。

　透明性報告書に関しては，証券監督者国際機構（International Organization of Securities Commissions：IOSCO）から，「公開企業の監査を行う監査事務所の透明性」（IOSCO, 2015）が公表され，透明性報告書に関する望ましい方針を示している。そうしたグローバルな指針をもとにして，各監査法人の創意工夫に委ねるということであろうか。

　何より，透明性報告書が boiler plate 化することのないように，また，透明性報告書が専ら監査法人の規制監督の手段となることがないように，注視する必要があると思われる。

4 「コード」の公表を受けての公表物

　「コード」を受けて，金融庁及び関係機関からの公表された文書がある。中でも，以下の 3 つの文書が注目に値するであろう。
　第 1 に，「コード」とともに金融庁から公表されたコードを採用した監査法人のリスト（金融庁, 2018）である。同リストは，随時更新されるとのことで，2019 年 1 月 31 日現在，**図表 8－1** のとおり，16 の監査法人がコードの採用を表明している[3]。
　このリストには，わが国の大手および準大手の監査法人がすべて含まれているが，それだけでなく，中小規模の監査法人も含まれている。
　英国では，監査事務所のガバナンス・コードの適用対象の範囲を「20 社以上の上場企業の監査と担当する監査事務所」としている。わが国にこの規定を当てはめてみれば，準大手までが適用範囲となろう。

図表 8-1　コードを採用した監査法人
（2019 年 1 月 31 日現在）

	監査法人名（五十音順）
1	有限責任 あずさ監査法人
2	かがやき監査法人
3	仰星監査法人
4	三優監査法人
5	EY 新日本有限責任監査法人
6	清陽監査法人
7	太陽有限責任監査法人
8	有限責任監査法人トーマツ
9	東陽監査法人
10	ひびき監査法人
11	PwC あらた有限責任監査法人
12	PwC 京都監査法人
13	明治アーク監査法人
14	清稜監査法人
15	井上監査法人
16	監査法人 A&A パートナーズ

出所：金融庁「監査法人の組織的な運営に関する原則（監査法人のガバナンス・コード）を採用した監査法人のリスト」。

　前述の通り，わが国の「コード」では，前文において，「本原則は，大手上場企業等の監査を担い，多くの構成員から成る大手監査法人における組織的な運営の姿を念頭に策定されている」旨が述べられている。

　図表 8-1 にみる限り，わが国の「コード」は，大手監査法人での採用を想定して策定されたものであるが，結果として，英国と同様の適用範囲をカバーするのみならず，中小監査法人においても採用されるという，幅広い採用が行われたということができる。

　今後，問題となるのは，「コード」の考え方や実際の運用が他の中小監査法人まで広がっていくかどうかという点である。後述するように，日本公認会計士協会および金融庁の公認会計士・監査審査会においては，「コード」の適用状況を品質管理レビューまたは検査において検討することを想定してい

第 8 章
監査法人のガバナンス・コード

るようである。その場合に,中小監査法人までもが,本質的に適用することができるのかどうか,という問題が惹起されてくる。「コード」が「大手監査法人における組織的な運営の姿を念頭に策定されている」にしても,「コード」そのものが comply or explain の開示を求めるソフト・ローである以上,任意で適用した監査法人について,レビューや検査の中で無視することはできないであろう。そのことを懸念する考え方もあり得るように思われる。

2つ目の文書は,「コード」の公表と同日に,日本公認会計士協会から公表された会長声明「『監査法人の組織的な運営に関する原則(監査法人のガバナンス・コード)』の公表を受けて」(日本公認会計士協会,2017)である。

同会長声明では,次のように述べている。

> 「本原則の公表は,監査法人のガバナンスの更なる向上の契機であり,本原則を適用する監査法人の真摯な取組と実践は,監査に対する資本市場からの信頼性の維持向上に資するものとなります。監査法人の組織運営の透明性に関する報告は,本原則の適用状況などを形式的な表現によることなく,各監査法人の自らの表現により説明し,資本市場の関係者,特に上場企業の取締役・監査役等及び株主・投資家との監査品質の向上に向けた一層の意見交換・対話に繋げる必要があります。」

ここにみられるように,同会長声明では,「監査に対する資本市場からの信頼性の維持向上に資する」として「コード」に一定の評価を与えるとともに,会員たる「コード」を採用する監査法人に対してのメッセージであろうか,「監査法人の組織運営の透明性に関する報告は,本原則の適用状況などを形式的な表現によることなく,各監査法人の自らの表現により説明し,資本市場の関係者,特に上場企業の取締役・監査役等及び株主・投資家との監査品質の向上に向けた一層の意見交換・対話に繋げる必要があります」と述べて,形式的なコードへの準拠による透明性報告書を戒めていると解される。

3つ目の文書は,同じく,「コード」の公表と同日に,公認会計士・監査審査会から同会長名で公表された「監査法人のガバナンス・コードの公表を受けて」(公認会計士・監査審査会,2017b)という文書である。そこでは,次

のように述べられている。

　「大手監査法人を中心に，すでに本ガバナンス・コードの趣旨を踏まえた態勢強化に向けた取組が進められているところと承知しておりますが，公認会計士・監査審査会としては，今後，各監査法人が構築・強化した態勢の実効性を検証してまいります。」

ここで公認会計士・監査審査会長は，「コード」に基づいて実施されつつある態勢強化の取組に関して，「公認会計士・監査審査会としては，今後，各監査法人が構築・強化した態勢の実効性を検証してまいります」と述べている点に留意する必要がある。

これに対して，今般，「コード」の公表に際して，金融庁から公表された「主なパブリックコメントの概要及びそれに対する回答」（以下，「コメントへの回答」）（金融庁, 2017b）においては，次のように述べられているのである。

　「●コメントの概要
　　　本原則はソフト・ローとなるのか，あるいは自主規制や法令に基づく規制・検査・処分の判断規準となるのか。
　●回答
　　　監査法人は公認会計士法上，経営の基本方針に関する措置等を含む業務の執行の適正を確保するための措置などの業務管理体制の整備が義務付けられ，経営陣その他の社員は，こうした業務管理体制の下でそれぞれの職責を果たすことが求められているものと考えますが，本原則は監査法人の組織的な運営に関する原則を規定したものであり，本原則自体が，規制・検査・処分等の直接の規準となるものではありません。」

このように，寄せられたコメントに対する「回答」では，「本原則自体が，規制・検査・処分等の直接の規準となるものではありません」と述べているのである。

　審査会の文書と本「回答」との関係はどのように整理すればよいのであろうか。

5 「コード」の課題

　前述のとおり，「コード」は公表され，現在，15の監査法人が採用を表明し，適用の段階を迎えているといえよう。

　しかしながら，「コード」については，議論の余地がある項目や規定内容があるように思われる。ここで，今後の「コード」の検討課題として，以下，4点を取り上げて述べてみたい。

(1)「主体的な関与」

　「コード」の指針2-2では，次のように規定されている（下線は筆者，以下同じ）。

　「2-2. 監査法人は，会計監査に対する社会の期待に応え，組織的な運営を確保するため，以下の事項を含め，重要な業務運営における経営機関の役割を明らかにすべきである。

- 監査品質に対する資本市場からの信頼に大きな影響を及ぼし得るような重要な事項について，監査法人としての適正な判断が確保されるための組織体制の整備及び当該体制を活用した<u>主体的な関与</u>

〈以下，略〉」

　ここに規定される「主体的な関与」とは何をいうのであろうか。

　公認会計士法の求めに応じて，各監査法人には，審査部が設置されている。また，上場企業の財務諸表監査に適用される「監査に関する不正リスク対応基準」では，「不正による重要な虚偽の表示の疑義」があった場合には，「監査事務所としての審査」が求められている。これらの規定と，上記の「監査法人としての……主体的な関与」とは，いかなる関係にあり，「主体的な関与」としてどの範囲まで及ぶものが求められるのかが，必ずしも明らかではないように思われるのである。

監査法人は，公認会計士という専門職業人が集まって設立される法人であって，一般企業とは異なる。有識者検討会の議事にあったような，「一般企業のトップであっても，問題があればライン上にある現場の判断に口を出す」，ということと同一視することはできない。専門職業人の専門的な判断は，個々人の良心と監査規範のみによって制約されるのであって，「心証自由」が担保されるべきである。「主体的な関与」によって，その判断はどこまで制約されるのか，という点に懸念が残るのである。

　また，公認会計士法の規定との関係で，「主体的な関与」を行った者は，監査を担当した指定社員と連帯する責任を負うのか。「コード」と公認会計士法との関係についても検討の余地があるように思われる。

（2）CEO・CFOとの意見交換

　「コード」の指針4－4では，次のように述べられている。

　　「4－4．監査法人は，被監査会社のCEO・CFO等の経営陣幹部及び監査役等との間で監査上のリスク等について率直かつ深度ある意見交換を尽くすとともに，監査の現場における被監査会社との間での十分な意見交換や議論に留意すべきである。」

　今般，有識者検討会において「コード」が策定されることになった主たる契機は，東芝による粉飾決算事件であり，監査の品質を高めることが目的であったはずである。いわば監査の厳格化を求めるべき「コード」において，「被監査会社のCEO・CFO等の経営陣幹部……との間で監査上のリスク等について率直かつ深度ある意見交換を尽くす」というのは，被監査会社の言い分に耳を傾けること，あるいは，有識者検討会の議論において企業所属の委員からの発言にあったように，監査人に対して，「被監査会社とともにヨリ良い財務報告を実現するために協力すること」を求めているかのような文言であり，本来，コードが規定すべき事項ではないように思われる。

　英国のコードにおいても，ガバナンスに責任を有する者（Those Charged with Governance：TCG，わが国でいう監査役等）との連携は強く求められ

ているものの,被監査企業の CEO・CFO の意見を聴くことを要請する規定はない。

「コード」が,有識者検討会のメンバー構成等によって影響され,本来監査法人のガバナンス・コードに含まれる必要のない項目が含まれたことは,「コード」を採用する監査法人に対して無用の負荷をかけないだろうか,という点が懸念される。

(3) 透明性報告書の利用者

「コード」の指針5–1では,次のように述べられている。

「5–1. 監査法人は,<u>被監査会社,株主,その他の資本市場の参加者等が評価できるよう</u>,本原則の適用の状況や,会計監査の品質の向上に向けた取組みについて,一般に閲覧可能な文書,例えば『透明性報告書』といった形で,わかりやすく説明すべきである。」

本指針では,透明性報告書の作成目的として,「被監査会社,株主,その他の資本市場の参加者等が評価できる」ことが規定されている。ここでは,被監査会社,株主,その他の資本市場の参加者等が並列になっているが,透明性報告書は,何よりも監査報告書の利用者,したがって同時に,財務諸表利用者のために作成されるはずのものである。

IOSCO の報告書でも,英国の事例でも,透明性報告書の宛先または利用者として想定されているのは,第一義的には,監査報告書利用者＝財務諸表利用者であり,より具体的には,株主であり,株主の利害を代表する監査委員会である。透明性報告書が行政当局の検査に利用されるにしても,それは第二義的な問題である。被監査会社は,監査契約の当事者であるが,少なくとも,監査の品質の向上という観点から,直接的に被監査会社を宛先にすべきではない。また,被監査会社の監査役等が,会計監査人の選任にあたって利用する情報の提供という文脈から考えるならば,「被監査会社」という用語を用いると誤解が生じる可能性もあるので,「被監査会社の株主および監査役等,その他の資本市場の参加者等」を宛先にすることも考えられよう。

また,「コード」では,英国のコードと異なり,株主との対話に関する規定が含まれていない。かかる規定は,監査法人のガバナンス・コードをはじめて導入する現段階においては,時期尚早であるという認識があるのかもしれない。仮にそうだとしても,株主との対話に関する規定は入れないまでも,「コード」において,もっと明確に,監査の第一義的な受益者である監査報告書利用者＝財務諸表利用者,ないし株主に対する監査法人の説明責任（accountability）ということを明示すべきだったのではなかろうか。

(4) 不正問題への対応

　上記(2)においても述べたように,「コード」は,東芝の不正問題を契機として,「会計監査の在り方に関する懇談会」の「提言」を踏まえて議論が進められてきたものである。「コード」が,いかに不正問題に対応する監査法人の監査,すなわち監査の品質の向上に資するのかが,重要な問題である。この点が,「コード」において,あるいはその公表趣旨において,必ずしも明らかにされていない。
　一方,会計監査の在り方に関する懇談会の「提言」によれば,次のように述べられている[4]。
　　「監査法人は5人以上の公認会計士を含む者の出資により設立され,出資者である各社員（パートナー）が経営に直接に関与し,相互に監視することによって組織の規律を確保することを基本としている。一方,現実には,大手上場企業を中心とする企業活動の複雑化・国際化に対応して監査法人の大規模化が進展し,大手上場企業やこれに類する大企業（以下「大手上場企業等」という）の監査の大部分を担う大手監査法人は人員が数千人を超える規模,それに続く準大手監査法人でも百人を超える規模となっている。
　　経営陣によるマネジメントが,このような規模の拡大と組織運営の複雑化に対応しきれていないことが,監査の品質確保に問題を生じさせている主な原因の一つであると考えられる。

第8章
監査法人のガバナンス・コード

このため,とりわけ大手上場企業等の監査の担い手となる監査法人を念頭に,その運営について明確な権限と責任を定めた実効的なガバナンスを確立し,組織全体にわたってマネジメントを有効に機能させる必要がある。併せて,このような組織的な運営の状況を外部からチェックできるようにするとともに,組織的な運営が有効に機能している監査法人が評価されるようにするため,監査法人の運営の透明性を向上させることが必要である。」

かかる趣旨が「コード」に貫徹されているかどうかは別としても,現代においては,大規模化して現場の各監査業務の品質が十分に管理できなくなった大手監査法人について,監査法人のマネジメントによるコントロールを効かせ,監査の品質の向上を図ろうとする趣旨は,1つの考え方であろう。

問題は,今般の「コード」の公表と各監査法人の採用を受けて,それが監査の品質や不正への対応にいかに結びついているのかを評価していく仕組みに他ならない。

例えば,透明性報告書1つをとっても,わが国固有の事情として,アナリストを含む機関投資家による専門的な情報の解釈や分析とその伝達が必ずしも十分に期待できない環境下にあっては,透明性報告書が実態に即したものであるか否かに関する第三者評価のための措置が別途必要になろうと思われる。

さらに,この点について,残念なのは,監査業界においては,「コード」に対して消極的な姿勢,すなわち,金融庁が求めるので,それに粛々と対応するのだとする見解が散見されることである。「コード」は,監査法人の組織体制の変更や透明性報告書の公表等には影響があるにしても監査業務に大きな影響があるものではないとする意見や,東芝問題があったので何らかの"形"が必要だったのだろうと揶揄する声さえある。

一方で,規制当局をはじめ,「コード」に重きを置き過ぎる見解にも問題があろう。

英国において,監査事務所のガバナンス・コードは,被監査企業による監査法人の選任にあたっての資料として透明性報告書を公表させることを前提

に策定されたものであり，わが国の東芝問題対応とはやや趣旨を異にする。

それでなくとも，監査の品質の向上は，単に「コード」だけによって実現されるものではなく，監査人を中心として，さまざまな努力や対応策，その上での監査規制改革によって進めていく問題に違いない。

今後は，「コード」の実効性を確保する上で，以上のような温度差のある「コード」に対する認識のギャップを埋めていくことが必要であろう。

6　むすびにかえて

「コード」には，本章で検討してきたようないくつかの課題が残されているように思われる。それでも，現実に，「コード」は採用され，透明性報告書ないし監査の品質に関する報告書は，毎年，公表されていく。

今後は，上場企業のガバナンス・コードがそうであったように，監査法人のガバナンス・コードについても，一定期間の後，さらにはその後定期的に，実際の適用状況を踏まえながら，「適用後レビュー」を行い，「コード」の見直しを行う必要がある。

英国の例では，当初のコードの公表段階において，4年後の見直しを明示し，実際に2016年7月に改訂コードが公表された。そこでは，監査事務所における独立役員の選任規定や株主との対話の義務づけなど，当初のコードからさらに踏み込んだ規定が設けられた。

わが国においても，透明性報告書のレビューも含めて，適用後の動向を慎重に見守り，一定期間の後に，「コード」の見直しが図られることが望ましいであろう。

監査法人のガバナンス・コードは，ソフト・ローなのであるから，弾力的な見直しがその本質と捉えられるからである。

第 8 章
監査法人のガバナンス・コード

▶ **注**

1) 本文書は,金融庁によれば,「本意見募集は,法令等に係る意見募集とは異なり,有識者検討会での審議に活用する観点から行うものですので,お寄せいただく御意見の取扱いについては,有識者検討会で判断されることに御留意ください」とされている。これは,有識者検討会という会議体の性格によるものと考えられるが,公開され,意見が募集されていることを踏まえて,本章では,以下,「公開草案」と称することとする。
2) 「日本再興戦略2016―第4次産業革命に向けて―」第2 具体的施策,Ⅱ生産性革命を実現する規制・制度改革,2. 未来投資に向けた制度改革,2-1.「攻めの経営」の促進,〈2〉新たに講ずべき具体的施策,ⅰ)コーポレートガバナンス改革による企業価値の向上,③情報開示,会計基準及び会計監査の質の向上,ウ)会計監査の品質向上・信頼性確保。
3) 当初,「優成監査法人」も採用を表明していたが,その後,同法人は2018年7月1日に太陽有限責任監査法人と合併したため,リストから外れている。
4) 金融庁(2016),Ⅱ. 会計監査の信頼性確保のための取組み,1. 監査法人のマネジメントの強化。

【参考文献】

Financial Reporting Council [FRC](2016)*The Audit Firm Governance Code*, July.
――Professional Oversight Board [POB](2008)*The Statutory Auditors (Transparency) Instrument 2008*(POB 01/2008).
International Organization of Securities Commissions [IOSCO](2015)*Transparency of Firms That Audit : Final Report*, November.
監査人・監査報酬問題研究会(2018)「2018年版 上場企業監査人・監査報酬実態調査報告書」3月31日。
金融庁(2016)会計監査の在り方に関する懇談会「『会計監査の在り方に関する懇談会』提言―会計監査の信頼性確保のために―」3月8日。
――(2017a)監査法人のガバナンス・コードに関する有識者検討会「『監査法人の組織的な運営に関する原則』(監査法人のガバナンス・コード)の確定について」3月31日。
――(2017b)監査法人のガバナンス・コードに関する有識者検討会「『監査法人の組織的な運営に関する原則』(監査法人ガバナンス・コード)主なパブリッ

クコメントの概要及びそれに対する回答」3月31日。
公認会計士・監査審査会（2017a）「平成29事務年度監査事務所等モニタリング基本計画」7月26日。
──（2017b）会長　廣本敏郎「監査法人のガバナンス・コードの公表を受けて」3月31日。
──（2018）「『監査法人の組織的な運営に関する原則』（監査法人のガバナンス・コード）を採用した監査法人のリスト」11月8日現在。
日本経済再生本部（2016）「日本再興戦略2016―第4次産業革命に向けて―」6月2日。
日本公認会計士協会（2017）「会長声明『監査法人の組織的な運営に関する原則（監査法人のガバナンス・コード）』の公表を受けて」3月31日。
髙田知実（2018）「第9章 先行研究及び実態」（日本監査研究学会課題別研究部会「監査の品質に関する研究」部会最終報告書），8月30日, 105-112頁。
林隆敏（2018）「第8章『監査法人のガバナンス・コード』の意義と課題」（日本監査研究学会課題別研究部会「監査の品質に関する研究」部会最終報告書），8月30日, 85-104頁。
町田祥弘（2016）「監査法人のガバナンス・コードの在り方」『青山アカウンティング・レビュー』6巻, 42-50頁。
──（2017a）「わが国における監査法人のガバナンス・コードの課題」『ディスクロージャーニュース』35巻, 50-57頁。
──（2017b）「監査法人のガバナンス・コードの確定・公表を受けて」『ディスクロージャー＆IR』1巻, 8-15頁。

第9章
監査法人の強制的ローテーション

1 はじめに

わが国で監査人の強制的交代が公式の議論の遡上にあげられたきっかけは，2016年6月2日に公表された「日本再興戦略2016」のうち「『攻めの経営』の促進」を可能とする「新たに講ずべき具体的施策」の1つであるコーポレートガバナンス改革による企業価値の向上のための取組みにある。そこでは「情報開示，会計基準及び会計監査の質の向上」を求めており，なかでも会計監査の質の向上のための具体的内容は，3月8日に金融庁から公表された「会計監査の在り方に関する懇談会」提言の「会計監査の信頼性確保に向けて」に基づいたものとされる。

当該提言では，監査業務が被監査会社それぞれの個別性や専門性が高い上に，企業の機密情報を取り扱う機会が多いことから，その過程や結果の適正性を外部から客観的に評価することは困難となっていることが指摘される。このため，被監査会社と監査事務所との関係が長期間にわたる場合には，監査人の独立性が損なわれたり，職業的懐疑心の発揮が鈍らされたりすることが懸念された。

それが故に，監査事務所の強制的交代（ローテーション）を扱った「監査法人のローテーション制度についての調査と実施」が，監査法人の独立性を確保するという観点からの施策とされ，「第三者の眼」による会計監査の品質のチェックを目的達成のために提言されている。

監査事務所の強制的ローテーションについては，すでにEUレギュレーションとして2014年6月に発効し，2016年6月から適用されている。そこでは，上場企業等に対する同一の監査事務所による監査期間は最長10年とされており，例外的に公開入札や共同監査を実施する場合には，ヨリ長い監査期間が許容されている[1]。また一度交替した監査事務所が再び監査を担当できるためには4年間のインターバルが必要とされる。EUにおける強制的ローテーション導入の決定は，監査事務所の独立性の確保を徹底するという観点

からなされており，提言ではわが国においても有効な選択肢の1つと指摘される。

一方，監査人としての監査事務所のローテーション制度については，監査人の知識・経験の蓄積が中断されることにより，監査の質が低下するおそれがあるとか，上場企業を監査できる規模の大きい監査事務所の数が限られている監査市場の現状を考えると当該制度の円滑な導入・実施は難しい，さらには監査人の交代期は初度監査ごとにリスク評価の手続きが相対的に多くなり定期的に監査コストが高くなる可能性がある，という問題点が指摘される。

以上のように，監査事務所の強制的ローテーション制度については，導入可否に関して甲乙つけがたい情況にあるため，諸外国の最近の動向も踏まえつつ，わが国でもそのメリット・デメリットや制度導入時の実効性を確保するための方策等について，金融庁による深度ある調査・分析が求められている。そこで，本章では，監査事務所の強制的交替に関して議論する場合に，重視すべき問題の所在を明らかにした上で，これまでの議論の経緯を振り返ってみたい。

2 強制的ローテーションをめぐる争点

(1) 監査の質との関係

わが国のみならず諸外国においても監査の失敗が生じた際には，必ずといってよいほど監査事務所の強制的な交代の議論が制度改革の俎上にあがってきた。そこでは，常に相反する理解が提示されてきた。

1つは，強制的ローテーションを支持する見解であり，監査人とクライアントとの間での長期にわたる関係が馴れ合いや偏向をもたらす可能性，すなわち監査人の公正不偏の精神状態に脅威となるリスクに注目し，当該関係を制限することで，ローテーションは，監査人が職業専門的懐疑心を保持し，

クライアントの主張を鵜呑みにしないことを担保し，ひいては監査の質を改善するであろう，というものである。

 2つは，強制的ローテーションに反対するもので，企業の特質に関して監査人が獲得・蓄積してきた知識が，ローテーションごとに失われ，結局，監査の質を損なうことになる，と主張する。殊にこの後者では，有効な監査を行うために，監査人の交代ごとに会社の状況や活動に関する習熟のためのスタートアップ活動が定期的に監査コストの増加をもたらしてしまうことや，契約初年度や2年度に問題のある監査が行われているケースが多いことが過去の事例から指摘されている（Cohen, 1978）。

 このような2つの理解は，ローテーションが争点となった際には，必ず提起されるものであるが，監査の質に関して2つの論点を混在させたものである。監査の質は，以下のように監査人の適格性と独立性の積として表わすことができる[2]。

［監査の質］＝［適格性］×［独立性］

 上式において，［適格性］とは，監査人が財務諸表の虚偽の表示や内部統制の不備，さらにはその徴候を発見・捕捉できる能力であり，監査人の持つ職業的専門家としての専門的知識や経験・職業的懐疑心の保持・発揮によって監査手続を実施することに基づいた能力である。また［独立性］は，発見・捕捉された財務諸表の虚偽の表示や内部統制の不備の徴候に関連して入手された証拠を批判的に評価・検討し，必要に応じてその修正や改善を経営者等に指導するとともに監査役等のガバナンスに責任を負う者や株主に報告できる能力である。つまり監査の質は，監査人が監査の過程において会計基準に違反する財務諸表上の虚偽の表示・内部統制の不備の徴候を的確に発見し，発見されたそれら事実や徴候に応じて批判的に証拠を収集・評価・検討した上で，もしそれらが虚偽の表示あるいは不備であることが実際に判明した場合には，適宜，経営者等に対して修正指導するとともに，必要に応じて監査

役等のガバナンスに責任を負う者や株主に指導の内容や経営者による対応の結果を報告することのできる能力をあわせた結果と解される。

このため，監査の失敗が生じた場合，その原因が適格性の欠如に起因するのか，あるいは独立性の欠如にあったのかを，失敗が生じたケースごとに明らかにしない限り，将来的な監査の失敗を防止するための適切な規制を整備することはできない。それでは，監査事務所のローテーションは，果たしていずれの能力を向上させるための施策と理解されるべきであろうか。

(2) ローテーションの根拠

監査事務所のローテーションを議論する場合，監査人の独立的な証拠の収集や評価を可能とするために，監査事務所のローテーションが必要となるのか，すなわち独立性の論点として捉えるのか，監査人の会計基準違反や内部統制の不備の徴候を発見できる能力を向上させるために，当該ローテーションが必要とされるのか，すなわち専門能力や知識，あるいは職業的懐疑心の問題として捉えるのか，という論点の切り分けが必要である。

このような監査の有効性ないし公正性の確保という観点からのローテーションの議論のみならず，法定監査制度特有の観点からの議論も忘れてはならない。すなわち，金融商品取引法監査や会社法上の大会社監査のような，不特定多数の利用者を想定した法定監査においては，当該監査制度自体の社会的信頼性を確保しなければならない。想定利用者の範囲が狭く，当該利用者や依頼人，ならびに監査人との間で個人的な信頼関係を確認できるような任意監査を前提とすれば，監査制度自体の社会的信頼性の問題ではなく，当該監査人個人に対する利用者や依頼人からの信頼の問題として捉えることができるが，法定監査の場合には監査人，あるいは監査事務所と想定利用者との間に個人的なつながりはないことが前提であり，そうであればこそ，監査制度自体の信頼性を確保することは監査の結果が利用者に受け入れられるための必要条件となる。したがって，監査事務所の強制的なローテーションが導入されることで，監査人の独立性の外観が良くなり，監査制度に対するイ

メージとしての社会的信頼性が向上するのであれば，法定監査上，それは望ましい施策ということになる。

　以上の結果，我々が検討すべき監査事務所のローテーションの問題は，監査の有効性・公正性を構成する適格性の観点と独立性の観点，ならびに監査制度の社会的信頼性の観点から検討されなければならないことがわかる。

3 監査人のローテーションに関する議論の推移

　監査人の交代制が監査人の独立性に肯定的な影響があるといった監査人のローテーションに関する議論は古くから存在した。またわが国でも諸外国でも，監査の質の向上の観点から監査人の定期的な交代に関する議論はこれまでもなされてきた。しかし，それらわが国およびアメリカにおける議論は，監査事務所のパートナーを定期的に交代させるという形に落ち着いている。ただし，アメリカの場合は，監査事務所におけるパートナー個人のローテーション計画について，監査の有効性を評価した上で決定する役割を担う取締役会，特に監査委員会の重要性が指摘されている。このため，もしパートナー交代では監査の有効性が確保できないと判定した際には，監査事務所の交代を決定するのも監査委員会の役割となる（Cohen, 1978）。

　1992年にアメリカ公認会計士協会（American Institute of CPAs：AICPA）のSEC業務部（SEC Practice Section：SECPS）は，監査事務所の強制的ローテーションが監査の質を向上させることもないし，監査の目的である投資者からの信頼を向上させることもないと結論し，2002年サーベンス・オクスレイ法（Sarbanes-Oxley Act：SOX法）§203が監査担当パートナーの5年強制的ローテーションを規定するまで，SEC向け法定監査を担当するSECPS登録事務所に対する監査担当パートナーの7年交代制を自主規制として義務づけてきた。その後，わが国においても日本公認会計士協会による自主規制として，証券取引法監査を担当する監査法人の関与社員に交代制を

第9章
監査法人の強制的ローテーション

1998年品質管理基準に導入した[3]。

わが国のパートナー・ローテーション制度について，2002年4月から最長継続期間を7年，最短インターバルを2年とする強化が図られ，2003年の公認会計士法改正によって上場会社を含む一定の大会社等の会計監査に係わる業務執行社員に当該ローテーションが強制されることとなった。しかし，東芝事件を機に，改めて監査法人のパートナー・ローテーション制度の有効性に疑念が生じ，企業と監査法人の監査契約の固定化によって「新たな視点での会計監査」が有効に機能しなかったと結論づけた（金融庁,2017）。

以下の**図表9-1**は，自主規制から公的規制へと変わっていく，監査人のローテーション制度化に関するわが国の議論の推移を示している。

わが国の動きに対し，ヨーロッパにおいては2014年4月16日にEUレギュレーションとして公益に係わる事業体（Public Interest Entities：PIE）の監査にあたって，EU域内[4]の最低限の規則として監査事務所の強制的ローテーションを，既に以下のように義務付けている（EU, 2014）。

- 公益に係わる事業体（PIE）に関する監査契約の継続期間の上限は10年まで（インターバル4年）とする。
- 当該継続監査期間内に公開入札を実施する場合には，当該上限を20年に延長することを可能とする。
- 共同監査が実施されている場合には，当該上限を24年まで延長可能とする。

さらに本レギュレーション発効時点で，監査契約の継続年数が20年以上の場合には2020年までに，また当該年数が11年以上20年未満の場合には2023年までに，監査事務所を交代しなければならないとされている。

一方，アメリカにおいては，公開会社会計監視委員会（Public Company Accounting Oversight Board：PCAOB）も，2011年8月16日にコンセプト・リリースとして「監査人の独立性と監査事務所のローテーション」を公

図表9-1　監査人のローテーション制度化に関する議論の推移

検討の主体	提言（要請）の内容
公認会計士審査会・監査制度小委員会（2000）	監査法人のローテーション制度の導入を検討したものの，従来通り日本公認会計士協会による関与社員の交代制を自主規制として維持することとした。ただし，以下を要請した。 • 関与社員の交代期間をアメリカと同じ最長7年とすること • 自主規制による実施状況をフォローし，改善がみられない場合には法令等による公的規制の検討を行うこと 本要請の結果，日本公認会計士協会は，2002年4月より自主規制として7年を上限とする関与社員のローテーション制度を導入した（インターバル期間は2年）。
金融審議会・公認会計士制度部会（2002）	国際的動向を踏まえ，審査担当社員も含めて，一定期間（例えば2年間）以上のインターバルを設けた上で，一定期間（例えば7年または5年）ごとの交代制を法定することを提案した。この結果，2003年改正公認会計士法において，大会社等に対する監査について，監査人の交代制（継続監査期間7年，インターバル期間2年）を規定した。 ただし，いわゆる大手監査法人による寡占化の下で監査法人のローテーション制度を導入することは，監査の実効性等に支障を生じるおそれがあるため，導入の可否について引き続き検討することとした。
自由民主党・政務調査会・金融調査会・企業会計に関する小委員会・法務部会・商法に関する小委員会（2005）	関与社員のローテーションの徹底を求めるとともに，以下を提言した。 • 4大監査法人の関与社員について，継続監査期間5年（インターバル5年）への見直し • 同一監査法人内での前任者や上席者等から後任者等への圧力が排除されるように自主規制ルールを設け，不正を発見した場合には当局への通報義務を設けるよう検討すること 監査法人の交代制導入については，画一的な導入コストや企業活動の国際化の下での円滑な運用実施体制に関する問題を指摘しつつも，①不正が表面化するよいきっかけとなる点，②監査の品質向上に向けて奨励されるべき点，③国際的に先駆けての導入がわが国資本市場の国際的アピールにつながる点が指摘された。
金融庁，公認会計士・監査審査会（2005）	監査人の独立性確保と監査法人における監査の品質管理の徹底を図る観点から，継続監査期間7年（インターバル2年）となっているローテーションルールについて，4大監査法人の主任会計士の継続監査期間5年（インターバル5年）へと見直しを図るためのルール整備を日本公認会計士協会に要請した。

第 9 章
監査法人の強制的ローテーション

日本公認会計士協会 (2005)	この結果，会長声明として4大監査法人の上場会社の監査を担当する業務執行社員のうち主任会計士について，継続監査期間5年（インターバル5年）とし，その他の業務執行社員は7年（同2年）とするローテーションを自主規制とする要請を行った。
日本監査研究学会 特別委員会報告書 (2006)	SOX法§207の規定に基づき米国会計検査院（Government Accountability Office：GAO）が実施した監査事務所の強制的ローテーションの影響に関する調査（GAO, 2003）を前提に，わが国での監査事務所の強制的ローテーションに関する実態調査を行った上で，GAOの調査結果との比較を実施した。 その結果，日米ともに監査事務所の強制的に交代させることで生じるコストがベネフィットを超過することが明らかにされた。
金融審議会・ 公認会計士制度部会 (2006)	従来から現在にいたるまで常に俎上にあがる2つの長所（被監査会社との「癒着」の可能性を低める点，交代を機に新鮮な視点の導入が期待される点）と2つの難点（監査人の知識・経験の蓄積が中断される点，監査人と被監査会社に交代に伴うコストが生じる点）を指摘し，これらのバランスを考慮した上で，大規模監査法人において上場会社を担当する主任会計士に対しては，日本公認会計士協会の自主ルール（継続監査期間5年，インターバル5年）から法定化することを要請した。 この結果，2007年改正公認会計士法34条の11の4において，上場会社等の監査を担当する筆頭業務執行社員および審査担当社員は，継続監査期間を5年，インターバルを5年と規定した。
金融庁（2017）	すでに導入されている欧州における監査法人のローテーション制度について検討を加え，導入による効果そのものの見極めには時間を要するものの，欧州当局へのヒアリングから監査法人ローテーション導入による混乱は生じていないことを確認した。 その上で，法定化されたパートナー・ローテーションが，当初期待された「新たな視点での会計監査」を達成していないことに懸念を表し，少なくとも過去の不正会計事例からはパートナー・ローテーションでは不十分であると結論し，監査法人ローテーション制度について，国内の監査法人，企業，機関投資家，関係団体，有識者等の関係者からのヒアリング等を実施し，さらなる調査・検討を進めることを適当とした。

出所：笠井（2011），林（2016）に加筆・修正している。

表し,広く意見を聴取するとともに監査事務所の強制的ローテーションへの意欲を示した(PCAOB, 2011)。しかしながら,AICPA や会計事務所のみならず商工会議所等の経済界からのロビー活動もあって,2013年7月9日,PCAOB が監査事務所の強制的ローテーションを禁止する SOX 法修正法案(H.R. 1564)が321対62で下院によって可決されている(Chasan, 2013)[5]。

このように監査人の強制的ローテーションに関しては,ヨーロッパを中心とした監査事務所の強制的ローテーションと,日米にみられる事務所内の関与パートナーの強制的ローテーションに分けられる。

4 制度の信頼性と監査の質

監査人の強制的ローテーション制度化に関する国際的な動向は,ここまでみてきたように2つに分かれている。監査事務所レベルでの強制的交代とパートナー・レベルでの強制的交代である。いずれの交代制度においても,志向されるのは監査の質の向上であるが,そもそも監査の質,すなわち有効性を事後的にも事前的にも測る客観的な尺度は存在しない。それが故にこれまで,最低限,監査人として遵守すべき一般に公正妥当と認められる監査の基準を規範として設定し,継続的に改訂を行ってきたのである。その背景には,監査規範に従った監査が実施される限りは,公正な監査が実施されるはずである,という「暗黙の前提」が存在している。しかしながら,わが国を代表する優良企業の財務諸表作成とわが国を代表する大規模監査法人が関与する法定監査において,粉飾決算と監査の失敗が顕在化したことで,他の適正に財務諸表を作成してきた企業や公正に監査を行ってきた他の監査事務所に対しても疑義が生じてしまった。換言すれば,監査制度の社会的信頼性が毀損してしまったといえる。

「会計監査の在り方に関する懇談会」による提言でも,「会計監査の充実に向けた類似の取組みを通じ,会計監査を実施するための規制・基準は相当程

第 9 章
監査法人の強制的ローーション

度整備されてきた。」とし，上記の「暗黙の前提」が満たされるべく努力してきたことが示されている。提言のなかでは，このような「暗黙の前提」が必ずしも満たされていない背景として，

- これらの規制・基準が監査の現場に十分に定着していない。
- こうした規制・基準を定着させるための体制が監査法人や企業等において十分に整備されていない。
- そのような体制整備がなされているかを外部から適切にチェックできる枠組みが十分に確立されていない。

といった原因が掲記されている。

　監査事務所の強制的ローテーションの議論は，監査の質に対する外部からのチェックを意識したものとされるが，監査の質そのものを直接に観察することはできないため，独立性の外観を保持させるための規制として捉えられるであろう。独立性の外観を保持させるという目的は，既述のように，間接的に監査の質が確保されていることを外形的に示す規制であり，法定監査制度の社会的信頼性を確保するためには必須の規制である。しかし，独立性の外観を保持させるための規制は，監査の失敗が顕在化するたびに常に見直しが必要となる[6]。つまり，たとえ監査事務所の強制的ローテーション制度が導入されたとしても，次に監査の失敗が顕在化したときには，今度はローテーションの期間を短くしたり，インターバルの期間を長くすることで独立性の外観を保持するという際限のない議論の展開が予想される。

　本来，監査の質を検討するのであれば，独立性の外観の観点ではなく，監査人の適格性と実質的な独立性の点から検討される必要がある。これを監査人の強制的ローテーションの議論から捉えれば，強制的な監査人の交代によって，どう適格性が向上するのか，また独立性が強化されるのか，を説明しなければならない。すなわち，監査人の交代によって「新鮮な視点」が職業的懐疑心の発揮を可能とし，当該発揮が会計基準違反や内部統制の不備の

徴候を発見できる能力（適格性）の向上を高め，ひいては監査の質を高めるというのであれば，その経路が証明されねばならない。にもかかわらず，この経路は客観的に証明されておらず，論理的な説明にとどまっているため，監査の質に対する「新鮮な視点」の効果はプラスに顕在化するかもしれない，という程度である。逆に，監査人の交代による監査の質への影響の経路として，「新鮮な視点」は初度監査時における企業等の状況の不十分な理解やリスク評価手続を招き，監査の質が低下する可能性も指摘される。したがって，「新鮮な視点」が監査の質にもたらす効果は，プラス面とマイナス面が想定され，結果として，監査人の強制的な交代施策は監査の質に対しては無差別となる。

　次に強制的な交代によって，実際に監査事務所が交代することが他覚的に観察できると，世間一般に対する監査人の独立性の外観は確実に向上するため，監査事務所の強制的交代は監査制度の社会的信頼性の向上には寄与する。一方，監査事務所の交代によって初度監査時における企業の状況の理解とリスク評価手続の増加も確実に予想できることから，監査コスト，すなわち監査報酬の増加が生じることも確かであろう。以上のことから，監査事務所レベルでの強制的交代制度は，監査制度の社会的信頼性の向上と監査報酬の増加のいずれを優先するかという政治的な問題と解される。

　もちろん監査報酬は，監査事務所とクライアントの間での合意によって決定されるため，強制的交代が行われたとしても監査報酬の増加が観察できない可能性はある。しかし，保証水準（1－監査リスク）が一定である限り，初度監査は継続監査よりも新規に実施すべきリスク評価手続は増えるはずであるから，監査コストは増加せざるを得ないと考えられる。にもかかわらず，監査人交代後の監査報酬があがらないのであれば，それはダンピングの可能性が疑われることになってしまい，監査の質の面でも監査制度の社会的信頼性の面でも逆の効果を招来してしまう。

第 9 章
監査法人の強制的ローテーション

5 おわりに

　本章では，監査人の強制的ローテーションによって，どのような効果が期待できるのかを検討した。

　監査人の強制的交代が古くから検討されてきたものの，実際に制度化されてこなかったのは，あるいは，制度化の方法が異なっているのは，監査の質に対するその効果が他覚的に明らかではなかったからである。それは，監査の質自体を客観的に測定することが不可能であるためだけでなく，強制的交代によってもたらされる監査の質に対する効果，特に適格性の向上が，プラスとマイナスの両面から予想されるからであった。この強制的交代の監査の質に対する効果の無差別さは，現在でもそのままであるから，あえて強制的交代を制度化する理由は，監査の質向上以外に求めることになる。

　すでに強制的ローテーションを導入している各国では，監査の質が実際に向上するからではなく，棄損した監査制度の社会的信頼性（受容可能性）を向上させるという政治的な目的が優先されたと捉えるべきであろう。その際，監査報酬の増加の可能性が制度化の過程で議論の俎上にあがらなかったのは，強制的ローテーションを導入すること自体が政治的な決定だったからといえる。他方，監査報酬の増加に対する懸念を相対的に優先したアメリカにおける施策では，強制的ローテーションを否定する方向に政治的判断が顕在化したと捉えられる。

　このような強制的ローテーションの監査の質に対する無差別さと，監査制度の社会的信頼性の向上と監査報酬の増加に対して，各国がどのように政治的に判断したかをまとめたものが**図表9-2**である。

　以上のような検討結果からいえるのは，本来，監査の質の向上を期待するのであれば，それは監査人の適格性と独立性に直接働きかけるような方策を検討すべきということである。つまり，適格性を構成する専門知識・経験と職業的懐疑心の発揮を前提とした職業的専門家としての判断能力の向上策

図表 9-2　各国における政治的判断の内容

①監査の質の向上効果?? vs. 監査の質の低下効果??　　→ 無差別
　　　　　　　　　　　　　　　　　　　　　　　　　（∴判断不能）

②独立性の外観向上 → 監査制度の社会的信頼性（受容可能性）の向上 → 可能性大

③リスク評価手続の増加による監査コストの増加 → 監査報酬の増加 → 可能性大

〈政治的判断〉
②と③のいずれを優先するか??
監査事務所の強制的交代による社会的信頼性の向上(EU)
vs.
初度監査における監査報酬の増加(US)

出所：筆者作成。

と，独立性を構成する経営者に対するいかなる先入観も偏見も持たずに指導機能の発揮を含む毅然とした態度を保持させる施策を，監査事務所ごと，あるいは職業会計士団体によって，どのように講じさせるかという議論を進められねばならない。

また「新鮮な視点」による職業的懐疑心の発揮を期待するのであれば，当該視点を発揮させるきっかけとして監査事務所の強制的交代という選択肢をとるのか，あるいは，監査事務所間での引き継ぎよりも引き継ぎによる瑕疵が生じにくい事務所内での監査チームのローテーション[7]をとるのか，について，検討されるべきと考えられる。監査チームの交代であれば，監査事務所内の監査チーム間での情報共有が確保できる限りにおいて，初度監査特有の限界は軽減でき，かつ「新鮮な視点」の発揮も期待できるであろう。

▶ **注**
1) 詳細は，町田（2015：2016）でも紹介されている。
2) ヨリ詳細な検討は，松本（2002）を参照されたい。

第 9 章
監査法人の強制的ローテーション

3) この段階での自主規制では，最長期間の例として 10 年間をあげていた。
4) EU 域内の PIE 向け監査に本レギュレーションが適用されるため，アメリカ国内の企業への影響は直接的にはないものの，EU 域内で営業する子会社を有するアメリカ金融機関は影響を受けることになった（Chasan, 2014）。
5) PCAOB のコンセプト・リリースに対しては，日本公認会計士協会からも反対意見が提出されている（JICPA, 2011；日本公認会計士協会, 2011）。
6) 独立性規制に対して，規制当局が常に見直しを行うことで間接的に監査の質を確保しようとしていることについては，松本（2004）で明らかにしている。
7) 監査チームのローテーションの義務づけに対しては，提言のなかではその効果に疑問が呈されているが，これは，本章での検討結果からすると，監査制度の社会的信頼性への効果を重視したものと解される。

【参考文献】

Chasan, E. (2013) House Passes Bill to Ban Auditor Term Limits, *The Wall Street Journal*, July 9.
―― (2014) European Parliament Approves Mandatory Auditor Rotation, *The Wall Street Journal*, April 3.
Cohen Commission (1978) *The Commission on Auditors' Responsibilities,*： *Report, Conclusions, and Recommendations*, Commission on Auditors' Responsibilities.（鳥羽至英訳『財務諸表監査の基本的枠組み―見直しと勧告―』白桃書房, 1990 年）
European Union [EU] (2014) Regulation (EU) No. 537/2014 of the European Parliament and of the Council of 16 April 2014 on specific requirements regarding statutory audit of public-interest entities and repealing Commission Decision 2005/909/EC.
Japanese Institute of CPAs [JICPA] (2011), *Comments on the PCAOB Rulemaking Docket Matter No. 37 Concept Release on Auditor Independence and Audit Firm Rotation*, December 12.（日本公認会計士協会「米国公開企業会計監視委員会（PCAOB）『監査人の独立性及び監査事務所のローテーションに関するコンセプト・リリース』に対するコメント」12 月 12 日, 2011 年）
Public Company Accounting Oversight Board [PCAOB] (2011), Release No. 2011-006：*Concept Release on Auditor Independence and Audit Firm*

Rotation, August 16.
U.S. House of Representatives (2013) H.R. 1564, To amend the Sarbanes-Oxley Act of 2002 to prohibit the Public Company Accounting Oversight Board from requiring public companies to use specific auditors or require the use of different auditors on a rotating basis.
笠井直樹 (2011)「監査人の継続監査年数と財務諸表監査の質との関係」滋賀大学経済学部 Working Paper, 145号。
金融審議会・公認会計士制度部会 (2002)「公認会計士監査法人制度の充実・強化 金融審議会 公認会計士制度部会 報告」12月17日。
——(2006)「公認会計士・監査法人制度の充実・強化について—金融審議会公認会計士制度部会報告—」12月22日。
金融庁 (2005) 公認会計士・監査審査会「適正なディスクロージャーと厳正な会計監査の確保に向けた対応策について」10月25日。
——(2016) 会計監査の在り方に関する懇談会「会計監査の信頼性確保のために」3月8日。
——(2017)「監査法人のローテーション制度に関する調査報告（第一次報告）」7月20日。
首相官邸 (2016)「日本再興戦略2016—第4次産業革命に向けて—」6月2日。
日本監査研究学会・監査事務所の強制的ローテーションに関する実態調査研究特別委員会 (2006)「監査事務所の強制的ローテーションに関する実態調査研究特別委員会報告書」9月17日。
日本公認会計士協会 (2005)「会長声明 公認会計士監査の信頼性の回復に向けて」10月25日。
林隆敏 (2016)「監査事務所のローテーション制度の再検討」『青山アカウンティング・レビュー』（青山学院大学大学院会計プロフェッション研究センター），6号。
町田祥弘 (2015)「監査規制をめぐる新たな動向と課題—監査事務所の強制的交代の問題を中心として—」『会計・監査ジャーナル』725号。
——(2016)「監査人の交代にかかる被監査企業の意識」『産業経理』76巻1号。
松本祥尚 (2002)「第7章 特記事項と監査人のディスクロージャー選好」盛田良久編『監査問題と特記事項』中央経済社。
——(2004)「独立性規制における規則主義アプローチ」『會計』166巻4号。

第10章

監査報告書の捉え方と規制のあり方

1 はじめに

　わが国ではオリンパスや東芝等の粉飾決算を受けて，2016年3月8日に会計監査の在り方に関する懇談会から「会計監査の信頼性確保に向けて」（金融庁，2016）が提言された。そのなかで「会計監査に関する情報の株主等への提供の充実」の一環として，会計監査の内容等に関する情報提供が今後の課題としてあげられた。その後，2017年6月26日に金融庁から公表された「『監査報告書の透明化』について」において，

> 「『透明化』の導入が国際的に進められる中で，我が国においても会計監査の透明性向上は重要な課題であり，今後，企業会計審議会において，上記の実務上の課題についての検討を進め，『透明化』について具体的な検討を進めていくことが期待される。」（金融庁，2017）

とされた。

　この透明化の方向を受けて，企業会計審議会監査部会では，監査基準改訂に向けての議論を10月19日開催の第38回会合より開始し，2018年7月5日，監査報告書の記載に関する改訂を含む「監査基準の改訂について」を公表した。「監査報告書の透明化」，すなわち監査報告書の拡張による監査に関する情報の提供については，わが国で検討が開始されるまでに，すでに各国が範とする国際監査・保証業務基準審議会（International Auditing and Assurance Standards Board：IAASB）から国際監査基準（International Standards on Auditing：ISA）701「独立監査人の監査報告書における主要な監査事項のコミュニケーション（Communicating Key Audit Matters in the Independent Auditor's Report）」およびアメリカ公開会社会計監視委員会（Public Company Accounting Oversight Board：PCAOB）監査基準（Audit Standard：AS）3101「監査人が無限定適正意見を表明する場合の財務諸表監査における監査

報告書(The Auditor's Report on an Audit of Financial Statements When the Auditor Expresses an Unqualified Opinion)」として基準化が図られている。

本章では,監査報告書の拡張を議論する前提として,監査報告書それ自体の捉え方にどのような考え方があるのかを明らかにし,今回のテーマである監査報告書の情報提供機能に関する議論の端緒としたい。

2 監査報告書の意義と構造

監査報告書の利用は,監査の必要性と連動し,1つは利害調整支援,2つは意思決定支援を目的とする。第1の利害調整支援は,株主と経営者との間の財の委託・受託の関係に起因した2当事者間における利害対立の解消を支援することである。第2の意思決定支援目的での監査報告書の利用は,不特定多数の情報劣位にある一般投資者が,誤った情報に依拠することで不測の損害をこうむらないようにするための意思決定情報の信頼性の保証である。わが国の法定監査では,前者が株主保護を志向する会社法監査,後者が一般投資者保護目的の金融商品取引法監査に相当する。このような目的に対応する監査報告書の本質をどのように捉えるか,については,監査報告書を監査人の意見とみるオピニオン・レポートと,利用者にとっての情報と看做すインフォメーション・レポートという2つの考え方[1]がある。

(1) オピニオン・レポート

1956年「監査基準の設定について」において「監査報告書は,監査の結果として,財務諸表に対する監査人の意見を表明する手段であるとともに,監査人が自己の意見に関する責任を正式に認める手段」として監査人の視点で定義された。これは,監査基準が監査人にとっての規範性を有すると同時に,一般大衆に対する啓蒙性を期待されることから,現在においても監査報

告書の定義として，必然的に監査人にとってのオピニオン・レポートとして定義づけられてきた。

監査報告書は，監査基準設定当初よりこのようにオピニオン・レポートとして理解されており，かつての監査の概要を記載した範囲区分や注記された後発事象を再掲する補足的説明事項，さらには現在の追記情報のような，監査人の結論（意見区分）部分以外の記載事項は，すべて「情報」の提供であるという理解[2]がなされ，これが一般的な見解として定着しており，意見以外の記載をもって監査報告書における情報提供機能の発現と理解する。

監査報告書がオピニオン・レポートである限り，記載事項のなかで最も重要なものは監査人の結論としての監査意見であり，それ以外の記載事項は監査意見に対して補足的な「情報」として捉えられる。もちろんそれらの「情報」同士も一律に同質と理解されるものではなく，監査の概要に相当する記載は監査意見の基礎的前提であり，両者は因果的な密接不可分の関係にある。これに対して，補足的説明事項は，監査意見とは関係なく，あくまでも財務諸表利用者が財務諸表を利用する際の誤解を防ぐという観点から注意喚起のための補足的な記載と理解されてきた[3]。このような見解を監査報告書の構造として図示すると，**図表 10‐1 左側**（監査人の認識）のようになる。

図表 10‐1　監査報告書の構造

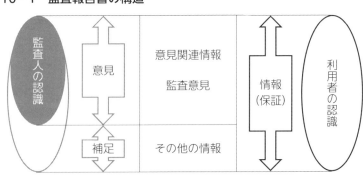

出所：筆者作成。

第10章
監査報告書の捉え方と規制のあり方

　監査基準の設定と，その公表にあたっては，監査人に対して，その責任範囲を明確にすることと任務の最低限度として遵守させることが，また利用者に対しては，監査の標準的な業務内容を告知することで，監査の社会的な信頼性を確保することが期待されている。要するに，監査人にとっての行為規範としての規範性と，監査の目標や基本的な仕組みを利用者に理解させるという啓蒙的な役割が期待された。このように規範的な役割として監査人の視点から監査報告書を規定し，監査基準の啓蒙的役割として当該理解を社会一般に対して周知することの重要性は現在も変わるものではない。しかし逆にいえば，利用者が監査および監査人に対して，実際にどのような期待を有しているか，ということを想定したものとはなっていない。

　そしてもし監査報告書をオピニオン・レポートとして位置づけるのであれば，監査の結論のみを簡潔明瞭に記載するほうが，構造的にははるかに意見表明手段かつ責任認定手段という監査報告書の属性に沿ったものとなる。故にこの立場に立って監査報告書の構造を捉え直すと，監査報告書は「……財務諸表の信頼度の判定のみにふれた，『監査し，財務諸表の適正性を認めた』といった形式の監査報告書にまで，圧縮することも可能なように思われる……」（森，1967, 187頁）。

　このような圧縮された監査報告書の例として，イギリスでは監査報告書の記載内容が冗長で理解し辛いという批判に対応する形で，用語の単純化と記載文言の短縮化が図られ，1967年会社法第14条第4項を受けたイングランド・ウェールズ勅許会計士協会（Institute of Chartered Accountants in England and Wales：ICAEW）は，監査報告書として**図表10-2**のような監査意見のみの雛型を推奨した（日下部, 1972, 72頁）。

　このICAEWの雛型では，監査の概要に関する記載を含め監査意見以外の記載事項は，存在していない。「会社法によって監査の対象が定まっており，採用すべき監査手続に関し，一定の規範が存在している限りでは，限定事項のない場合であれば，このように，意見区分のみで構成される監査報告書の姿こそが，簡明にして理解しやすい理想形態である」（高柳, 1980, 291頁）と

図表 10 - 2　圧縮された監査報告書

> 監査報告書
> ×株式会社株主御中
> 私達の意見では，この年次報告書の __ 頁から __ 頁までに記載されている財務諸表は，__ 年 __ 月 __ 日現在における当会社の財政状態および，同日に終わる事業年度の利益（または損失）を真実かつ適正に表示しており，かつ，1948年および1967年会社法に適合している。
> 会計事務所名＿＿＿＿＿＿＿
> 住所　職業的資格＿＿＿＿＿
> __年__月__日

出所：日下部（1972）72頁。

評価される。つまり，一般に認められた監査基準に従い，特定の法規に従って実施されることが予定されているのであれば，オピニオン・レポートとしての監査報告書には監査意見の記載のみで十分であり，監査意見に影響を及ぼすような限定事項が記載されない限り，意見以外の記載は必要とされないのが合理的といえる。

(2) インフォメーション・レポート

利用者の側からすれば，**図表 10 - 1** 右側（利用者の認識）にあるように，監査意見とそれ以外の記載の情報内容に差異が認められるとしても，監査報告書は一体として財務諸表を利用する際の保証情報としての役割が期待されている。両記載は，財務諸表を利用するために必要な情報であり，両者をあえて区別して捉えることは，利用者からすると必要ではない。このため，利用者にとっての監査報告書は，「財務諸表による情報が，利害関係者によって誤解されることのないように，合理的に利用されるようにするはたらきをもち，財務諸表に対する単なる判定書ではなく，それ以上の役割を持つもの」（森，1967，187頁）と捉えられる。

このような理解は，監査報告書に誤りのあることが判明したケースを想起

すれば，ヨリ明確になる。すなわち，監査人側からすると，監査報告書は意見表明手段であるから，自らの意見以外の部分については責任を問われるいわれはないし，監査意見とそれ以外の記載で責任の程度も異なってしかるべきと考えるであろう。一方，利用者は，監査意見であろうとその他の記載事項であろうと，監査報告書の記載に誤りがあり，当該記載に依拠して損害をこうむれば，記載区分にかかわりなく虚偽記載を訴因とした賠償責任を監査人に対して追及することになろう。

先にみたように財務諸表監査が，情報劣位にある不特定多数の一般投資者を保護するために行われる職業的専門家の独占業務であることに鑑みると，果たして監査意見とそれ以外の記載事項とで監査人に負わすべき賠償責任の程度や範囲に区別を認め，善意の利用者に対して不利な判定がなされるとは考えにくい。

以上の結果，利用者側からみれば，意思決定に必須の主たる情報である財務諸表に対して，その信頼性を保証する従たる情報として監査報告書全体を捉えた上で，財務諸表に依拠するにあたって役立つ情報はすべからく監査報告書において提供して欲しいと期待する。ここに監査報告書をインフォメーション・レポートとして理解する考え方（森，1967, 184-193頁；高柳，1980, 303-307頁）が認められることになる。

図表10－1に示したとおり，監査報告書を作成者である監査人側からみればオピニオン・レポートであり，受領者である利用者側からみればインフォメーション・レポートと理解され，両理解は立場による違いであって，いずれの立場で監査報告書を捉えるかによって，記載されるべき事項とその記載方法は異なることが考えられる。

3 短文式監査報告書の完成

監査報告書は，利用者にとって唯一入手可能な監査に関する情報であるか

ら，利用者のニーズや知識水準等を考慮してその形態が検討されねばならない（森，1974, 67-72頁）。このため，制度的にはオピニオン・レポートとして捉えた上で，想定される利用者のニーズや知識水準等の観点から，監査報告書の形態は現在まで短文式による標準化がなされてきた。

　一般に監査報告書を短文式で標準化する根拠として，利用者の知識水準等と監査人による責任回避への配慮があげられる。すなわち，前者は，利用が想定される一般投資者が専門的知識を欠くことが多いために，その理解可能性を高める目的で判りやすく簡潔かつ明瞭に記載することを要求するものであり，後者は，監査人が将来の責任を回避する目的で，いたずらに難解な文言を使って利用者を惑わせたり，必要な記載を省略するようなことがないように配慮するというものである。この結果，一般目的の監査報告書については，その記載要件につき一定の基準を設け，監査人にこれを守らせる必要があると解される。この制度としての短文式の監査報告書が，現在のような形態にいたった経緯を振り返ると以下のとおりである。

（1）短文式監査報告書の端緒

　1917年，わが国監査基準が範としてきたアメリカにおいて，連邦準備制度理事会（Federal Reserve Board：FRB）が小冊子『統一会計』において，それまで統一されていなかった監査報告書の形態を標準化した短文式のものにすることを提言した。そこでは，法的拘束力は持たないものの，「監査証明書は，可能な限り短文かつ簡潔を要し，事実の正確な報告書でなければならない。」（AIA, 1917, 430）とし，短文式の監査報告書の雛型が勧告された。具体的な雛型としては，図表10－3のようなものが示された（AIA, 1917, 430）。

　この時期，企業の資金調達は金融手形の割引による間接金融によっており，融資申請時に企業から金融機関に提出される貸借対照表の様式を統一するとともに，それに対する監査として信用目的の監査が導入され，これに対応するための監査報告書でもあった。

　さらに1929年には上記の信用監査を超える監査を可能とするため，『財務

第 10 章
監査報告書の捉え方と規制のあり方

図表 10-3　FRB 提言による監査報告書

> 私は，Blank & Co. の……から……までの期間の諸勘定を監査し，上記の貸借対照表と損益計算書は，連邦準備制度理事会が指示し勧告した方法に従って作成されていたこと，ならびに，私の意見によれば，それらは当会社の……現在の財政状態と当該年度の経営成績を表示していることを証明する。
>
> （署名）　A.B.C.

出所：AIA（1917）430。

図表 10-4　AIA による監査報告書

> 私は，……から……までの期間の……社の諸勘定を検査した。
> 私の意見によれば，添付の貸借対照表と損益計算書は，……現在の当該企業の財政状態と当該期間における経営成績を表示していることを証明する。

出所：AIA（1929）350。

諸表の検証』がアメリカ会計士協会（American Institute of Accountants：AIA）によって公表され，雛型として**図表 10-4** のようなものが示された（AIA, 1929, 350）。

　1929 年の大恐慌によって，小口株主が多数かつ多額の損害をこうむる事態が生じたため，証券市場向けのディスクロージャー制度，特に情報劣位にある一般投資者向けの情報開示の重要性が認識された。この結果，1933 年連邦証券法および 34 年連邦証券取引所法が制定され，法令による強制的な情報開示とその信頼性の確保策としての法定監査が導入される。この監査の法制化によって，それまで間接金融目的で任意に行われていた信用監査から，契約関係を前提としない不特定多数の一般投資者を保護するための意思決定支援を志向する監査が世界で初めて成立したことになる。

（2）短文式監査報告書の根拠

　1933 年・34 年の証券二法が，不特定多数の一般投資者保護を志向すること

から，法定監査においても保護の対象とすべき想定利用者は，不特定多数の会計や監査に関する専門的知識を有さない通常人[4]が想定される。

　このような通常人の想定は，監査人に対する監査の失敗を訴訟原因とする数多くの判例において，損害をこうむった原告の過失の程度が議論されるケースはあっても，会計や監査に関する専門知識を持たないことが原告不適格として認定されたケースはないこともからも肯定される。つまり，被害者が存在する現実問題として，法定監査の失敗が争われるような情況で，利用者としての会計や監査に関する知識の有無が争点となることはあり得ない。さらには，監査済み財務諸表が市場で公開されている以上，実際に当該財務諸表を入手して検討したかどうかすら確認のしようがない。この結果，利用者の想定にあたり，監査報告書が財務諸表の信頼性の程度を明らかにする唯一の情報源である以上，その雛型は，結局は会計や監査に関する専門的な知識を有さない利用者を前提に構築される。そしてこの利用者は，証券二法でも情報劣位者として保護の対象とした一般投資者に相当するものであり，それが現在まで続く短文式監査報告書の根拠と考えられる。

（3）短文式監査報告書の記載事項

　先にみた AIA による短文式の標準雛型が公表されて後，必ずしも専門知識を有さない一般投資者に対して，どのような事項を監査意見以外に記載する必要があるか，という問題が生じる。

　この問題に対し，1934 年にニューヨーク証券取引所（New York Stock Exchange：NYSE）と AIA が共同研究の成果として公表した『企業会計の監査』において，監査の概要（範囲区分）と監査意見（意見区分）からなる監査報告書の雛型が示されるが，これに対して規制当局のアメリカ証券取引委員会（Securities and Exchange Commission：SEC）は，1938 年に発覚した McKesson & Robbins, Inc.事件をきっかけとした会計連続通牒（Accounting Series Release：ASR）19 号を発出し，監査手続の強化を図るとともに，監査報告書の雛型に関して AIA に対して改良を求めた。

第 10 章
監査報告書の捉え方と規制のあり方

　この SEC からの要請を受けて，AIA は 1941 年に監査手続書（Statements on Auditing Procedure：SAP）5 号「『会計士の証明書』に関する改訂 SEC ルール」を公表し，

　「我々の意見によれば，我々の検査は当該情況のもとで適用可能な一般に認められた監査基準に準拠して実施され，そこには我々が必要と認めた全ての手続が含まれる」(SAP 5)

という文言を監査の概要に挿入することとなった。この段階での「一般に認められた監査基準」は，SEC によると，(1)一般に認められた正当な監査手続に加えて，適切に訓練されたものが職業的能力をもってそれを適用すること，(2)監査手続によって入手されるべき証拠の質と量を規制する監査の基本的原則というべきもの（ASR 19）とされた。

　この SEC による「一般に認められた監査基準」という概念を受けて，AIA は 1947 年に「監査基準試案：一般に認められた意義と範囲」を公表し，翌 1948 年に監査基準として正式に規定した。そしてこの AIA 監査基準試案が，わが国監査基準の範となった[5]のである。つまり，従来の AIA が提案した監査の概要と監査意見からなる二区分監査報告書はそのままにして，監査の概要に監査基準への準拠を記載させることで，SEC は監査人に対して監査の標準を対外的に宣言させ，監査の質を一定以上に確保することを意図したと解される。この場合の「監査の一定以上の質」は，「一般に認められた監査基準」によって最低ラインが画されることとなる。この AIA 監査基準により，短文式監査報告書の標準雛型は一応の完成をみる。

4 監査報告書の情報化

(1) オピニオン・レポートとしての情報化

　1970年代の数多くの監査人に対する訴訟と監査人側の敗訴により，アメリカ公認会計士協会（American Institute of CPAs：AICPA）は1985年から開始された期待ギャップ縮小のための一連の監査基準改正として，1988年に監査基準書（Statements on Auditing Standards：SAS）58号「監査済み財務諸表に関する報告書」を公表する。ここでの主な改正点は，従来からの監査の概要（範囲区分）と監査意見（意見区分）に加えて，二重責任の原則に関する記載を導入区分として設けた点にある[6]。

　AICPAによる期待ギャップ対応としての導入区分は，社会一般からの期待が過大すぎる，あるいは非合理的な部分であるから，監査基準の規定内容を広く知らしめ，社会一般を啓蒙することによる期待ギャップの解消を志向している。

　監査報告書において，財務諸表を作成する責任が経営者にあり，当該財務諸表の適正性に関する意見表明をすることが監査人の役割で監査人の責任であるという二重責任の原則に関する記載や，監査手法が試査によることや財務諸表には主観や不確実性が含まれるといった監査固有の限界に関する記載は，本来，会計や監査に関する知識のある利用者であれば言わずもがなの記載である。にもかかわらず，そのような記載をあえてしなければならないというのは，社会一般が監査に対して持っている過大な期待，あるいは誤った期待を監査報告書という監査人から利用者への唯一のコミュニケーション手段によって啓蒙し解消しようとしたものと解される。

　この導入区分に相当する記載は，上記の補足的説明事項や追記情報といった，いわゆる強調事項と同じで，いくら増やしたところで，財務諸表の利用者にとって，その意思決定を改善するための情報が増えるわけではない。

第10章 監査報告書の捉え方と規制のあり方

(2) インフォメーション・レポートとしての情報化

　監査人の結論は，財務諸表の信頼性に合理的保証を提供するものである，とされるが，この監査意見は全体としての財務諸表の適正性に関する結論である。しかし，財務諸表全体の適正性を直接立証する証拠を根拠として入手することは不可能であるため，監査人は個々の監査対象項目に対して一定の監査手続を適用し，十分かつ適切な監査証拠の入手を積み重ねることで，最終的な結論の根拠を得ている。この場合に問題となるのは，監査対象項目の属性によって，入手される証拠の保証水準（確信度）は異なっており，**図表10-5**のように最終的に提供される合理的保証の水準にも幅がある，という点である。

　図表10-5は，直接の監査対象となる財務諸表項目（売掛金や商品等）の属性と監査手続の種類・時期・範囲によって得られる証拠に対する監査人の確信の程度（保証水準）が異なることを示している。例えば，見積りの要素が相対的に多く含まれる引当金や利益調整の方法として利用されやすい売上認識など，いわゆる特別の検討を必要とするリスク対象項目については，ど

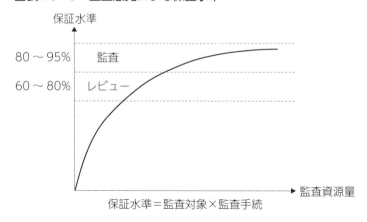

図表10-5　監査意見による保証水準

出所：IFAC（2002）を参考に作成。

のように厳格な監査手続を適用しようとも，証拠力の強い証拠が確実に入手できる項目や金額に見積りの含まれない項目などに比べると，不可避的に監査人の確信度は低くなるであろう。このような個々の確信が積み重なって最終的な財務諸表全体の適正性に対する心証を形成する以上，合理的な保証の水準は画一的な比率として措定することはできない。

　さらに，全体としての監査意見表明のための確信度が，合理的保証水準として概ね80 ～ 95％（IFAC, 2002）のうちのどこかに収斂したとしても，個々の監査対象項目レベルでは異なる水準の確信度になっていると推測される。

　これらの違いは，監査業務に携わった監査人にしかわからないものであるが，もし利用者にこれらの差異と根拠が監査報告書で示されれば，利用者は財務諸表を利用するにあたって，それらの記載事項を追加的に利用することで，ヨリ効果的な意思決定を行なえる可能性がある。

　このような監査人にしかわからない監査上の情報を積極的に利用者に提供しようとすることは，IAASBとPCAOBにより「主要な監査事項」（以下，Key Audit Matters ／ Critical Audit Matters：KAM ／ CAM）として基準化され，従前のような利用者を啓蒙するための言わずもがなの情報とは異なり，利用者にとってまったく新規の監査上の情報の提供として捉えられる。啓蒙的情報と監査上の情報との違いを，オピニオン・レポートとインフォメーション・レポートの視点で図示したものが，**図表10 - 6**である。

　この結果，これらの事項を監査報告書に記載することは，監査報告書自体の情報価値を高め，利用者の財務諸表利用における目的適合性と有用性を向上させることにつながる。特に利用者は，監査人が監査にあたって注意すべきと看做した財務諸表上の事項を捕捉するとともに，監査人の手続きや発見事実・所見を入手でき，その分析に役立てることができる。このように財務諸表に記載されるべき会計上の情報ではなく，監査人が監査の実施過程で独自に入手した監査上の情報を提供する以上，二重責任の原則に抵触する余地はない。この結果，これまでブラックボックスとなっていた監査業務の一部を利用者は知ることができるという効果もある。

図表 10-6　監査報告書の情報化

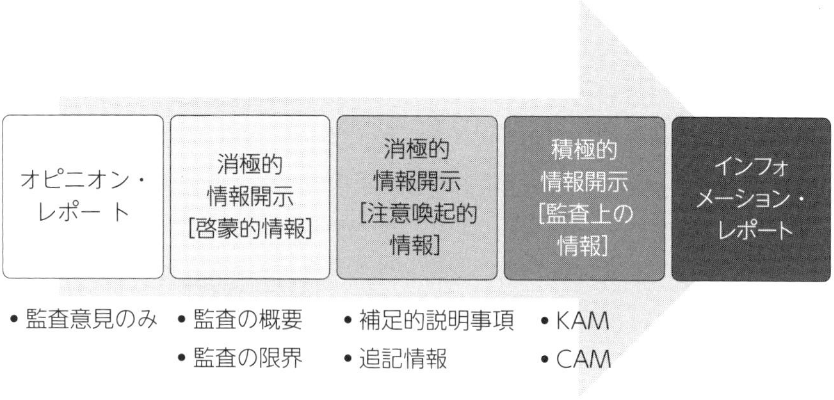

オピニオン・レポート → 消極的情報開示[啓蒙的情報] → 消極的情報開示[注意喚起的情報] → 積極的情報開示[監査上の情報] → インフォメーション・レポート

- 監査意見のみ
- 監査の概要
- 監査の限界
- 補足的説明事項
- 追記情報
- KAM
- CAM

出所：筆者作成。

5　監査上の情報の制度化

　監査人固有の情報を監査報告書に記載させるという議論は，2007年のサブプライム・ローンを担保とした住宅ローン担保証券のデフォルトや，2008年9月のLehman Brothers Holdings, Inc.の破綻をきっかけとする世界的な金融恐慌に際し，当時の金融機関の財務諸表を監査し，何の指摘もなく無限定適正意見を表明していた監査人に対する批判を端緒とする。特に証券監督者国際機構（International Organization of Securities Commission：IOSCO）が2009年9月に市中協議文書「監査人のコミュニケーション（Auditor Communications）」を公表し，監査報告書に望まれる役割に関する意見聴取を行ったことを契機に，IAASBも討議文書「監査報告の価値向上：変更のための選択肢の探索」（IAASB, 2011）において2011年5月から9月にかけてコメント募集を行ない，監査報告書改革に関する議論に着手することとなった[7]。このIAASBでの議論が，2014年にISA701「独立監査人の報告書にお

ける重視すべき監査事項の伝達」として結実した。

　一方，アメリカでは，2011年6月にPCAOBが，投資大衆に対する監査報告モデルのあり方について検討を開始するプロジェクトを公表（PCAOB, 2011）した後，2013年の提案（PCAOB, 2013），当該提案に対するコメントを受けた2016年の再提案（PCAOB, 2016）を経て，確定基準として「無限定意見を監査人が表明する場合の財務諸表の監査に関する監査報告書，及びPCAOB基準に対する関連修正」を2017年6月1日に公表した[8]。

　以上のように，ヨーロッパを中心としたISA701とアメリカのPCAOB基準（AS 3101）の両者で，監査報告書の拡張が図られたことになる。このため，監査報告書に記載される意見とそれ以外の記載事項について，ISA 701とAS 3101（PCAOB, 2017, Appendix 1）という2つの基準が存在している。

（1）拡張された監査報告書の様式

　IAASBでは，監査人が提供すべき監査業務に関連する情報として，「監査上の主要な検討事項（KAM）」が要求事項としてISA 701に規定された。このKAMは，監査人が職業的専門家としての判断において，当年度の財務諸表の監査過程で最も重視した事項であり，統治責任者に通知した事項から選択されるものである。そしてこれらを確定するために，(1)ISA 315に従って識別された特別な検討を必要とするリスク，ならびにヨリ高い評価済みの重要な虚偽表示のリスクを伴う領域，(2)財務諸表の領域に関連した重要な監査上の判断のうち，経営者による重大な判断ないし見積りの適用を伴う領域，そして(3)当該年度に生じた注意すべき事象ないし取引による監査への影響，を検討しなければならない（par. 11）。

　これら検討の結果，監査報告書において，(1)財務諸表における関連する開示への参照（もし存在する場合には）し，(2)当該事項を監査過程で最も重視した事項の1つと看做し，それが故にKAMと判定した理由，(3)当該事項に対して監査上，どのように対応したか，を常に記載することが要求される（par. 13）。そしてKAMが監査過程で最も重視した事項という位置づけから，

監査人にとって，また監査過程において相対的な概念であるため，通常はKAMが記載されないことは想定されない。しかし，特定の情況下ではKAMが存在しないと監査人が判断することもあり得るため（par. 14），その場合は統治責任者等と討議の上，監査報告書に「記載すべき重視すべき監査事項はない」旨の記載を求められる（par. 17）。

一方，PCAOB基準による監査報告書の拡張は[9]，「監査上の注意すべき事項（CAM）」によって行われる（PCAOB, 2017, Appendix A-Definition）[10]。CAMとは，財務諸表の監査から生起し，監査委員会に伝達した，あるいは伝達することが求められるすべての事項であり，(1)財務諸表にとって重要である勘定ないし開示に関連し，(2)特に，困難な，主観的な，ないしは複雑な監査人の判断を伴ったもの，とされる。

このような要件を満たすCAMとして監査報告書に記載するにあたっては，CAMを識別し，当該事項がCAMであると決定するにいたった主要な考慮事項と，監査業務において当該CAMにどのように対応したかを記述するとともに，関連する財務諸表の勘定と開示に言及する（par. 3101.14）。またもしCAMが存在しない場合には，監査人は監査報告書にその旨を記載しなければならない（par. 3101.13）。

IAASBのISA 701およびPCAOBのAS 3101において想定される，KAMないしCAMに関連した監査報告書の様式は，**図表10－7**のようになる。

上記監査報告書において，「意見」と「意見の基礎」は，一般目的の監査報告書で従来から想定される専門知識を欠く利用者の意思決定にとっての重要性の観点から，冒頭の記載区分に記載しなければならないが，その他の記載については，利用者の関心の高さによって配列することが認められた。ただし，配列の一貫性と明瞭性は要求されている。

KAM以外で改定された監査報告書の記載としては，ISA 701には経営者の責任に加えてKAMの記載との関係でその役割が重要となった統治責任者の責任が記載されることになったことがあげられる。一方，PCAOB基準の方では，監査人の独立性に係わる情報として被監査会社への関与年数の記載

図表 10-7　拡張された監査報告書の様式

- 被監査会社の規模や複雑性等によって異なる記載
- ○ 標準化された文言
- ─ 現行の記載様式と異なる記載

出所：ISA701 と AS3101 より作成。

が求められるようになっている。

　ISA 701 および AS 3101 が想定する KAM／CAM を決定し，監査人が監査報告書に記載するまでのプロセスを図示すると，**図表 10-8**のようになる。

　図表 10-8では，KAM も CAM も統治責任者へ伝達した事項（PCAOB基準では「伝達すべき事項」も含むため，その範囲は広い）から，監査人の注意が特に要求される事項として KAM が決定されている。この KAM 決定に際しては，ISA 701 の適用指針（par. A10）において，重要な虚偽表示の

第 10 章
監査報告書の捉え方と規制のあり方

図表 10-8 監査報告書への KAM／CAM 記載プロセス

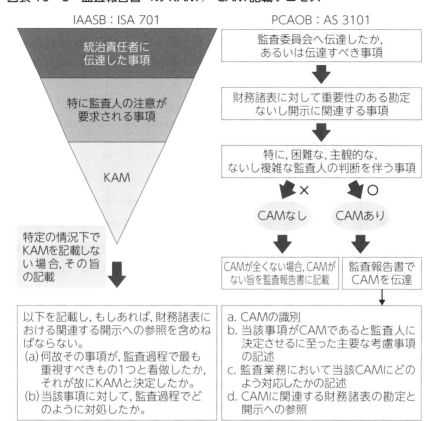

出所：IAASB（2016）より一部修正，PCAOB（2017）より一部抜粋。

リスクの高い項目や，特別の検討を必要とするリスク項目，さらには会計上の見積もりや高い不確実性を伴う財務諸表項目で監査人の判断に特に注意が必要となる項目，といった考慮要因を規定している。一方，CAM のほうは，財務諸表項目や開示に関連する重要な事項として抽出し，監査人の判断に，特に困難さ，主観性，あるいは複雑さを必要とするものとして CAM を決定する。このため，PCAOB 基準の CAM となり得る項目も，その適用指針を

含めた ISA 701 の KAM も，通常は財務諸表に関連した，監査上，最も重視すべき，あるいは注意すべき事項として，実質的には同様に理解することができるが，KAM では財務諸表の勘定や注記に関連しない項目であっても，監査人が特に注意すべきと判断した場合は記載することが求められる点で，その記載対象範囲が CAM とは異なっている。

(2) 期待される意思決定の高度化

　既述のように KAM／CAM は，特別な検討を必要とするリスク対象項目や，重要な虚偽表示リスクの高い項目のように，監査過程において監査人が重視した，あるいは注意すべきと看做した事項として，統治責任者（監査委員会）へ伝達したもの，あるいは伝達すべきもののすべてのものから選定される。これら伝達（要）事項のうち，監査人の判断が，特に困難だったり，主観的だったり，あるいは複雑だった事項に対して，監査人が当該事項をKAM ないし CAM と判定し，それらに監査過程でどう対応したかを，可能な限り財務諸表項目や開示を参照しながら記載することが求められる。

　この結果，利用者の立場からすると，監査人しか入手できない監査上の情報が監査報告書において提供されることから，監査報告書の保証情報の質自体は変わらないものの，新たに提供される監査上の情報を利用することで財務諸表の情報を修正・加工，あるいは参考にすることが可能となるため，利用者からすると意思決定がヨリ高度なレベルで行えることになる。

　もともと監査報告書の拡張が議論の遡上にあがった理由が，金融恐慌の際に異なる企業の財務諸表に同じように無限定適正意見が付されていても，必ずしも同程度の信頼性を財務諸表全体，あるいは特定の項目に対して確保できていなかったのではないか，という疑念にあったことに鑑みると，同じ無限定適正監査報告書であっても KAM／CAM の内容によって，利用者は財務諸表の利用の仕方を変えることができ，その意思決定は高度化されると推測される。

6 おわりに

　2018年7月5日改訂監査基準は，わが国でも監査上の情報を監査報告書に監査人の判断により記載しなければならないこととした。このため，これまで個々の監査契約ごとに異なる高度かつ複雑なテーラーメイドで，かつ外部に開示されることのなかった監査人による監査業務の内容やその判断が，監査報告書で利用者に提供されるようになる。

　このような監査業務のブラックボックス化を排し，財務諸表利用者の意思決定の質を改善するためには，監査報告書の簡潔かつ明瞭なオピニオン・レポートとしての性格に監査人が拘泥することで，監査業務に関連する監査上の情報提供に過度に自己防衛的になり，インフォメーション・レポートとしての性格を軽視し監査報告書の拡張に消極的とならないことが必要である。財務諸表に直接関連する会計上の情報の開示義務が経営者にあるのは当然のこととして，監査過程において監査人が入手した事実や情報を監査上の情報として提供することは，監査人しか入手し得ない情報であり二重責任の原則に何ら抵触するものではなく，ディスクロージャー制度の趣旨からしてむしろ望ましい情報提供と理解される。

　従来，経営者と投資者との間で議論された情報の非対称性の解消は，監査人からの財務諸表の欠陥に対する修正情報（除外事項）により行われることが指向されたが，今回の監査報告書の拡張に関する議論は，監査人と投資者との間の情報の非対称性に関する議論となっている[11]。監査人に複雑な計算やモデルの評価や，難解で主観的な判断を要求するような財務報告の複雑性が増すにつれて，監査人と投資者との間の情報の非対称性を解消することは，結果として意思決定情報としての財務報告の質を改善することにもつながると考えられる。

　しかしこの拡張された監査報告書が高度な情報価値を有するものとして受け入れられ利用されるためには，KAMを咀嚼し財務諸表項目との関連でわ

かりやすい形に加工した上で,専門知識のない利用者に提供するという,情報仲介者として独立した高度な投資者(例えば,アナリスト)が必要不可欠という点が,今後重要な課題となるであろう。したがって,監査報告書の拡張にあたっては,情報仲介者として独立性を備えた会計や監査に関する専門知識のある投資者を育成するという視点が新たに必要となると考えられる。この結果,投資者の意思決定の相違は,従来の監査報告書と監査上の情報が提供される拡張された監査報告書では,図表10-9のように理解される。

もう1つの重要な点として,わが国固有のKAM導入に関する問題として,KAMに関する基準適用を金融商品取引法監査に限定し,会社法(大会社)監査には適用しなかったことがあげられる[12]。具体的には,「会社法上の監査報告書における『監査上の主要な検討事項』の取扱いについては,監査部会での審議において,株主等と企業の間の対話の実効性を高める観点から,……〔金商法監査と会社法監査〕双方の監査報告書において『監査上の主要な検討事項』を記載するべきとの指摘があった一方,適用当初においては,記載内容についての監査人と企業の調整に一定の時間を要すると想定される

図表10-9 従来型監査報告書と拡張された監査報告書による投資者の意思決定の相違

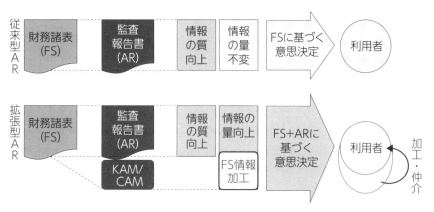

出所:筆者作成。

ことから，現行実務のスケジュールを前提とすれば，会社法上の監査報告書に記載するには課題がある」とし，「……当面，金融商品取引法上の監査報告書においてのみ記載を求めること」（企業会計審議会（2018）「監査基準改訂案に対する主なコメント」）としたのである[13]。

金商法の監査報告書にのみKAMが記載されることの問題は，会社の所有者としての地位を対価の支払いによって獲得している株主ではなく，何の対価も負担していない不特定多数の投資者がKAMという情報を入手する権利を与えられている点，さらに株主総会において株主としてKAMを利用して計算書類を審議する権利が侵害されている点である。

このため，このような問題が顕在化しないためには，**図表10‐8**にある会計監査人と監査役等との間でのコミュニケーションを充実させ，監査役等が十分にKAMの内容を理解した上で，株主総会で自らKAMの内容を説明するとともに，株主からの質問に効果的に回答する必要がある。もちろん会計監査人に株主総会でKAMに関する意見を述べさせるために，株主総会決議をとる方法もあるが，すべての会計監査人設置会社での実行可能性には疑問があるし，そもそも会計監査人からKAM候補となる重要な虚偽表示のリスクの高い項目や特別の検討を必要とするリスク項目，さらには会計上の見積りや高い不確実性を伴う項目について監査役等は伝達されており，それらを理解した上で，会計監査の方法と結果に関する相当性を判断しているはずであるから，監査役等がKAMについて株主総会で説明するのがむしろ自然な姿と思われる。つまり，会社法の監査報告書にKAMを導入しないという今回の監査基準改訂の決断は，結果として監査役等の株主に対する情報提供義務の拡張を招いたと解されるのである。

▶ 注

1) わが国でこの2つの考え方について検討を加えたものは，高柳（1967）である。
2) このように意見と情報という二分法的理解の端緒が，黒澤（1957）である。

3) 現行監査基準においても、監査意見とそれ以外の記載という区別は変わっておらず、監査人の意見以外に、監査の対象・経営者の責任・監査人の責任、ならびに追記情報として「情報」の記載を求めている。
4) アメリカ不法行為法訴訟において、過失認定の基準として持ち出される「通常人（ordinary person）」を意味する。
5) AIA による監査基準とわが国監査基準との関係については、大矢知（1989）を参照されたい。
6) わが国監査基準も 2010 年に報告基準の改訂を行うことで監査の対象、経営者の責任、監査人の責任、監査意見という 4 区分方式に変更するまで、1991 年改訂基準以降ずっとアメリカと同じ 3 区分方式を採用していた。
7) IAASB の監査報告書改革の動向については、町田（2017）が詳しい。
8) 本基準は、SEC による承認を経て効力を発行する。
9) PCAOB による CAM の基準化プロセスとその内容については、松本（2016）を参照されたい。
10) この CAM の意義について、2013 年に提案された意義では、監査人が財務諸表監査の過程で対処した事項であり、(1)監査人にとって最も困難な、主観的な、或いは複雑な判断を伴うもの、(2)十分かつ適切な監査証拠の入手が最も困難だったもの、(3)財務諸表に対する意見の形成に当たって最も困難だったもの、という 3 つの監査プロセスごとの事項として挙げられていた（PCAOB, 2013, Appendix A-Definition）。2016 年の再提案（PCAOB, 2016, Appendix A-Definition）から、現在の意義に集約されている。
11) この場合の監査人と投資者との間での情報の非対称性の解消に関する対応は、専門知識のない投資者を啓蒙し監査に関する理解を促すという後ろ向きのものではなく、専門知識のある投資者の意思決定を高度化するという前向きの非対称性解消と捉えられる（松本, 2016）。
12) 詳細は、松本（2019）を参照されたい。
13) ただし、任意で会社法上の監査報告書に「監査上の主要な検討事項」を記載することは認められている。

【参考文献】

American Institute of Accountants［AIA］(1917) Uniform Accounting, *Journal of Accountancy* 23(6).
—— (1929) Verification of Financial Statements, *Journal of Accountancy* 47(5).

── (1940) Statements on Auditing Procedure (SAP) No. 5：The Revised S.E.C. rule on "accountants' certificates."

American Institute of CPAs [AICPA] (1988), Statements on Auditing Standards (SAS) No. 58：Reports on Audited Financial Statements (AU §508).

International Auditing and Assurance Standards Board [IAASB] (2011) Consultation Paper, Enhancing the Value of Auditor Reporting：Exploring Options for Change, May.

── (2014) ISA 701：Communicating Key Audit Matters in the Independent Auditor's Report.

── (2016) Determining and Communicating Key Audit Matters ("KAM"), June.

International Federation of Accountants [IFAC] (2002) Study 1：The Determination and Communication of Levels of Assurance Other than High.

International Organization of Securities Commissions [IOSCO] (2009) Technical Committee, *Auditor Communications – Consultation Report.*

Public Company Accounting Oversight Board [PCAOB] (2011) Release No. 2011-003, *Concept Release on Possible Revisions to PCAOB Standards Related to Reports on Audited Financial Statements and Related Amendments to PCAOB Standards, Notice of Roundtable*, June 21.

── (2013) Release No. 2013-005, *Proposed Auditing Standards,* August 13.

── (2016) Release No. 2016-003, *Proposed Auditing Standard*, May 11.

──(2017) AS 3101：The Auditor's Report on an Audit of Financial Statements When the Auditor Expresses an Unqualified Opinion.

Securities and Exchange Commission [SEC] (1940) *Accounting Series Release (ASR) No. 19*：*In the Matter of McKesson & Robbins, Inc.*（八田進二訳「会計連続通牒第19号」鳥羽至英・村山徳五郎編『SEC「会計連続通牒」1：1930-1960年代』中央経済社, 1998年）

大矢知浩司 (1989)「財務諸表監査と監査基準」『彦根論叢』（滋賀大学経済経営研究所), 255-256号。

企業会計審議会 (2018)「監査基準の改訂に関する意見書」7月5日。

金融庁 (2016) 会計監査の在り方に関する懇談会「会計監査の在り方に関する懇談会提言―会計監査の信頼性確保のために―」3月8日。

──（2017）「『監査報告書の透明化』について」6 月 26 日。
日下部与市（1972）『海外の会計と監査実務』中央経済社。
黒沢清（1957）『監査基準の解説』森山書店。
高柳龍芳（1967）『監査報告書論』千倉書房。
松本祥尚（2014）「監査報告のパラダイムシフト―監査人からのコミュニケーション向上の必要性―」『会計・監査ジャーナル』709 号。
──（2019）「『監査上の主要な検討事項』の開示対象者」『会計・監査ジャーナル』762 号。
森實（1967）『近代監査の理論と制度』中央経済社。

第11章 会計監査についての情報提供の充実

1 会計監査についての情報提供の充実に関する懇談会の報告書

　2019年1月22日，金融庁「会計監査についての情報提供の充実に関する懇談会」より，報告書「会計監査に関する情報提供の充実について―通常とは異なる監査意見等に係る対応を中心として―」（以下，「報告書」）（金融庁, 2019）が公表された。同懇談会は，2018年11月より3回にわたる審議の末，比較的短い期間で報告書を公表した。

　会計監査に関する情報提供の充実を図り，品質の高い監査業務を提供する監査人が評価される枠組みを構築することについては，2015年7月に発覚した（株）東芝（以下，東芝）による巨額の粉飾決算事件を契機として金融庁に設置された「会計監査の在り方に関する懇談会」が，2016年3月に，「提言―会計監査の信頼性確保のために―」（以下，「提言」）（金融庁, 2016）を公表し，そのなかで，以下のように述べられていた。

　「会計監査の透明性の向上を通じて，企業の株主によって監査人の評価が適正に行われるようになり，高品質と認められる会計監査を提供する監査法人等が評価され，企業がそのような評価に基づいて監査を依頼するようになることが期待される。これにより，より高品質な監査を提供するインセンティブの強化や，そのような監査に株主や企業が価値を見出すことによる監査法人等の監査報酬の向上等を通じて，市場全体における監査の品質の持続的な向上につながっていく好循環が確立されることが望まれる。」[1)]

　こうした認識の下，「提言」では，会計監査に関する情報提供の充実にかかる具体的な施策として，以下の事項を提言していたのである。

①監査法人等のガバナンス情報の開示
②監査報告書の透明化等
③監査人の交代時における開示の在り方
④当局による会計監査に関する情報提供の充実

　「提言」の公表後，これらの施策は，順次，実施に移されてきた。

第 11 章
会計監査についての情報提供の充実

　まず，①は，2017 年 3 月に，金融庁・監査法人のガバナンス・コードに関する有識者検討会より，「監査法人の組織的な運営に関する原則（監査法人のガバナンス・コード）」（金融庁，2017）が公表され，その後，2018 年 11 月 30 日段階で，大手監査法人のみならず，中小監査法人も含めて，15 の監査法人が監査法人のガバナンス・コードの採用を表明し，大手・準大手を中心に，監査の品質に関する報告書を公表するにいたっている。

　また，②については，2018 年 7 月 5 日に，金融庁・企業会計審議会より，「監査基準の改訂に関する意見書」が公表され，監査報告書において，「監査上の主要な検討事項」（Key Audit Matters：KAM）の記載が求められることとなった。「監査上の主要な検討事項」の実務は，上場企業および一定規模以上の金融機関等を対象として，2021 年 3 月期から適用される他，東京証券取引所一部上場企業については，2020 年 3 月期からの早期適用が強く推奨されている[2]。

　③については，「提言」では次のように述べられている。

　「監査人の交代の理由等の開示について，株主等にとってより有用な情報の提供を確保することが必要である。したがって，監査人の交代の理由等についてより充実した開示を求めるとともに，例えば，日本公認会計士協会において，監査法人等が交代の理由等に関して適時意見を述べる開示制度を設けるなど，開示の主体やその内容などについて，改めて検討がなされるべきである。こうした取組みは監査人の独立性の確保にも資するものと期待される。」

　すなわち，日本公認会計士協会の自主規制に対応を委ねたと解されるのである。

　さらに，④については，公認会計士・監査審査会より，2016 年 7 月に公表された「監査事務所の概況（平成 28 年版モニタリングレポート）」以降，毎年，監査事務所に対する検査や報告徴収の内容をもとに，「モニタリングレポート」を公表し，同審査会によれば，「監査及び会計の専門家だけではなく一般利用者に対しても，監査事務所の状況等についてできるだけ分かりやす

い形で情報提供すること」を標榜して，情報提供が行われている。

　以上のように，「提言」における会計監査に関する情報提供の充実は，2016年3月の「提言」の公表以降，着実に実施に移され，2018年7月の監査基準の改訂により，今後，「監査上の主要な検討事項」の記載実務が展開されるのを待つばかりかと思われていたのである。

　しかしながら，「提言」の公表後，2016年12月27日に東芝が公表した，子会社買収に伴うのれんの一部または全額の減損の実施による業績への影響に関して，同年度の12月末を期末とする第3四半期報告から，翌年度の臨時株主総会にいたるまでの経緯のなかで，より一層，会計監査についての情報提供を図るべきではないかとの意見[3]が提起され，2018年11月に，改めて「会計監査についての情報提供の充実に関する懇談会」が設置されることとなったと解される。そうした意味において，今般の「報告書」は，「提言」後の事態に対応して，いわば臨時対応として審議・公表された，追加的な監査規制施策といえよう。

　また，あわせて，同懇談会の議論の過程で，前述のように日本公認会計士協会の自主規制に委ねられた③監査人の交代時における開示の在り方についても，改めて，方針または考え方の提示，および日本公認会計士協会だけの対応に限界があるのであれば，公的規制や証券取引所の規制も含めた対応を検討する必要があるとして，報告書の主要な項目として取り上げられることとなったのである。

　最終的に公表された報告書では，東芝の2017年3月期決算に関連して惹起された問題を「Ⅱ．通常とは異なる監査意見等についての説明・情報提供」として扱い，さらにそれを，(1)監査報告書の記載，(2)追加的な説明，(3)守秘義務，および(4)その他に区分して検討している。また，監査人の交代に関しては，「Ⅲ．監査人の交代に関する説明・情報提供」として取り扱っている。

　筆者も本懇談会の審議に参加したことから，以下，あくまでも筆者自身の理解に基づいて，順に「報告書」の内容とその背景，および今後の課題について検討していくこととする。

2 通常とは異なる監査意見等についての説明・情報提供

(1) 監査報告書の記載

「報告書」が最初に取り上げているのは、無限定適正意見以外の監査報告の場合における説明・情報提供である。

先の東芝の2017年3月期末の会計年度に関しては、最終的に、四半期レビュー報告書において結論不表明、年度財務諸表に対する監査報告書では、財務諸表に重要な不適切事項があるとする限定付適正意見、いわゆる意見限定の監査意見が表明されていた。

ただし、無限定適正意見以外の監査報告が行われる場合というのは、東芝だけに限った問題ではない。「報告書」においても、「毎年少数ながら存在している」として、次のようなデータが示されている。

「平成23年度〜29年度に提出された有価証券報告書、四半期報告書及び半期報告書に関し、監査人から無限定適正意見（四半期レビューについては、無限定の結論）以外の意見・結論が付されたものの会社数は、以下のとおり（いずれも7年間の合計。括弧内は上場企業に係るもの）。

- 限定付適正意見・限定付結論：15社（11社）
- 不適正意見・否定的結論：3社（0社）
- 意見不表明・結論不表明：29社（9社）」（4頁脚注4）[4]

これらの意見又は報告を行う場合、監査人は、監査基準によって、監査報告書において、以下のような記述を行うことが求められている。

「• 限定付適正意見（意見限定）の場合：除外した不適切な事項及び財務諸表に与えている影響
  • 不適正意見の場合：財務諸表が不適正であるとした理由
  • 限定付適正意見（範囲限定）の場合：実施できなかった監査手続及び当該事実が影響する事項

- 意見不表明の場合：財務諸表に対する意見を表明しない旨及びその理由」（5頁）

「報告書」では，これらの無限定適正意見以外の監査報告について，会計監査についての情報提供を充実させる観点から，次のように述べている（6頁）。

> 　監査人としては，監査報告書の「意見の根拠」区分において，これらの記載事項に関し，わかりやすく具体的な説明を行うことが求められる。
> 　例えば，以下のような点について，財務諸表利用者が理解できるよう，可能な限り明確に記載する必要がある。
> - 表明された意見と除外事項との間の関係
> - 除外事項の具体的な内容（意見限定の場合は具体的にどの部分が適正でなかったのか，範囲限定の場合はどの範囲で監査証拠を確認できなかったのか）
> - 除外事項に係る具体的な影響額，又は具体的な影響額を示すことが困難な場合にはその合理的な根拠

　ここで問題となるのは，限定付適正意見と意見不表明のケースである。

　不適正意見の場合，実際には，かかる意見が表明されるのは，すでに被監査企業が継続企業ではないとして法的・外形的に明確に判断し得る場合や，過年度の重要な虚偽表示があったことが判明した場合に，訂正報告される前の財務諸表に対してであるからである。また，監査人が不適正意見を表明するほどに財務諸表に重要な虚偽表示があると判断した場合には，被監査会企業に要求して財務諸表の修正をさせることとなるであろう。

　そこで，「報告書」では，限定付適正意見と意見不表明に関して，具体的な取扱いを示している。まず，限定付適正意見については，「限定付適正意見の場合の監査報告書の記載に関しては，なぜ不適正ではなく限定付適正と判断したのかについての説明が不十分との指摘がある」とした上で，次のように述べられている（6頁）。

> 　このため，監査人は，監査報告書の「意見の根拠」区分を記載するに際し，除

第 11 章
会計監査についての情報提供の充実

> 外事項の影響が財務諸表全体に及ばないことも含め，限定付適正意見を表明する根拠について，十分かつ適切な説明を行うことが求められる。

　一般に，財務諸表の作成・開示に不適切な事項がある場合や，監査人が必要と考える監査手続に制約があって実施できなかった場合，それらの事項に重要性があると判断されれば，それらは除外事項と呼ばれる。監査人は，それらを除いても財務諸表全体を適正と判断することができれば，限定付適正意見を表明する。さらに，除外事項が，重要性があるだけでなく，その影響が財務諸表全体に及ぶほど広範である（広範性がある）と判断すれば，財務所要の作成・開示の不適切事項であれば不適正意見，監査手続の制約であれば意見不表明ということになる。

　上記のように，「報告書」において，「なぜ不適正ではなく限定付適正としたのか」と述べられているように，「報告書」の背景には，東芝の年度決算において表明された意見限定の限定付適正意見のケースがあると推察される。先に述べた減損損失は 652267 百万円と財務諸表上に記載され，現任監査人は，そのうちの「相当程度ないしすべての金額は，前連結会計年度に計上されるべきであった」として，その部分を除外事項とする意見限定の監査意見を表明した。当該金額は，東芝の連結税引前利益の 10％を超える金額であり，監査上の重要性があることは明らかであるが，監査人は，不適正意見を表明しなかったことから，当該事項が財務諸表全体に及ぶものではなかった，すなわち広範性はないものと判断したということとなる。

　現行の監査基準では，日本公認会計士協会の実務指針も含めて，「広範性」，すなわち，財務諸表全体に影響があるとはいかなることかについて，具体的な規定はほとんどない。その意味で，東芝の監査報告書が基準違反というわけではないが，今般の「報告書」では，利用者の観点から，「限定付適正意見を表明する根拠について，十分かつ適切な説明」を求めたということであろう。

　ここで問題となるのは，監査の現場における対応である。具体的な判断規

準が基準等において示されていないなかで，監査実務においては，容易に明確な根拠を示すことができない場合には，限定付適正意見の表明には回避的になるのではないか，とも考えられる。

一方，意見不表明の場合については，「報告書」では，「重要かつ広範な監査範囲の制約が生じ，意見を表明できないことは，契約締結・更新の後に重大な状況変化が生じるなど極めて例外的な状況と考えられるが，監査報告書において，なぜそうした例外的な状況に至ったのかについて，十分な説明がなされていないとの指摘がある」として，次のように要請している（7頁）。

> 監査人は，意見不表明が極めて例外的な状況であることを念頭に置き，監査報告書において，意見不表明に至った理由について，特に丁寧な説明を行うことが求められる。

一般に，財務諸表監査における意見不表明や四半期レビューにおける結論不表明は，監査人にとって，十分かつ適切な監査証拠が入手できず，意見等が表明できない場合に用意されている緊急避難的な措置といえる[5]。監査基準上は認められているにしても，監査制度や資本市場の適正化の観点からは，そうした事態は，できるだけ回避または抑制したいと考えられている。意見不表明等の報告がなされた場合には，何ら保証もない情報が利用者に提供されることとなってしまうからである。

しかしながら，実際には，前述のとおり，限られた数ではあるものの，意見等の不表明の報告は行われている。さらに具体的にみてみると，そのうち一部の報告書においては，なぜ監査人はそうした意見不表明等にいたったのか，そこにいたるまでにどのような手続きを実施したのか等の説明がほとんどないままに報告書が交付されているケースが散見されるのである。

「報告書」では，意見不表明を「極めて例外的な状況」と位置づけ，そうした対応をとる場合には「特に丁寧な説明」を求めているのである。

第11章　会計監査についての情報提供の充実

　今後,「監査上の主要な検討事項」が監査報告書上,記載されるようになったとしても,「監査上の主要な検討事項」は,あくまでも「当期の監査において監査人が特に重要と判断した事項」であって,限定付適正意見や意見不表明の原因となった除外事項については,必ずしも対象となるとは限らない。

　「報告書」が求める監査報告書の記載に関する点は,「監査上の主要な検討事項」の記載によってフォローされない,監査人の説明責任にかかる補足的なガイダンスと位置付けることができるであろう。

　なお,本項で取り上げた監査報告書の問題に関しては,監査基準上の対応も必要かもしれない。

　実は,かつての監査基準(1991年改訂の監査報告準則)では,限定付適正意見を表明する際に,例えば会計基準準拠性に関して限定付適正意見を表明する場合,「その旨,その理由及びその事項が財務諸表に与えている影響」を記載するよう規定されていたのである[6]。それが,現在の監査基準の基礎を構築している,2002年の監査基準の全面改訂の際に,かかる文言はなくなってしまい,以下のような規定となったのである。

- 意見限定の場合(財務諸表の作成・開示の不適切事項を除外事項とする場合):「除外した不適切な事項及び財務諸表に与えている影響を記載しなければならない」[7]
- 範囲限定の場合(監査範囲の制約を除外事項とする場合):「実施できなかった監査手続及び当該事実が影響する事項を記載しなければならない」[8]

　当該規定が削除された経緯は不明である。また,現行の監査基準であって,当然に序が事項となった理由やその影響を記載するはずではないか,との見方もあろう。しかしながら,監査基準の文言が不明瞭であることによって,監査基準趣旨を損なっているのだとすれば,一定の対応が必要かもしれないと思われる。

(2) 追加的な説明

　東芝の2017年3月期決算にかかる監査では，監査人は限定付適正意見を表明したが，それに対して，東芝の監査委員会は，監査委員会監査報告書において，会計監査人の監査の方法及び結果の相当性について，当該限定を付したことを除いて相当である旨，いわば限定付の相当性意見を表明した。すなわち，会計監査人の判断と被監査企業の財務諸表の作成・開示に関する考え方だけでなく，ガバナンスに責任を有する監査委員会の判断までもが相違することとなったのである。

　このことを背景として，「報告書」では，会計監査人の監査報告書だけではなく，「会計監査の相当性を判断する責務を負う監査役等においても，監査役等の監査報告書において，監査の方法と結果の相当性の判断について十分な説明を行うことが重要」として，監査役等に対して十分な説明を求めている。

　さらに，「経営者や監査役等と監査人との間の見解の不一致等を背景に，監査人が監査報告書を提出した後，その記載内容について財務諸表利用者から（場合によっては経営者や監査役等から）疑問点が提起された場合など，予め監査報告書に求められる情報を記載しておくことが必ずしも現実的でない事案も想定される」として，以下のように，監査人による「追加的な説明」を要請している（7頁）。

> 　こうした事案においては，監査人は，経営者や監査役等とのコミュニケーションの状況や見解の不一致の内容等について，個別の状況に応じ，追加的な説明を行うべきである。
> 　追加的な説明の内容は，事案により異なると考えられるが，例えば，次のようなものが想定される。
> - 経営者や監査役等とのコミュニケーションの状況
> - 経営者や監査役等との見解不一致の内容
> - 具体的な監査手続に関する説明

第11章
会計監査についての情報提供の充実

> ・職業的専門家としての判断に関する補足説明 等
> 　監査人が追加的な説明を行う場合，監査役等とも十分に協議をすることが重要と考えられる。また，監査役等は，監査人による追加的な説明に対する自らの意見についても，財務諸表利用者に追加的に説明することを検討すべきと考えられる。

　かかる追加的な説明の具体的な方法として，「報告書」は，株主総会での意見陳述と，それ以外のケースに分けて述べている。

　まず，株主総会での意見陳述については，東芝が2017年10月に開催した臨時株主総会において，株主から，上記の監査委員会の監査報告書に関連して，会計監査人に対して事前質問が提起された。同株主総会では，会社側から，会計監査人より回答を受け取っているとして，代わって説明がなされたものの，会計監査人から直接の回答・発言は，行われなかったのである[9]。

　上記のように，東芝のケースの場合，会計監査人の見解と監査委員会の見解は異なっている。監査委員会は被監査企業の財務諸表の作成・開示を問題ないものとしており，本来，会計監査人と連携して財務諸表（計算書類）の適正性の確保に当たる職責を追っている両者が，意見を異にしている状況にある。こうした場合，会社法は，第398条第1項の規定を用意しており，「（計算）書類が法令又は定款に適合するかどうかについて会計監査人が監査役と意見を異にするときは，会計監査人は，定時株主総会に出席して意見を述べることができる」としている。この点について，会計監査人たる監査法人自らが，株主総会の場で，株主の質問の有無にかかわらず，意見を述べるべきであったのではないかという問題が，今般の「報告書」の背景にある。

　一般に，会計監査人が，株主総会に出席して意見を述べることができる，とされているケースとしては，以下の3つがあるとされている。

・計算書類が法令又は諦観に適合するかどうかについて会計監査人が監査役と意見を異にするとき，会計監査人は，定時株主総会に出席して「意見を述べることができる」（第398条第1項）
・定時株主総会において会計監査人の出席を求める決議があったときは，

会計監査人は，定時株主総会に出席して「意見を述べなければならない」
　（第398条第2項）
- 会計監査人を辞任した者及び会計監査人を解任された者は，株主総会において，選任若しくは解任又は辞任について「意見を述べることができる」（第345条第1項，第2項及び第5項）

　しかしながら，これらの機会は，東芝のケースに限らず，実際の株主総会では，必ずしも活用されていないのが現実である。会計監査人の見解や回答が求められたとしても，会社側が回答するというのが一般的であるといえよう。

　監査人としては，後述の守秘義務の観点から，株主総会での意見陳述，あるいは，株主からの質問に対する回答について，躊躇する傾向にあるものと想像される。

　しかしながら，会社法が定める会計監査人による意見陳述は，会社法が会計監査人に「許可」した会計監査人の権利というよりも，会社の最高意思決定機関である株主総会において会計監査人の見解・回答を示して，株主の判断に資することを目的としていると解されるべきであろう。

　特に，会社法第398条第1項に基づく意見陳述は，会計監査人と監査役等との対立が生じていれば，計算書類が株主総会での承認決議を必要としている状況が当然に想定されることから，ヨリ積極的に意見陳述することが株主の判断に資するものとして期待されるところである。また，そもそも株主総会は，会社の最高意思決定機関なのであり，そこで会社に関する事項について述べることに守秘義務の問題は生じないとも解される[10]。

　東芝の臨時株主総会の場合，筆者は，仮に会社側の説明と同じ内容であったとしても，少なくとも会計監査人が出席して，実際に自らの言葉で発言すべきではなかったか，と考えている。

　この点について，「報告書」では，株主総会において次のように述べている（8頁）。

　　監査人は，上記のような会社法第398条第1項の趣旨や，会計監査に関する説

第 11 章
会計監査についての情報提供の充実

> 明・情報提供の充実の要請を踏まえ，会社法上の株主総会での意見陳述の機会を積極的に活用すべきである。また，企業側においても，株主総会の議事運営にあたり，会計監査人の意見陳述の機会を尊重することが求められる。
> 　特に，会社法第398条第1項が想定する場面においては，結論は株主の判断に委ねられることとなるため（会社法第438条第2項），監査役等はもとより，会計監査人からも，計算書類等の法令・定款適合性に関する意見不一致の内容及びそれが生じた理由，さらに，監査役等の意見にもかかわらず自己の意見が正しいと考える理由を株主総会の場で説明すべきである。

　続いて，「報告書」では，株主総会以外のケースとして，「四半期決算に関して経営者や監査役等と監査人との間に見解の不一致が生じた場合や，監査意見の提出と株主総会との間に特に時間が空く場合」が取り上げられている。さらに後者については，「報告書」において，「例えば，株主総会において決算承認議案が付議されないまま，有価証券報告書が提出され，その後に開催される株主総会で決算承認議案が付議されるケースなどが考えられる」（8頁脚注9）とされている。これらは，まさに2017年に東芝において生じた事態である。

　こうした状況では，株主総会での意見陳述の機会を活用できないと想定されることから，「報告書」では，次のように求めている（9頁）。

> 　財務諸表利用者が，経営者や監査役等の意見と監査人の意見とを比較できる機会においてそれぞれが説明を行うことが望ましいとの観点からは，株主総会と同様に，経営者，監査役等及び監査人がそろって参加する場面で説明を行うことが考えられる。例えば，企業が設ける対外的な説明の場に監査人が同席しての説明などが考えられる。
> 　経営者は，監査人による説明の機会を確保するよう，配慮することが求められ，また，監査役等もこれを促すことが求められる。ただし，仮にそうした機会が設けられず，企業側の意見のみが財務諸表利用者に提供されているなど，監査人の意見が適切に財務諸表利用者に提供されないような状況においては，監査人が自ら，適切な方法により，財務諸表利用者に必要な説明をすべきである。

上記のように、「株主総会と同様に、経営者、監査役等及び監査人がそろって参加する場面で説明を行うこと」「例えば、企業が設ける対外的な説明の場に監査人が同席しての説明」というのは、実際には、これまで行われてこなかった実務である。さらに、被監査企業や監査役等の見解と監査人の見解が相違している状況で、被監査企業がそうした場の設定を進んで行うことは、あまり想定できない。

　したがって、現実的には、上記の後段に述べられているように、「仮にそうした機会が設けられず、企業側の意見のみが財務諸表利用者に提供されているなど、監査人の意見が適切に財務諸表利用者に提供されないような状況」が想定され、その場合には、「監査人が自ら、適切な方法により、財務諸表利用者に必要な説明をすべき」とされているのである。

　この点に関連して、「報告書」では、「適切な方法」に関して、「例えば、日本公認会計士協会のサポートの下、説明の場を設定することなどが考えられる」（9頁脚注10）として、日本公認会計士協会が、監査人による説明の場の設定を支援することが求められているのである。

　また、監査人側や日本公認会計士協会に対してだけではなく、被監査企業に対しても、要請事項がある。すなわち、無限定適正意見以外の監査報告を受けた企業は、証券取引所の適時開示が求められている[11]ことから、「企業は、監査人の意見やその背景にある考え方が不正確な形で財務諸表利用者に伝わることがないよう、必要に応じて、監査人からの追加的な説明を転載するなどの対応をとるべきである」（9頁）とされている。

　その他、追加的な説明に関しては、以下の留意点が述べられている（9-10頁）。

- 監査人が監査報告書以外に追加的な説明を行う場合においても、財務諸表利用者に等しく情報が伝達されるよう、口頭で説明した内容については、書面化して公表することや、インターネット上で動画配信を行うこと等の対応を検討すべきである
- 監査人が監査意見又は四半期レビューの結論を表明した後に行う追加的

な説明は,その必要性が生じた後,可能な限り速やかに行う必要がある
- 株主総会等において監査人による追加的な説明が行われた場合には,企業側においても,その内容を公表するなどの対応をとることが考えられる

このように,「報告書」では,会計監査人に対して,株主総会における意見陳述や説明,あるいは,株主総会のように株主等に対して説明する機会が得られないケースにおいては,それに代わる方法を通じて,ヨリ積極的に,自らが行った監査について説明することが求められているのである。こうした求めは,後述するように,守秘義務についてかなり保守的に解釈されてきたわが国の監査実務に対して,一定の方向性の変更を求めるものと位置付けられる。

今後問題となるのは,会計監査人に対して,どこまで意見や説明を行うことが認められるのか,あるいは,逆に,説明を回避する権利はどの程度認められるのか,という問題であろう。弁護士のように,法廷等の場において,自らの言葉をもって業務を行うことが予定されているプロフェッションと異なり,少なくとも法的には,監査報告書をもって監査証明業務を遂行するものとされてきた監査プロフェッションにおいては,監査報告書以外での説明については,今後,一般に公正妥当と認められる実務慣行ないし制度等の確立が,別途必要となるのではなかろうか。

(3) 守秘義務

前項の追加的な説明に関連して,今般の懇談会では,監査人の守秘義務に関して精力的に議論が行われた。

現行制度では,公認会計士法第27条において,「公認会計士は,正当な理由がなく,その業務上取り扱つたことについて知り得た秘密を他に漏らし,又は盗用してはならない。公認会計士でなくなつた後であつても,同様とする。」と定めている。同様の規定は,日本公認会計士協会の「倫理規則」第6条第1項にも規定されている。

また,企業会計審議会が公表する「監査基準」においても,第二一般基準

8において,「監査人は,業務上知り得た事項を正当な理由なく他に漏らし,又は窃用してはならない。」と規定している。

しかしながら,ここで述べられている「正当な理由」については,公認会計士法施行令および施行規則にも具体的な定めがなく,専らに日本公認会計士協会の「倫理規則」に委ねられている。すなわち,「倫理規則」第6条第8項において,次のように述べられているのである。

「会員の守秘義務が解除される正当な理由があるときは,次のような場合である。

一 守秘義務の解除が法令等によって許容されており,かつ依頼人又は雇用主から了解が得られている場合
二 守秘義務の解除が法令等によって要求されている場合
　イ 訴訟手続の過程で文書を作成し,又は証拠を提出するとき。
　ロ 法令等に基づく,質問,調査又は検査に応じるとき。
　ハ 法令等に基づき,法令違反等事実の申出を行うとき。
三 守秘義務の解除が法令等によって禁止されておらず,かつ,職業上の義務又は権利がある場合
　イ 訴訟手続において会員の職業上の利益を擁護するとき。
　ロ 本会の品質管理レビューに応じるとき。
　ハ 会則等の規定により本会からの質問又は調査に応じるとき。
　ニ 監査の基準に基づくとき。
　ホ 現任会員との交代に際し,依頼人の承諾を得て業務(監査業務を除く。)の引継を行う等,この規則に基づくとき。」

かかる守秘義務については,実務上,監査人の守秘義務が過度に強調され,監査人が財務諸表利用者に対して説明・情報提供を行う上で障害となっている可能性があるといわれている。公認会計士法においては,守秘義務の対象となるのは,企業の「秘密」に当たるものとされているが,一般に,企業に関する未公表の情報のすべてが含まれるわけではない。

仮に「秘密」に該当する情報であったとしても,2018年7月5日に改訂さ

第 11 章
会計監査についての情報提供の充実

れた監査基準では,「監査上の主要な検討事項」の記載にあたって, 公共の利益が企業の未公開情報を公表することを上回る場合には, 監査報告書に記載されることが認められるとされている。同様に, 今般の「報告書」においても, 次のように述べられている (10-11 頁)。

> 　財務諸表利用者に対して監査人が必要な説明・情報提供を行うこと, 特に, 無限定適正意見以外の場合に, 監査人の職業的専門家としての判断の根幹部分である当該意見に至った根拠を説明する上で必要な事項を述べることは,「正当な理由」に該当する。
> 　また, 監査人が株主総会に出席して意見を述べる場合, 特に, 会社法第 398 条第 1 項が想定する場面において, 監査人が, 計算書類等の法令・定款適合性に関する監査役等との意見不一致の内容及びそれが生じた理由, さらに, 監査役等の意見にもかかわらず自己の意見が正しいと考える理由を説明する場合に関しても, 必要な事項を述べることは,「正当な理由」に該当すると考えられる。

「報告書」では, このように監査人による追加的な説明や情報提供を行う場合が「正当な理由」に該当することを確認しているのである。

同時に, 日本公認会計士協会の「倫理規則」についても, 国際会計士倫理基準審議会 (International Ethics Standards Board of Accounts：IESBA) の倫理基準 (International Code of Ethics for Professional Accountants) をはじめ, 諸外国の規定に比べて,「我が国の実務では,『正当な理由』の範囲を限定的にとらえ, 過度にリスク回避的になっているのではないか」との観点から, 次のように述べて, 日本公認会計士協会における対応を求めているのである (11 頁)。

> 　監査人が職業的専門家として財務諸表利用者に説明・情報提供を行う場合に, 監査人が過度にリスク回避的にならないよう, 日本公認会計士協会において倫理規則の「正当な理由」についての考え方を示すとともに, 今後,「監査上の主要な検討事項」の記載の状況等も踏まえつつ, 関係者において適切な方策を検討すべ

> きである。

　上記のうち,「日本公認会計士協会において倫理規則の『正当な理由』についての考え方を示す」という点については,将来的には,「倫理規則」の内容または記載方法を改正することが想定されるが,「監査上の主要な検討事項」の実務の進展を待っていては,先に述べたように,全上場企業への適用が済むのが(強制適用が2021年3月期決算にかかる監査からなので)2022年2月期決算の監査が終わった後ということになってしまう。そこで,「監査上の主要な検討事項」の記載の状況等を踏まえた対応は将来的な課題とするものの,それに先立つ当面の措置として,後述するように,「報告書」の公表日に,日本公認会計士協会においては,今般の懇談会のメンバーでもあった副会長名による,会員向けの注意喚起文書が公表されたのである。

(4) その他

　上記の他に,「報告書」では,これも東芝のケースを念頭に,監査人による「十分かつ適切な説明・情報提供を行うことが必要となる場面」として,以下のケースをあげている。

- 監査人が交代し,現任監査人(すなわち後任監査人)と監査役等・前任監査人との間に見解の相違がある場合
- 過去の監査意見や四半期レビューの結論とは異なる判断に至った場合(例:第2四半期まで無限定の結論としていたが,第3四半期に結論不表明に転じた場合)
- 過年度の財務諸表に虚偽表示等が発見された後,監査済の内部統制報告書が訂正される場合

　このうち,特に1つ目のケースについては,以下のような対応が要請されている(12頁)。

> その場合,監査役等は,前任監査人と現任監査人の双方の見解を聴取するなど

> して，会計監査の監相当性を判断するとともに，財務諸表利用者に説明を行うことが求められる。
> 　その上で，前任監査人の見解に依拠した監査役等と現任監査人との間の見解の調整がつかない場合，財務諸表利用者に対し，双方の見解に関する情報が十分に提供される必要がある。この場合，前任監査人や現任監査人が自ら必要な説明を行うことが求められる場面も想定される。

　東芝のケースでいえば，監査報告書において意見限定となった除外事項は，前期の財務諸表において減損損失を認識していたのではないか，という問題であったことから，前任監査人の判断と現任監査人の判断の見解の対立であるということができる。一連の東芝の監査報告問題では，会社側および監査委員会と，現任監査人との間の見解の相違に注目が集まっていたように思われるが，「報告書」では，前任監査人による監査についての情報提供や説明も要請しているものといえよう。

3 監査人の交代に関する説明・情報提供

　監査人の交代は，株主や投資家にとっては，いかなる理由で交代が行われたかによって，当該企業のガバナンスや会計および監査に対する対応を理解し，財務諸表情報に対する判断を下す上で，非常に重要な情報であると考えられる。

　現行制度では，監査人が交代する場合には，金融商品取引法第24条の5第4項，および企業内容等の開示に関する内閣府令第19条第2項第9号の4によって，被監査企業に対して，遅滞なく臨時報告書を提出することが求められ，東京証券取引所有価証券上場規程第402条(1)aj等においても，同様の規定が置かれ，適時開示が求められている。

　そこでは，異動に係る監査人の名称，異動年月日等のほか，「当該異動の決定又は当該異動に至った理由及び経緯」および「上記理由及び経緯に対す

る監査報告書の記載に係る退任監査人の意見(意見を表明しない場合にはその旨及びその理由)」を記載することが求められている。

しかしながら,実際に開示された交代理由としては,その多くが,「任期満了」と記載されている。

他方,公認会計士・監査審査会(2018)によると,監査事務所の実質的な交代理由としては,以下のものがあげられていることから,実質的な理由が開示されていないことは明らかである。

- 監査報酬,監査人選定に関する方針(監査人の継続年数の長期化の見直し等)
- 監査チームに対する不満(不正対応や過年度決算訂正等に関する監査人の対応や,監査チームの硬直的な対応,監査工数増加,経験の浅いスタッフが多く関与している等)
- 企業側の業務の内容や規模の拡大,株主の異動や不正の発覚に伴う監査リスクの高まりを理由とする「監査人からの辞任等」
- 期中交代の理由としては,企業側の不適切会計等による監査人側からの辞任等,監査人との見解相違等による企業側からの解約等

「報告書」では,「監査人の交代理由の開示についての考え方」として,以下の点が明記されている(14頁)。

まず,監査人の任期が通常1年で終了することからすれば,「任期満了」との記載は,交代理由の開示として不適切である。

また,「監査報酬や会計処理に関する見解の相違」といった実質的な交代理由があった場合に関しては,企業側と監査人側が具体的にどのような点で対立しているのか,できるだけ実質的な内容を開示することが求められる。

その他の交代理由に関しても,少なくとも,公認会計士・監査審査会がモニタリングを通じて把握した内容(監査報酬,監査チームへの不満等の項目への該当の有無及びそれに係る具体的な説明)と同程度の実質的な情報価値を有する理由が開示されるべきである。

第11章
会計監査についての情報提供の充実

　こうした実務の改善については，単に監査人に対してだけではなく，監査役等に対しても，「経営者に対し，臨時報告書における交代理由の開示の充実を促すことが求められる。また，監査人の交代に関する監査役等の意見を記載することも検討することが求められる。」と「報告書」では述べている。

　さらに，被監査企業との意見対立等があって，企業による開示内容が一方的で，監査上の懸念事項，監査品質に影響する事象やその背景事情について，財務諸表利用者に十分な情報を伝えていないと考えられる状況においては，「監査人が自ら，交代の理由・経緯に関し，必要な説明・情報提供を行うべきである。」とし，会社法第345条第1項及び第5項の規定に基づいて，会計監査人が，株主総会に出席し，自らの選任・解任・不再任・辞任について意見を述べることができるとする権限を行使することにも言及しているのである。

　この監査人の交代の問題について，特に留意すべきは，「報告書」の次の要請であろう（15頁）。

> 　監査人の交代に関して臨時報告書により開示を行うのは企業であるが，監査人にも，交代の理由・経緯に関し，財務諸表利用者に対する十分な説明・情報提供を行うことが求められる。

　すなわち，臨時報告書を発行するのが企業側だからといって，監査人の交代にかかる説明や情報提供に消極的な姿勢をとらず，自ら説明を果たすべきだというのである。

　この点については，今般の懇談会で，日本公認会計士協会の認識とその他の委員の認識との大きな相違が明らかになるやりとりがあった。

　日本公認会計士協会は，第2回懇談会において，懇談会のメンバーでもある副会長名で「『会計監査についての情報提供の充実に関する主な論点』についての意見」という文書を資料として提示した。そのなかで，次のように述べている（日本公認会計士協会, 2018, 10頁）。

275

「複合的な要因が堆積して交代に至るケースが多いと考えられ，「実質的な内容」の開示を要請したとしても，直接のきっかけとなった事象を説明することになることが想定される。また，会社側の意思で監査人を交代する場合，前任監査人も後任監査人も，交代理由の全貌を必ずしも把握しているとは限らないのも事実である。監査人の交代自体が過去に比べるとそれほど珍しいことでなくなりつつある中で，今後，監査上の主要な検討事項（KAM）が導入されることを考慮すると，交代理由の開示の充実が利用者にとって本当に優先順位の高い課題であるかどうかの再確認が必要と考える。」

この部分について，筆者は，懇談会の場でも，「今日，監査人の交代というのは，投資家にとって非常に重要な情報だろうと思っています。」と述べたところ，アナリスト業界を代表するメンバーをはじめ，他のメンバーからも同様の認識が示されていた。

この点について，同日の懇談会の最後に，座長から，再度，日本公認会計士協会からのメンバーに対して，「交代理由の開示の充実が利用者にとってほんとうに優先順位が高い課題であるかどうかということですが，これは，協会の中には，そういうお考えがあるわけですか」として，日本公認会計士協会としての認識を確認する場面があったが，それに対する回答は次のようなものであった（金融庁，2018c）。

「はい。……〈中略〉この交代理由のところは数％の議論であって，これからKAMの議論は100％の会社に議論の機会が与えられるという意味からいって，KAMのほうが喫緊には重要な問題になっていくという理解をしております。なので，質的にどうかというよりは，監査全体を捉えた場合の優先度という意味で，KAMのほうが上であると，このような記載をさせていただいております。」

筆者は，ここに，日本公認会計士協会と，利用者または資本市場との間の大きな問題認識のギャップがあるのではないかと考えている。確かに，KAM，すなわち「監査上の主要な検討事項」への取組みは，監査業界および日本公

第11章
会計監査についての情報提供の充実

認会計士協会にとって大きな課題である。しかしながら，監査人の交代の理由と軽重が問える問題とは思われない。いずれも株主および投資家にとっては重要な事項なのである。

筆者もかかわっている「監査人・監査報酬問題研究会」による調査によれば，2017年度において，上場会社の監査人の交代は，126件あった（監査人・監査報酬問題研究会, 2019）。監査人の交代は，決して「通常とは異なる」稀なケースではなく，日常的に実施される問題なのである。2014年会社法改正によって，監査役会等に会計監査人の選任権限が付与されたことを契機として，監査契約を何も検討しないままに継続することは適切ではないとして，監査役等による会計監査人の選任基準の策定や，監査契約の見直しが広く行われてきている。さらに，将来的に，万が一，監査法人の強制的ローテーション制が何らかの形で導入されることとなれば，EUの状況をみる限り，監査人の交代は，非常に大きな影響を及ぼす問題となるであろう。

そもそも，前述の通り，監査人の交代については，会計監査の在り方に関する懇談会の「提言」によって日本公認会計士協会に対応が委ねられたテーマであった。

今般の懇談会が設置される段階では，日本公認会計士協会としては，先の「提言」を踏まえて，一定の対応を終えたとの認識であったのである。すなわち，今般の懇談会の第2回の会合において，日本公認会計士協会からのメンバーが提出した資料においては，次のように述べられている。

「• 既に公認会計士協会としては，会計監査の在り方に関する懇談会の提言（2016年3月）に基づき，監査人の交代時における開示の在り方を検討し，2017年6月に，監査人交代の理由等に関するアンケート調査結果とともに，『監査人の交代理由等の開示の充実に係る日本公認会計士協会の取組について』を公表している。

• 具体的には，(1)具体的な交代理由の適時な把握（上場会社監査事務所登録制度の規定に基づき，登録事務所概要書変更事項届出書等の様式を変更し，監査対象会社数の増減理由の記載を自由記載から選択肢方

式（任期満了の選択肢はない）に変更），(2)交代に関する質問等の実施，(3)品質管理レビューにおける交代理由に関する情報の活用，(4)交代理由の概要についての定期的な公表（直近では，2018年6月公表の平成29年度の品質管理レビュー年次報告書のP34に掲載）を行っている。」（原文ママ──筆者註）

すなわち，交代した監査人に対する質問により，交代理由を把握し，交代理由に関する質問を実施し，その結果を品質管理レビューに活かすとともに，品質管理レビュー報告書にその概要をまとめている，というのである。

しかしながら，問題は，かかる対応が，監査人の交代理由について，十分な説明または情報提供を図るべきであるという，先の「提言」の趣旨にかなったものなのかどうか，という点である。少なくとも，金融庁としては，公認会計士・監査審査会のモニタリングレポート等をみる限り，そのようには捉えていなかったのであろう。上記の通り，「報告書」においても，「公認会計士・監査審査会がモニタリングを通じて把握した内容（監査報酬，監査チームへの不満等の項目への該当の有無及びそれに係る具体的な説明）と同程度の実質的な情報価値を有する理由が開示されるべき」という要請が記載されたのである。

本来，今般の懇談会では，当初，監査人の交代は，主要テーマとして位置づけられてはいなかった。それが，上記のような認識が懇談会の審議の過程で明らかにされ，現在までに行った対応で，対応済みとの認識も示されたことから，急遽，主要な論点として報告書に組み込まれたものと解されるのである。

4 報告書を受けての対応と今後の課題

「報告書」において求められている内容は以上の通りである。金融庁は，「報告書」とともに，**図表11-1**に示す概要図をあわせて公表している。

第11章
会計監査についての情報提供の充実

図表11-1 「会計監査についての情報提供の充実に関する懇談会」報告書の概要
―通常とは異なる監査意見等に係る対応を中心として―

・監査人が，会計監査の最終的な受益者である株主・投資家等の財務諸表利用者に対し，自ら行った監査に係る説明を行うことは，監査人の職責に含まれるものであり，会計監査の品質向上・信頼性確保に向けた自律的な対応の一環として，監査人は，自らの説明責任を十分に果たしていくことが求められる。

	現状	対応
通常とは異なる監査意見等（限定付適正意見，不適正意見，意見不表明）についての説明・情報提供		
監査報告書の記載	監査報告書において，監査意見に至った理由が不十分。（例：限定付適正意見の場合になぜ不適正ではないと判断したかの説明が不十分）	監査報告書において，意見の根拠を十分かつ適切に記載。 ・限定付適正意見：なぜ不適正意見ではないと判断したか ・意見不表明：なぜ意見表明できないという極めて例外的な状況に至ったのか
監査報告書以外での追加的な説明	監査報告書以外に，監査人からの追加的な説明を受ける機会がない。（例：株主総会での会計監査人の意見陳述という会社法上の枠組みが活用されていない）	監査人は，株主総会での意見陳述の機会を活用し，追加的な説明を行う。企業側も，株主総会の議事運営にあたり，監査人の意見陳述の機会を尊重。 四半期決算など株主総会の機会を活用できない場合であっても，適切な説明の手段を検討。 監査役等は，監査人による追加的な説明を促す。

監査人が株主等に対して必要な説明・情報提供を行うことは，公認会計士法上の「正当な理由」に該当し，守秘義務違反とならないことを明確化。

	現状	対応
監査人の交代に関する説明・情報提供		
監査人の交代理由の開示	監査人の交代に際し，実質的な交代理由が開示されていない。（単なる「任期満了」との記載が概ね半数以上）	企業及び監査人は，監査人の交代理由について，実質的な内容（例：監査報酬や会計処理に関する見解の相違等がある場合はその内容）を記載。

出所：金融庁（2019），別紙2。

本「報告書」は，先の「提言」とは異なって，関係各位に対して提言を行うものではないが，「報告書」の最後の「Ⅳ．おわりに」において，関係者──監査人，企業側，監査役等，および金融庁，取引所，日本公認会計士協会を含む関係者──ごとに期待される今後の対応に言及している。特に，金融庁，取引所，日本公認会計士協会を含む関係者に対しては，「本とりまとめを踏まえ，必要な環境整備についての検討を速やかに開始することが期待される」としているのである。

　それを受けて，東京証券取引所では，「会社情報適時開示ガイドブック」の改訂を発表し，以下の点に関する規定を改訂し，被監査企業たる上場会社に対して，適時開示の充実を要請している（東京証券取引所, 2019）。

「第2編 第1章 上場会社の決定事実
　　32．公認会計士等の異動
　第2編 第2章 上場会社の発生事実
　　21．公認会計士等の異動
　　24．財務諸表等の監査報告書における不適正意見，意見不表明，継続企業の前提に関する事項を除外事項とした限定付適正意見」

　また，日本公認会計士協会においても，「金融庁・会計監査についての情報提供の充実に関する懇談会報告『会計監査に関する情報提供の充実について』の公表を受けて」を公表した。そこでは，次のように「報告書」の要旨を整理して，会員に対して対応を要請しているのである。

「懇談会の報告書には，資本市場の関係者からの指摘に対応するために，以下の2つの事柄が含まれています。

- 通常とは異なる監査意見（除外事項が付された限定付適正意見，意見不表明又は不適正意見）を表明する場合の対応（監査報告書における除外事項の記述の改善，株主総会等における監査人の意見陳述の機会の活用，守秘義務についての考え方等）
- 監査人の交代に関する説明・情報提供（臨時報告書又は適時開示における実質的な交代理由の開示の促進，交代に関する監査役等の意見の

第11章
会計監査についての情報提供の充実

追加記載の検討，交代理由に関する監査人の意見の明瞭化並びに株主総会における監査人の意見陳述の機会の活用等）」

かかる文書の公表は，監査人たる会員の注意喚起には有用であろうが，もしこの文書の公表だけであったとすれば，「報告書」を踏まえた，「必要な環境整備についての検討」と呼ぶにはまだ不十分であろう。

懇談会における審議の過程では，日本公認会計士協会から，同協会としてとり得る措置には限界があり，それ以上の対応が必要であれば制度的措置が必要だとする見解が表明されることがあった。確かに，自主規制には一定の限界があることは確かであり，グローバルにみて，アメリカで2002年に制定されたサーベインズ＝オックスリー法以降は，公的規制が監査規制において大きなウェイトを締めつつあることも否めない事実である。

しかしながら，公的規制によって，一律かつ強制的な規制が課せられることよりも，自主規制によって，多様かつ弾力的な対応が図られることのほうが，監査の実務にとっては望ましいであろうし，監査規制の実施についての経済合理性としても適切であろうと思われる。何より，会計プロフェッションとしての自主規制は，職業専門家が自らの専門家としての積極的に取り組むべき課題であって，社会から排他的独占業務を委ねられている立場として，その存立基盤に関わる問題であるといえよう。

本「報告書」の公表によって，「提言」によって提示された監査規制の課題は，概ね対応が図られたということになる。今後は，これまでにとられたさまざまな施策の実務での適用が問題となる。

本「報告書」の要請に対する公的規制および自主規制による具体的な対応措置，ならびに，監査の現場における対応状況等，今後の対応を注視していきたい。

▶ 注
1) 金融庁（2016）Ⅱ．会計監査の信頼性確保のための取組み・2．会計監査に関

する情報の株主等への提供の充実。
2) 企業会計審議会監査部会で金融庁から示された資料では，次のように述べられている（金融庁, 2018a）。

「監査に関する情報提供の早期の充実や，実務の積上げによる円滑な導入を図る観点から，特に東証１部上場企業については，できるだけ平成32年３月決算の監査から早期適用が行われるよう，東京証券取引所及び日本公認会計士協会等の関係機関における早期適用の実施に向けた取組みを期待する。」
3) 例えば，以下のような意見が示されていた。

「ここで私が問題視するのは，有報・四半報や内部統制報告書に付した意見について，監査法人の側から明快かつ十分な説明がないことです。型通りの記述の域を出ない監査意見の書面からも，説明責任を果たそうという意欲は伝わってきません。」（佐藤, 2017, 176頁）

「一番の問題は，当事者である東芝も監査法人も，マーケットへの説明を怠ったままになっている点にある。最も情報を必要とし，真実を知るべき立場にある投資家が蚊帳の外に置かれ，何が真実なのかをいまだに知らされていない。」（八田・久保利, 2018）
4) 以下，引用文の後の括弧内の頁数等は「報告書」の該当箇所を示す。
5) また，意見不表明等の場合，監査人は意見等を表明しないのであるから，監査意見等にかかる責任は生じない，とされているため，かつては，安易に意見不表明等の報告書を公表するケースもあったといわれている。
6) 大蔵省企業会計審議会（1991），三 財務諸表に対する意見の表明。
7) 金融庁（2018b）第四 報告基準・四 意見に関する除外 1.
8) 金融庁（2018b）第四 報告基準・五 監査範囲の制約 1.
9) また，株主から，「監査法人から直接回答をいただきたいので」として出された会計監査人の出席を求める動議も否決されている。
10) 株主総会における会計監査人の意見陳述と守秘義務の関係については，弥永（2018）を参照されたい。
11) 例えば，東京証券取引所有価証券上場規程第402条(2) v など。

【参考文献】

大蔵省企業会計審議会（1991）「監査報告準則」三 財務諸表に対する意見の表明，12月26日。

監査人・監査報酬問題研究会（2019）「監査報酬の実態調査結果について」『会計・

第 11 章
会計監査についての情報提供の充実

監査ジャーナル』763 号, 2 月, 46-55 頁。
金融庁（2016）会計監査の在り方に関する懇談会「提言─会計監査の信頼性確保のために─」3 月 8 日。
──（2017）監査法人のガバナンス・コードに関する有識者の検討会「監査法人の組織的な運営に関する原則（監査法人のガバナンス・コード）」3 月 31 日。
──（2018a）企業会計審議会監査部会「資料 3『主要な監査上の検討事項』の適用に関する取扱いについて」4 月 24 日。
──（2018b）企業会計審議会「監査基準」7 月 5 日最終改訂。
──（2018c）会計監査についての情報提供の充実に関する懇談会「第 2 回議事録」12 月 4 日, https：//www.fsa.go.jp/singi/jyouhouteikyou/gijiroku/20181204.html。
──（2019）会計監査についての情報提供の充実に関する懇談会「会計監査に関する情報提供の充実について─通常とは異なる監査意見等に係る対応を中心として─」1 月 22 日。
公認会計士・監査審査会（2018）「平成 30 年版 モニタリングレポート」7 月 31 日。
佐藤隆文（2017）「東芝の病巣を取引所の番人が明かす」『文藝春秋』95 巻 13 号, 12 月, 170-177 頁。
東京証券取引所（2019）上場部長 林謙太郎「『会計監査の情報提供の充実に関する懇談会』の報告等を踏まえた会社情報適時開示ガイドブックの改訂等について」1 月 22 日。
日本公認会計士協会（2018）副会長 高濱滋「『会計監査についての情報提供の充実に関する主な論点』についての意見」12 月 4 日, https：//www.fsa.go.jp/singi/jyouhouteikyou/siryou/20181204/02.pdf。
──（2019）副会長 高濱滋「金融庁・会計監査についての情報提供の充実に関する懇談会報告『会計監査に関する情報提供の充実について』の公表を受けて」1 月 22 日, https：//jicpa.or.jp/news/information/files/5-99-0-2-20190122.pdf。
八田進二・久保利英明（2018）「東芝と PwC あらたは市場へ説明責任を果たせ」『東洋経済オンライン』3 月 20 日, https：//toyokeizai.net/articles/-/212979。
町田祥弘（2018）『監査の品質─日本の現状と新たな規制─』中央経済社。
弥永真生（2018）「連載 法的な観点から監査業務を考察する 第 3 回 監査人の守秘義務」『会計・監査ジャーナル』761 号, 12 月, 54-61 頁。

第12章

残された課題

本書は，必ずしも各章の執筆者の見解を統一したり，議論の上で1つの結論を導いたりしているわけではない。研究会をつうじての議論を経ていることから，一定の共通理解は得ているものと考えているが，最終的には，個々の論稿は執筆者の見解に委ねている。この点で，本書には，いわゆる分担執筆の限界があることは否定できない。
　したがって，終章となる本章では，本書をつうじての結論にかえて，本書のテーマである監査規制の現在の動向に関して，残された課題を提起することで，本書のむすびにかえることとしたい。

　本書は，2016年3月に公表された「『会計監査の在り方に関する懇談会』提言——会計監査の信頼性確保のために——」によって提起された監査規制の施策について，同提言の意義と内容，ならびに，具体的な施策としては，主要施策とされた監査法人のガバナンス・コードの策定・公表，監査法人の強制的ローテーション制の調査，および監査報告書の透明化の3点を中心に検討してきた。
　本書では，同提言以降の監査規制の進展について検討を行ってきたものの，同提言の施策は，上記の3点にとどまるものではない。金融庁によれば，17の具体的な施策に細分化されるとのことであるから，これらの施策がいかなる監査規制をもたらしたのかについても検討する必要がある。しかしながら，われわれのマンパワーおよび本書の紙幅の関係から，これらについては，今後，個々のテーマごとの研究に委ねるほかない。
　そうした意味において，本書にかかる今後の課題として提示したい第1の点は，本書で主として取り上げた上記の3点の主要施策について，各監査法人がいかなる対応を図り，その後の監査実務にいかなる影響を及ぼしたのか，あるいは，監査の品質を測定する測度によっていかなる効果が識別されたのか，されなかったのか，という点である[1]。
　近年，さまざまな領域において，政策の事後的評価が行われている。今般の監査規制についても，一定期間を経た後に，その効果を評価する必要があ

第 12 章
残された課題

る。特に,今般の監査規制は,従来のように,規則や基準を追加的に課すものではなく,監査法人のガバナンス・コードにみられるように,原則主義的アプローチおよび comply or explain の手法が用いられており,これまでの規制の在り方とは様相を異にしている。そうした新しい監査規制の在り方が,いかなる形で実務に定着し,従来の監査規制よりも有効なものであったのかどうかが問われなければならない。

　また,そうした評価を踏まえて,監査規制の見直しも求められるであろう。いかなる制度も,完全なものは存在せず,環境変化に応じて常に見直しの対象とならざるを得ない。その際に,今般の3つの主要施策についても,まずは一定期間を経過した後に,規制の補正という意味での見直しが必要となる。さらには,それにとどまらず,その後も定期的に,あるいは,必要に応じて,見直しが必要であろう。常に適宜見直しが行われるという前提で実施される制度は,静的な制度設計に比べて,動的かつ可変的だという意味において,適応力が高いと解される。例えば,第8章で取り上げた監査法人のガバナンス・コードに関しても,英国では,公表後,すでに見直しを経て,新たな内容を含むものへと進展をみせているのである。

　本書にかかる第2の今後の課題は,本書が取り上げた監査規制の目的が監査の品質を向上させることにあるとすれば,監査の品質に影響を与える他の要素についての検討であろう。本書においても,第5章で監査判断バイアス,第6章で学術的な先行研究の動向,および第7章で監査報酬の問題を取り上げたものの,もちろんこれですべてを尽くしているわけではない。

　監査の品質に関しては,例えば,国際監査・保証基準審議会が公表している「監査品質のフレームワーク」（IAASB, 2014）[2]によれば,監査の品質は,監査実務におけるインプット,プロセス,およびアウトプットから構成されるが,それに対して影響を与える当事者として,当事者である監査人の他に,経営者,監査役等,規制当局,および利用者をあげている。本書で扱っているのは,主に規制当局による監査規制と,その対象となる監査人に限られている。一部,第3章において,監査役等の問題を取り上げているものの,

財務報告の主体である経営者の問題や，監査業務の最終受益者である利用者の問題については，ほとんど検討してきていない。

また，同様に，同フレームワークが示す監査品質の背景的要因のうち，例えば，財務報告の枠組み（会計基準）や被監査企業のガバナンス，情報システムや人材等の問題についても取り上げていない。これらの背景的要因は，監査規制それ自体に影響を及ぼすものではなくとも，監査規制とともに，監査の品質に影響を与える枠組みの中で相互作用を及ぼすものと考えられる。

こうした監査の品質に影響を与える他の要素については，第6章の諸外国での先行研究を踏まえて，われわれの今後の課題としたい。

本書にかかる今後の課題として，もう1点をあげるとすれば，公的規制と自主規制の問題であろう。

本書で扱ってきた監査規制は，いうまでもなく公的規制の文脈である。会計監査の在り方に関する懇談会の提言のなかには，日本公認会計士協会の自主規制に委ねられた部分もあったものの，第11章において取り上げた監査人の交代の際の情報提供の問題のように，必ずしも期待された対応が図られず，再び金融庁による懇談会の報告書で対応が図られる結果となったものもある。

振り返ってみれば，わが国の監査規制の議論は，2005年のカネボウ事件の発覚を機として，大きく公的規制に重点を移してきたように思われる。カネボウ事件が，大手監査法人において生じた独立性違反の問題であったことから，独立性規制の厳格化という形で，公的な監査規制が自主規制を圧倒してきたように見受けられる。

その後も，オリンパス事件をはじめ，大小さまざまな「監査の失敗」の事例が相次ぎ，規制当局側は，わが国の会計プロフェッションたる日本公認会計士協会や監査法人に対して，監査以外の業務の展開よりも，まずは監査業務を適正化することを要求し，大きな粉飾決算事件のたびに，監査規制としての規則や基準を追加的に課してきたように見受けられる。同時に，会計プロフェッション側においても，公的規制への対応に追われて，自ら自主規制

第 12 章
残された課題

を展開することの余地を見出し得なかったのかもしれない。

しかしながら，そうした状況は，今や転機を迎えつつある。

本書で取り上げた新たな監査規制は，規則や基準の遵守を求めるものではなく，監査法人のガバナンス・コードのような原則主義的アプローチや，監査上の主要な検討事項のように，個々の監査人が自ら実施した監査について説明すること等，監査法人や監査の現場において，いかにして対応していくかを考え，個々の監査人ごとに異なる対応が図られることが期待されるものだからである。こうした監査規制は，公的規制で始まったとしても，監査法人や公認会計士協会における研修および教育，さらには，不適切な実務に対しては，公的規制にはできない機微のある迅速な対応を図ることなど，自主規制による対応なくしては，期待した効果を発揮することはできないであろう。そうした意味でも，今般の監査規制の新たな展開は，2005年のカネボウ事件以降，公的規制のウェイトが大きかったわが国監査規制の在り方について，自主規制が再びその意義を示す契機となるのではないかと思われる。

監査規制は，アメリカのエンロン事件からSOX法にいたる経緯からも明らかなように，自主規制だけでは限界があることはすでに明らかである。他方で，会計プロフェッションたる監査人が，職業専門家の判断を行使する監査業務において，公的規制のみによって規制を行うのでは，専門職業としての価値がないであろうし，上述のように，規則・基準によらない規制の下では，自主規制の役割は相対的に大きくなるものと考えられる。

本書のまえがきで触れた川北博氏は，カネボウ事件後の独立性規制の新たな展開を前にして，次のように述べておられた。

「従来の官僚統制と曖昧な日本公認会計士協会の自治統治下にあったわが国の監査実務は，今から大きな新しい時代の試練に立ち向かうこととになる。……(中略)……現実的な対応を考えるとともに長期的展望における施策を模索すべきである。」(川北, 2005, 18頁)

ここで述べられている，公的規制と自主規制のバランスのとれた関係，およびその下での実効性ある自主規制の展開，さらには，長期的視野に立った

監査規制の施策というのは,いずれも,現在の監査の品質の向上を目途とした新たな監査規制における課題として捉え直すべきではなかろうか。

本書に示した研究を端緒として,上記の3つの課題を,執筆者一同を含む監査研究者,ならびに,監査に携わる人々すべての課題として提示することとしたい。

▶ 注

1) この点については,本研究の枠組みとは異なるものの,日本監査研究学会において,筆者が代表として実施した課題別研究部会「監査の品質に関する研究」において,一部,実態調査等を行っている。詳しくは,同部会の報告書等を参照されたい。
2) ほぼ同様の内容で,わが国においては,日本公認会計士協会(2015)の実務指針が公表されている。

【参考文献】

International Auditing and Assurance Standards Board [IAASB] (2014), A Framework for Audit Quality, December.

日本公認会計士協会・監査基準委員会(2015)監査基準委員会報告第4号「監査品質の枠組み」,5月29日。

索　引

A～Z

AIA 237
AQI 22
ASR 238
Big N premium 129
CAM 245
CAQ 21
CEO 206
CEO・CFOとの意見交換 206
CFO 206
CGコード 156
COFRI 70
COSO 48, 75, 96
CPAAOB検査 131
FRB 236
IAASB 25
IESBA 271
IFAC 67
IOSCO 201
ISA 9, 11, 73, 85
ISA701 243
J-SOX法 132
KAM 2, 30, 244, 257
MW（Material Weakness） 128
NYSE 238
PCAOB 22, 33, 97, 219
PCAOB基準（AS 3101） 244
ROE 156
SAP 239
SAS 240
SEC業務部 218

self-serving bias 90
Tone at the top 48, 51

あ

アーカイバル監査研究 114
アーサー・アンダーセン会計事務所 52
アメリカ会計士協会（AIA） 237

委員会設置会社 45, 53
意見不表明 262
意思決定支援 231
一般に公正妥当と認められる
　企業会計の基準 68
インフォメーション・レポート 235

英国のコード 191, 208
エンロン社 38, 52

大手監査人 125
大手監査人プレミアム（Big N premium）
　... 129
オピニオン・レポート 232
オマリーパネル 89
オリンパス 47
オリンパス事件 17, 39

か

会計監査についての情報提供の充実に
　関する懇談会 8, 256, 258
「会計監査についての情報提供の充実に

291

関する懇談会」報告書の概要	279	監査市場の寡占化	129
会計監査人	51	監査実施準則	41, 59, 73
会計監査人監査	39	監査実施準則改訂（1991年）	59
「会計士監査の在り方についての主要な論点」	72	監査上の主要な検討事項（KAM）	2, 9, 30, 244, 257, 263
会計監査の在り方に関する懇談会	4, 16, 18	監査上の注意すべき事項（CAM）	245
「会計監査の在り方に関する懇談会」提言	6, 10, 190, 256, 257, 286	監査証明省令第3条第2項	65
会計ビッグバン	71	監査調書	125
会計不正	125	監査手続書（SAP）	239
会計連続通牒（ASR）	238	監査等委員会設置会社	45, 53
開示すべき重要な不備	50, 128	監査における不正リスク対応基準	17
会社法第345条第1項	266	監査人・監査報酬問題研究会	192, 277
会社法第345条第2項	266	監査人規模	125
会社法第345条第5項	266	監査人の交代	125
会社法第398条第1項	265, 266	監査人の交代に関する説明・情報提供	273
会社法第398条第2項	266	監査の品質	2, 8, 11, 117, 148, 287
会長声明「『監査法人の組織的な運営に関する原則（監査法人のガバナンス・コード）』の公表を受けて」	203	監査品質のフレームワーク	116
回転ドア	131	監査判断のバイアス	108
確証バイアス	99	監査品質センター（CAQ）	21
カネボウ事件	16, 39, 92	監査品質の指標（AQI）	22
ガバナンスに責任を有する者	206	監査報告準則	59, 73
株主総会での意見陳述	265	監査報告準則改訂（1991年）	59, 263
監査意見	125	監査報告書の透明化	8, 21
監査基準	39, 42	監査報酬	125, 148
監査基準委員会	66	監査法人における業務管理態勢	197
監査基準委員会報告第1号	66	監査法人におけるリーダーシップ	193
監査基準書（SAS）	240	監査法人のガバナンス・コード	3, 8, 20, 29, 188, 257
監査基準改訂（1991年）	59	監査法人の組織的な運営に関する原則	29, 188, 257
監査基準改訂（2002年）	71, 263	監査法人のローテーション	3, 8, 23, 30, 33, 91, 106, 214
監査規制	114	監査役監査	39
監査計画	125	監査リスク	131
監査研究ブーム	114		
監査コスト	216	企業財務制度研究会（COFRI）	70
監査時間	148	企業内容等の開示に関する内閣府令	

索引

第19条第2項第9号の4 ……………… 273
規制因子 …………………………………… 155
業務監査権限 ……………………………… 44
金融商品取引法第24条の5第4項 ……… 273

クルー・リソース・マネジメント ……… 105

経営者による適正確認書 ………………… 81
経営者不正事件 …………………………… 47
経営者報酬 ………………………………… 156
経験的監査研究 …………………………… 116
経済因子 …………………………………… 155
形式的準拠性 ……………………………… 74
継続性の原則 ……………………………… 74
原則主義 …………………………………… 193
限定付監査意見 ……………………… 159, 261
現任監査人（すなわち後任監査人）と監
 査役等・前任監査人との間に見解の相
 違がある場合 …………………………… 272

ゴーイング・コンサーン ………………… 76
ゴーイング・コンサーン意見 …………… 125
「コード」の課題 ………………………… 205
コードを採用した監査法人 ……………… 202
公益に係わる事業体 ……………………… 219
公開会社会計監視委員会（PCAOB）
 ……………………………… 22, 33, 97, 219
公的規制 …………………………………… 281
公的規制と自主規制のバランス ………… 289
公認会計士・監査審査会 ……… 21, 31, 274
公認会計士・監査法人制度の
 充実・強化について …………………… 23
公認会計士法第27条 ……………………… 269
広範性 ……………………………………… 261
合理的保証 ………………………………… 241
国際会計士倫理基準審議会（IESBA）の
 倫理基準 ………………………………… 271

国際会計士連盟（IFAC） ………………… 67
国際監査基準（ISA） …………… 9, 11, 73, 85
国際監査・保証基準審議会（IAASB） …… 25

さ

財務諸表監査 ……………………………… 119
財務報告に係る内部統制報告制度 ……… 46
産業専門性 ………………………………… 129
三洋電機事件 ……………………………… 17

自己資本利益率（ROE） ………………… 156
自己奉仕的バイアス（self-serving bias）
 ……………………………………………… 90
自主規制 ……………………………… 281, 288
実施基準 …………………………………… 41
四半期報告書の開示制度 ………………… 81
四半期レビュー …………………………… 131
社会的信頼性 ……………………………… 222
重要な虚偽表示のリスク …………… 76, 156
重要な欠陥（MW） ……………………… 128
重要な不確実性 …………………………… 77
主体的な関与 ……………………………… 205
守秘義務 …………………………………… 269
証券監督者国際機構（IOSCO） ………… 201
商法第274条 ………………………… 43, 44
情報提供機能 ……………………………… 231
職業的懐疑心 …………………… 74, 89, 97
初年度監査 ………………………………… 131
新日本有限責任監査法人 ………………… 18

正当な理由 …………………………… 270, 272
西武鉄道の有価証券報告書虚偽記載事件
 ……………………………………………… 80

組織体制 …………………………………… 194
訴訟リスク ………………………………… 128

た

大王製紙 ……………………………………… 47
大陸法 ………………………………………… 167

中小監査人 …………………………………… 125

追加的な説明 ………………………………… 264
通常とは異なる監査意見等についての
　説明・情報提供 …………………………… 259

適格性 ………………………………………… 216

東京証券取引所「会社情報適時開示ガイ
　ドブック」の改訂 ………………………… 280
東京証券取引所有価証券上場規程
　第402条（1）aj ………………………… 273
投資家保護 …………………………………… 155
東芝 …………………………………………… 47
東芝事件（事案） ………………………… 17, 39
統制環境 ……………………………………… 48
統制リスクの評価 …………………………… 75
導入区分 ……………………………………… 240
透明性報告書 ………………………………… 199
透明性報告書の利用者 ……………………… 207
独立性 ………………………………………… 216
取引記録の監査手続 ………………………… 41
トレッドウェイ委員会支援組織委員会
　（COSO） ……………………………… 48, 75, 96

な

内部監査 …………………………………… 39, 49
内部統制概念 ………………………………… 75
内部統制監査 ………………………………… 125
内部統制基準の対象範囲 …………………… 82
内部統制システム ………………………… 45, 46

内部統制の限界 ……………………………… 43
内部統制報告制度 ………………………… 49, 80

二重責任の原則 ……………………………… 240
2002年サーベインズ＝オックスリー法 …… 38
日興コーディアル事件 …………………… 17, 39
日本公認会計士協会「『会計監査について
　の情報提供の充実に関する主な論点』
　についての意見」………………………… 275
日本公認会計士協会「金融庁・会計監査
　についての情報提供の充実に関する懇
　談会報告『会計監査に関する情報提供
　の充実について』の公表を受けて」…… 280
日本公認会計士協会のサポート …………… 268
日本再興戦略2016
　──第4次産業革命に向けて── ……… 188
ニューヨーク証券取引所（NYSE） ……… 238
任期満了 ……………………………………… 274

は

パートナーネットワーク …………………… 131
判例法 ………………………………………… 167

非監査報酬 …………………………………… 131
ビジネス因子 ………………………………… 156
ビジネスリスク ……………………………… 156
標準監査報酬規定 …………………………… 157

不正問題 ……………………………………… 208
不適正意見 …………………………………… 260
プロフェッショナル報酬 …………………… 156

保証業務のフレームワーク ………………… 78
保証水準 ……………………………………… 224
補足的説明事項 ……………………………… 232

ま

名声リスク ………………………………… 128

モニタリング ……………………………… 49

や

有限責任組織 ……………………………… 131

ら

ライブドア事件 ………………………… 16, 39

利益の質 …………………………………… 128
利害調整支援 ……………………………… 231
リスク・アプローチ ………………………… 75
臨時報告書 ………………………………… 273
倫理規則 …………………………………… 270
倫理規則第6条第8項 …………………… 270

レジェンド・クローズ ……………………… 72
連邦準備制度理事会（FRB）…………… 236

【執筆者紹介】（執筆順）

町田　祥弘（まちだ・よしひろ）
　青山学院大学大学院会計プロフェッション研究科教授
　〔担当〕編　者・第1章・第8章・第11章・第12章

八田　進二（はった・しんじ）
　青山学院大学名誉教授，大原大学院大学会計研究科教授
　〔担当〕第2章・第3章

多賀谷　充（たがや・みつる）
　青山学院大学大学院会計プロフェッション研究科教授
　〔担当〕第4章・第5章

矢澤　憲一（やざわ・けんいち）
　青山学院大学経営学部教授
　〔担当〕第6章・第7章

松本　祥尚（まつもと・よしなお）
　関西大学大学院会計研究科教授
　〔担当〕第9章・第10章

| 2019年3月30日　初版発行 | 略称:監査規制 |

わが国監査規制の新潮流
【青山学院大学総合研究所叢書】

編著者　Ⓒ　町　田　祥　弘

発行者　　　中　島　治　久

発行所　同文舘出版株式会社
東京都千代田区神田神保町1-41　〒101-0051
営業　(03) 3294-1801　　編集　(03) 3294-1803
振替　00100-8-42935　　http://www.dobunkan.co.jp

Printed in Japan 2019

DTP：マーリンクレイン
印刷・製本：萩原印刷

ISBN978-4-495-20901-8

JCOPY〈出版者著作権管理機構 委託出版物〉
本書の無断複製は著作権法上での例外を除き禁じられています。複製される場合は，そのつど事前に，出版者著作権管理機構（電話 03-5244-5088，FAX 03-5244-5089, e-mail: info@jcopy.or.jp）の許諾を得てください。